Bło

Małgorzata Rejmer

Błoto słodsze niż miód
Głosy komunistycznej Albanii

wydawnictwo czarne

Wołowiec 2018

Projekt okładki Agnieszka Pasierska / Pracownia Papierówka
Projekt typograficzny Robert Oleś / d2d.pl
Fotografia na okładce © by Nikos Economopoulos / Magnum Photos / FORUM
Fotografie wewnątrz tomu:
s. 8, 284 © Nikos Economopoulos / Magnum Photos
s. 66, 140, 224 © Ferdinando Scianna / Magnum Photos

Redakcja Magdalena Budzińska
Konsultacja merytoryczna dr Rigels Halili
Korekta d2d.pl
Redakcja techniczna Robert Oleś / d2d.pl
Skład pismem Warnock Pro Agnieszka Frysztak / d2d.pl

Wydrukowano na papierze Ecco-Book Cream 80 g/m², vol. 1,6
dystrybuowanym przez firmę Antalis Sp. z o.o.

ISBN 978-83-8049-745-0

Albania
(przed rozpadem Jugosławii)

Co to za kraj, gdzie błoto zdaje się słodsze niż miód?
Andon Zako Çajupi, *Gdzieśmy się narodzili*, 1902

Kocham cię, błotnista albańska ziemio,
Czarowna,
Słodka jak miód,
Gorzka jak piołun,
Kocham cię
Żarliwie,
Straceńczo,
Jak wilk kocha las,
Jak fala kocha falę,
Jak błoto kocha błoto!
Mitrush Kuteli, *Albańskie błoto*, 1944

Pomnik Envera Hoxhy wzniesiony w Gijokastrze w 1988 roku
i zburzony przez robotników w lutym 1991 roku

Część pierwsza

Dzieci dyktatora

Był sobie raj, stworzony w najsłuszniej socjalistycznym kraju na świecie.

Gdzie wszystko należało do wszystkich i nic nie należało do nikogo.

Gdzie każdy umiał pisać i czytać, ale pisać można było tylko to, z czym zgadzała się władza, a czytać tylko to, co władza zatwierdziła.

Gdzie do każdej wsi docierały prąd, autobus i propaganda, ale zwykły obywatel nie miał prawa do własnego samochodu ani do własnego zdania.

Gdzie każdy mógł polegać na bezpłatnej opiece medycznej, ale zdarzało się, że ludzie ginęli, nie zostawiając po sobie śladu.

Gdzie edukacja mas była priorytetem, ale co kilka lat urządzano czystki wśród elit.

Gdzie każdy miał prawo cieszyć się z postępu i wiwatować w pochodach, ale opowiedzenie dowcipu stanowiło wyzwanie rzucane władzy i losowi. Dlatego obywatelom zalecano odczuwanie entuzjazmu i szczęścia, gdyż za narzekanie i głupie żarty, czyli agitację i propagandę, groziło od sześciu miesięcy do dziesięciu lat więzienia.

W raju nie było jednak więzień politycznych, a jedynie „obozy reedukacji", służące do zmiany świadomości wrogów ludu za pomocą lektur, tortur i katorżniczej pracy.

W raju wszyscy byli równi, ale ludzi dzieliło się na lepszych i gorszych – tych z dobrą biografią, którzy wiedli żywot poczciwy, i tych ze złą, gnębionych od urodzenia. Dobrzy musieli wiązać się z dobrymi, a źli ze złymi – i cierpieć wspólnie. Dobrzy w każdej chwili mogli stać się źli. Źli z reguły pozostawali najgorsi aż do śmierci.

Władza trzymała w rękach życie każdego obywatela i decydowała: kto pójdzie na studia, a kto do kooperatywy. Kto będzie architektem, a kto murarzem. Kto będzie człowiekiem, a kto strzępem. Komu będzie się wiodło, kto będzie wegetował, komu ukradnie się życie.

Władza reglamentowała marzenia i przykrawała je tak, że ludzie w końcu oduczyli się marzyć.

W 1967 roku uroczyście ogłoszono śmierć Boga, a właściwie jego wieczne nieistnienie, i co za tym idzie – bezcelowość wszystkich religii. Teraz jedyną religią miał być socjalizm i wspólna wiara w siłę nowego człowieka.

Od 1978 roku kraj-raj nie oglądał się już na inne państwa, nikomu niczego nie zawdzięczał i od nikogo nie chciał pomocy. Nie znał inflacji, bezrobocia, kredytów ani długów. Był samowystarczalny.

Jego granice ze wszystkich stron wyznaczał drut kolczasty. Każdy, kto próbował go pokonać, miał zostać zastrzelony bez ostrzeżenia.

Ci, którzy żyli zgodnie z regulaminem raju, wierzyli, że są najszczęśliwszymi ludźmi na świecie. Wprawdzie niektórzy przed zaśnięciem zastanawiali się, czym jest wolność, ale inni uważali, że nie brakuje im niczego. Władza dawała dach i jedzenie, szkołę i pracę, więc obywatele nie musieli martwić się o nic. Musieli tylko uważać na to, co mówią, robią i myślą.

Ich kraj-raj od 1976 roku nazywał się Ludowa Socjalistyczna Republika Albanii.

Jego jedynym słusznym Bogiem był Towarzysz Komendant Enver Hoxha.

Co miało się stać, już się zdarzyło

Góry przypatrują się człowiekowi, ale ich oczy są puste. Człowiek podnosi wzrok i widzi lśniące, surowe piękno. Na dnie doliny Zagoria, u stóp zboczy, jesteśmy mniejsi niż odłamki kamieni, przestrzeń zamienia nasze ciała w cienie.

Wokół czas niszczy domy i wypacza pamięć. Wszystkiego za mało, by żyć. Ludzie starzeją się, złamani tym, co minęło, tęskniąc za tym, co się nie zdarzyło.

Ci, którzy mają siłę i nie myślą o upokorzeniach, uciekają z Zagorii do lepszych światów. Opuszczają zmarniałe domy i zagrody otoczone kamiennym murem. Zabierają ze sobą dzieci, rosnącą nadzieję na przyszłość.

Państwowy autobus już tu nie dociera, są tylko prywatne terenówki i obity furgon telepiący się po szutrowej drodze. Staruszkowie unoszą dłoń, by pożegnać tych, którzy zostawiają za sobą butwiejące ściany, rozpadające się płoty, zawalone dachy.

Dzieci da się policzyć na palcach jednej ręki; niemal wszystkie szkoły w okolicy opustoszały, ale wciąż można przekroczyć ich zapadnięte progi, żeby przyjrzeć się temu, co było. W błękitnych gablotach tłoczą się trójwymiarowe modele ludzkich ciał, amperomierze i woltomierze zastygły pod warstwą kurzu, w kącie wala się plastikowy mózg. Złuszczone ściany ciągle dźwigają ciężar propagandowych tablic.

„Być przyjacielem książki – wielki to honor".

Na zszarzałej stercie porzuconych dzieł Karola Marksa, Fryderyka Engelsa i Envera Hoxhy woła o uwagę czerwony album oprawiony w sztuczną skórę, który miał opowiadać przyszłym pokoleniom o chwale albańskiego socjalizmu.

W orwellowskim roku 1984 władza oznajmiała, co następuje:

> Przez czterdzieści lat tytanicznych wysiłków Albańczycy osiągnęli gigantyczny sukces pod wodzą Partii i towarzysza Envera Hoxhy.
>
> Lata średniowiecza na zawsze zamknęli w muzeum i dali się poznać światu jako lud kraju całkowicie niezależnego, który własnymi siłami owocnie tworzy socjalistyczne społeczeństwo. Nasi obywatele stali się panami własnego losu i dziś budują i chronią nowe życie – bez ciemiężycieli i ciemiężonych, bez uciskających traktatów, bez nędzy. Z każdym mijającym rokiem idziemy krok dalej.

Opuszczoną wiejską szkołę wypełnia gładka i rozległa cisza. Jakby w promieniu kilkunastu kilometrów nie ostał się nikt.

> Wszystko to osiągnęliśmy dzięki zażartej walce klasowej, przezwyciężeniu zacofania oraz zniweczeniu wewnętrznych i zewnętrznych intryg wrogów. Albania jest krajem odrodzonego narodu i ludzi o całkowicie

nowej fizjonomii. Wśród antycznych twierdz, symbolizujących wytrwały opór w czasie historycznych nawałnic, wyrosły metalowe wieże twierdz nowego życia: fabryk, kombinatów, szybów wiertniczych, zapór wodnych produkujących energię. Ten potężny i nowoczesny przemysł jest jednym z głównych zwycięstw klasy pracującej i albańskiego ludu.

Nareszcie dźwięk: z oddali dobiega chropawy brzęk blaszanych dzwonków, w zbolałym chórze beczą barany.

Socjalistyczna Albania cieszy się wielkim autorytetem i mocną pozycją międzynarodową, ma także wielu przyjaciół i życzliwych sojuszników na świecie. Otoczona i nękana przez perfidnych wrogów, stawia zdecydowany odpór zakusom i blokadom imperialistów. [...] W ciągu czterdziestu lat zrobiliśmy tyle, ile nie udało się zrobić przez wieki. Albańczycy stworzyli tę wspaniałą rzeczywistość, a teraz idą naprzód bez śladu zwątpienia, z optymizmem społeczeństwa pewnego swojej przyszłości.

Po tym wstępie następuje seria chwalebnych zdjęć, przedstawiających budynki wzniosłe, parki przykładne, mężczyzn robotnych i kobiety cnotliwe. Każdy jest na swoim miejscu, każdy cieszy się z powierzonego mu zadania. Twarze skupionych, pogodnych manekinów.

Wycieram okładkę książki. Na palcach pozostaje gruba warstwa brudu.

Niespełna rok po wydaniu albumu, 11 kwietnia 1985 roku serce ukochanego przywódcy przestało bić, a kraj zamarł w rozpaczy i niedowierzaniu. Sześć lat później – po czasie tak krótkim, a płynącym tak długo – protestujący w Tiranie roztrzaskali na kawałki posąg nieśmiertelnego.

W lipcu 1991 roku amnestia objęła wszystkich więźniów politycznych, a zbrodnie reżimu przybrały formę statystyk.

Przez czterdzieści siedem lat komunistyczne władze trzymały za kratkami 34 135 więźniów politycznych. W kraju liczącym mniej niż dwa miliony obywateli z nakazu partii zamordowano 6027 osób.

984 osoby zmarły w więzieniach, 308 osób postradało zmysły wskutek tortur.

59 000 zostało internowanych, a ponad 7 000 zginęło w obozach pracy albo na zesłaniu.

Sigurimi, albańska służba bezpieczeństwa, oplotło podsłuchami tysiące mieszkań i zwerbowało do współpracy ponad dwieście tysięcy ludzi. Do dziś Albańczycy wierzą, że co czwarty obywatel donosił władzy, a kiedy pytam, jak to możliwe, odpowiadają: „Reżim mógł wszystko, terroryzował nas strachem. Nie można było przed nim uciec".

A jednak według sondażu przeprowadzonego w 2016 roku przez OBWE aż czterdzieści pięć procent Albańczyków widzi w Enverze Hoxhy wybitnego polityka i dobrego gospodarza, a tylko czterdzieści dwa uważa go za dyktatora i mordercę. Ponad połowa ankietowanych zgodziła się ze stwierdzeniem, że komunizm był ideologią słuszną w teorii, tyle że źle realizowaną w praktyce.

*

Pojechałam do Zagorii razem z Oltim, który pochodzi z tych stron, a dziś wykłada na uniwersytecie w Tiranie.

– Nie, to niemożliwe! – uciął hardo jeden z pasażerów obitego furgonu, gdy w ramach typowego albańskiego zapoznawania się Olti powiedział, czym się zajmuje.

– Jak to niemożliwe?

– Gdybyś naprawdę był profesorem w Tiranie, to miałbyś tyle pieniędzy z łapówek, że nie telepałbyś się tu z nami, tylko jechał furą z napędem na cztery koła.

Przysłuchujący się ludzie z uznaniem pokiwali głowami. Oczywiście, że tak! Wydało się! Nas nie wykiwasz!

– Skoro moje dziecko na uniwersytecie w Gjirokastrze nie może zdać ani jednego egzaminu bez łapówki, to w Tiranie musi być dziesięć razy gorzej – dodał mężczyzna tonem, który kończył dyskusję.

Strapił się Olti i ja się strapiłam.

Gdy następnego dnia weszliśmy do opuszczonej szkoły w Ndëranie, miałam wrażenie, że widok zakurzonych woltomierzy, plastikowych modeli i zszarzałych map go rozczula. Wyposażenie jego uniwersyteckiego laboratorium też w większości pamięta czasy komunizmu, a cenną kolekcję skał i kamieni szlachetnych studenci przez lata rozkradli.

– Kiedy wybuchła wolność, wszyscy potraciliśmy rozum – uśmiecha się Olti. – Ja byłem gówniarzem i na fali rozsadzających mnie emocji pobiegłem pod szkołę, wziąłem do rąk duży kamień, zamachnąłem się i z całej siły rzuciłem nim w szybę.

Cała Albania krzyczała: „Zaczynamy od zera!". Wszyscy wychodzili z domów i w porywie irracjonalnej euforii niszczyli to, co kojarzyło im się z komunizmem: szkoły, szpitale, fabryki.

– „Dlaczego zbiłeś szybę?", zapytała mnie nauczycielka. Nie wiedziałem, co odpowiedzieć. „Nie chcę komunistycznej szyby", wybąkałem z pochyloną głową. A potem uniosłem ją i dorzuciłem olśniony: „Sali Berisha wstawi nam nowe!". Lider partii demokratycznej wstawi nam lepsze, demokratyczne szyby! W ogóle nie wiedzieliśmy, co to znaczy być wolnym, ale wierzyliśmy, że już za chwilę wszystko będzie jak na Zachodzie.

– Kto mógł, uciekł stąd, żeby się ratować – kiwa głową Petraq, wujek Oltiego, który został na ojcowiźnie. – Kiedyś były domy kultury i festyny, praca i godność. Teraz nie ma nic.

Petraq kładzie na obrusie biały ser i butelkę domowej raki ze śliwek. Drobny koziołek, który przed chwilą pałętał się nam pod nogami, mimo naszych protestów zaraz pójdzie pod nóż.

„Dom Albańczyka należy do Boga i do gościa" – mówi Kanun, średniowieczny zbiór praw, którym przez wieki posługiwano się na ziemiach albańskich.

Co miało się stać, już się zdarzyło.

Czas wygładza wspomnieniom krawędzie, pod ciężarem teraźniejszości odkształca się przeszłość. Mieszkańcom Zagorii pozostała tylko mglista i zwodnicza pamięć.

Ballada o wujaszku i przelanej krwi

Kto cudzą krew przelewa, ten zatruwa własną, lecz wygląda na to, że wujaszek Enver wymknął się staremu prawu, bo choć odbierał życia szybko i taktycznie, a do tego bez skrupułów i bez konsekwencji, to sam oddał ducha we własnym łóżku, od miesięcy słaby i bez życia, lecz silniejszy niż kiedykolwiek, bo nie przeżył nikt, kto mógłby mu przeszkodzić, a następca, namaszczony, korny był i rad objąć władzę.

Żegnał życie Enver na poduszkach, z dłońmi wymytymi i lśniącym sumieniem, a wszyscy, którzy go kochali, skupili się przy nim, wszyscy, którzy się go bali, jak trusie czuwali obok, a ci, którzy go nienawidzili, byli daleko, półżywi z głodu i codziennej męki albo martwi, już na zawsze niemi i w pamięci zblakli, z kulą w piersi albo z tyłu głowy, z cieniem po wisielczej bruździe dawno wymazanym.

Wiatr zamarł, ściany nadsłuchiwały i czekała ziemia, próbując uchwycić w ciszy świst oddechu, tak jak w domach ludzie wytężali słuch, by uchwycić odgłos obcych kroków, chrobot furtki i pukanie do drzwi. Jedni mieli cierpieć tylko po to, żeby inni drżeli przed zaśnięciem, że fatalny los powtórzy się w ich losie, w małym kraju bunkrów, blokad i barykad.

Tak, wygodnie umierają dyktatorzy, zwyrodniali i do końca nieugięci, którzy z biegiem czasu nabierali zajadłości, którzy nie szczędzili kul na kolejną czystkę, którzy paranoję mylili z intuicją, którzy znali tylko jedną sprawiedliwość: tę na ziemi i spod znaku partii. I dlatego srogi Enver nie osunął się na ziemię, rozstrzelany gdzieś pod murem w niepozornym mieście, nikt nie żądał na ulicy jego głowy, żaden mundurowy nie szykował stryczka, a gdy kraj obiegła wieść o jego śmierci, twarze skamieniały w trwodze i zza ściany łez trudno było dostrzec przyszłość. Kiedy serce kraju martwe, wnet zastygnie cały kraj.

Umarł był wujaszek Enver, co tak pięknie tulił swoje dzieci, co każdego smarkatego brał na ręce, a z dziewczynką ku uciesze zatańcował, co to klaskał, śpiewał i posyłał uśmiech, tak że światło wielkie biło z jego oczu, co ludowi machał dobrotliwą ręką, która w imię partii zaciskała się w bezwzględną pięść.

Umarł był wujaszek Enver, co do serca tulił dzieci dobre, a niedobre gromił i posyłał hen, nasz bohater, paranoik i morderca, czuły wódz, co nawoływał do pisania listów, do chwalenia, do żalenia się i skarg, gdyby komu krzywda gdzieś się działa. Na pytania wszystkie odpowiadał i jedynie podchwytliwe zmilczał, typu: „Ile razy ręce myć, żeby zmazać krew?".

Umarł był wujaszek Enver, wielki wódz i wspaniały stanu mąż, ale dzieło jego będzie nieśmiertelne, w naszych głowach myśli jego pozostaną, niechaj chwała będzie wiecznotrwałym czynom, niechaj chwała będzie księgom wiekuistym!

Umarł był wujaszek Enver, a tu światło białe niesie się od grobu i mawiają ludzie, że widzieli, jak w ciemnościach snuł się upiór blady, ani wampir, ani mara, ale *kukudh*, demon głodny i spragniony, który starcom szepcze o urodzie dawnych dni, młodym o spokoju i dzielności prawi. Czterdzieści dni minęło, czterdzieści lat minie, a on będzie krążył dalej, przypominał o przelanej krwi, mamił, że tam, gdzie był terror, był też spokój, tam, gdzie była pięść, był i plan.

Proces

„Ktoś musiał zrobić doniesienie na Józefa K., bo mimo że nic złego nie popełnił, został pewnego ranka po prostu aresztowany".

Szesnastoletni Bashkim Shehu przerywa czytanie; czuje coś, czego nie potrafi nazwać. Jest rok 1972. Za dziesięć lat zdanie, które przeczytał, stanie się jego losem.

W komunistycznej Albanii *Proces* Kafki znajdował się na liście lektur zakazanych, ale Bashkim dostał książkę od starszego brata Vladimira, który na półkach trzyma wypociny takich zachodnich szkodników jak Sartre, Joyce czy Camus. Obaj są dziećmi Mehmeta Shehu, drugiego po Enverze Hoxhy najważniejszego człowieka w kraju, i mieszkają w Blloku, tirańskiej dzielnicy oficjeli, zamkniętej przed obywatelami i chronionej przez policjantów, którzy otaczają ją jak paciorki nawleczone na sznurek. Blloku nie potrzebuje murów: i tak nikt z zewnątrz nie odważy się zbliżyć bez pozwolenia.

To wioska dobrobytu w państwie nędzy, enklawa luksusu, jakiego nie zna reszta kraju. Najważniejsi mieszkańcy Blloku mają sprzątaczki i szoferów, pralki i zmywarki, ubrania importowane z zagranicy i potrawy, o których większość Albańczyków nigdy nie słyszała. Blloku zna coca-colę i ananasy, dżinsy i jazz. Po godzinach pracy oficjele meldują się w Domu Partii, gdzie dyskutują, grają w bilard i oglądają zakazane filmy w specjalnej sali kinowej. Nie są to jednak całkowicie beztroskie rozrywki: jeśli ktoś nie pojawia się w klubie przez dłuższy czas, zaczyna się szeptać, że ma coś na sumieniu, zatem jego koniec jest bliski. I plotki zamieniają się w fakty.

Ale sercem Blloku jest willa Hoxhy, imponująca jak na albańskie standardy i nadzwyczaj skromna jak na standardy dyktatorów. Po przeciwnej stronie ulicy mieści się zaś dom numer dwa, rezydencja Mehmeta Shehu, wieloletniego premiera Albanii, a od 1974 roku także ministra obrony. Przez czterdzieści lat albański Bóg miał bowiem dwie głowy: Envera Hoxhy, dobrego ojca, który całował dzieci i obiecywał piękną przyszłość, i Mehmeta Shehu, który mieczem dyktatury proletariatu ścinał głowy zdrajców i wrogów. Dopiero w 1981 roku niezłomny towarzysz Shehu, od lat namaszczony na następcę wodza, został zdekonspirowany jako jugosłowiański szpieg, agent brytyjski, francuski, sowiecki, a nawet faszystowski, i pod czujnym okiem funkcjonariuszy Sigurimi popełnił samobójstwo. Na Olimpie został wówczas tylko jeden, wszechmocny Bóg.

Nic śmiesznego; kiedy myślę o Hoxhy, próbując stworzyć sobie jego obraz z dziesiątków opowieści, mam wrażenie, że to człowiek, w którym nie było nic śmiesznego. Nie wydawał się niezdarny i zgrzebny jak Ceaușescu, nie pozował na jowialno-wylewnego jak Tito, nie miał w sobie niefrasobliwej bezpośredniości Gierka. Wolał uchodzić za powściągliwego intelektualistę, który wśród regałów pełnych książek rozważa najkorzystniejsze scenariusze dla Albanii. Oto wódz przy skromnym biurku czyta listy od drogiego ludu, jednoosobowy sąd ostateczny, uosobienie słuszności i prawa.

„Erudyta", powtarzali Albańczycy, „poliglota", mówili z dumą, w końcu studiował botanikę we Francji, choć z jego oficjalnej biografii usunięto informację o skreśleniu go z listy studentów. I o sekretarzowaniu w albańskim konsulacie w Brukseli, co było dość zaskakującym zajęciem jak na kogoś, kto przez całe studia obracał się w środowisku francuskich komunistów. Kiedy z konsularnego kufra znikają rzeczy, młody Enver traci pracę i wraca do Albanii króla Zoga, coraz bardziej uzależnionej od Włoch. Ledwie osiem lat później niedoszły magister botaniki stanie się przywódcą partii komunistycznej, bohaterem wojennym i pogromcą elit. Ci, którzy umieścili go na liście zagranicznych stypendystów, trafią na listę zdrajców narodu; przeżyją, jeśli zdążą uciec.

Stalowemu spokojowi władzy towarzyszył zwodniczo serdeczny uśmiech. W oczach większości Albańczyków Hoxha był dobry jak ojciec i nieomylny jak Bóg, na tle niewykształconych partyjniaków rósł i błyszczał, kompletny i niewyszczerbiony, ale pod warstwą miękkiego mchu krył się kamień. Jeśli tylko Towarzysz Komendant uznał, że ktoś zanadto się wzmacnia, że czyjeś ambicje rosną, a lojalność spada, wróg po kurtuazyjnym procesie zostawał rozstrzelany albo zesłany na rubieże kraju, na zmarnowanie, złachmanienie, zniknięcie.

W książce *Jesień strachu* Bashkim Shehu wspomina: „Kiedy stawałeś się elementem systemu, przyjaźń musiałeś zostawić za drzwiami. Człowiek na szczycie, Enver Hoxha, nie miał żadnych złudzeń: nie było mowy ani o przyjaźni, ani o koleżeństwie. Trzymał swoich ludzi na krótkiej smyczy, a oni usiłowali dawać mu dowody lojalności i oddania, mając nadzieję, że wspomni o nich w swoich książkach".

Z jednej strony dziesiątki dzieł dyktatora, który przepisuje pamięć i historię Albanii według komunistycznych oczekiwań, z drugiej – książki zakazane, do których poza garstką wybrańców nikt nie ma dostępu.

– System uważał, że literatura powinna być przezroczysta, mieć jasny przekaz zgodny z linią partii.

Siedzi przede mną Bashkim Shehu, autor kilkunastu książek, w których na nowo opisuje historię swojego życia i albańskiego komunizmu. Pisarz bardziej niż ktokolwiek inny jest zakładnikiem swojej przeszłości: chcąc znaleźć materiał literacki, musi nieustannie nurkować w odmęty minionego i wygrzebywać z siebie perły, śmieci, kamienie.

Historia rodzinna Bashkima Shehu należy poniekąd do całej Albanii. W domu, przy stole – ojciec, numer dwa. Po drugiej stronie ulicy – on, numer jeden. Dzieciństwo w enklawie, która w oczach Albańczyków wyrosła na Krainę Posępnych Czarów, królestwo złota, konszachtów i przywilejów. Bashkim miał dostęp do zakazanego – luksusu, podróży, wolności.

Teoretycznie nic nie zapowiadało katastrofy. W praktyce atmosfera Bloku była jeszcze bardziej zagęszczona niż gdziekolwiek w kraju. Wszyscy byli ze sobą powiązani – małżeństwami, więzami krwi, interesami, wypitymi kieliszkami raki. Wszyscy mieli siebie na oku. Wszyscy gotowi byli donieść. Jedyną znaną lojalnością była lojalność wobec Envera Hoxhy. Jeżeli ktoś leciał w dół, pozostali z uwagą się temu przyglądali. Potem mówili: słusznie się roztrzaskał.

Literatura miała służyć partii, tymczasem pierwsze opowiadania Bashkima były parabolami wzorowanymi na utworach Kafki. W jednym z nich średniowieczni wojownicy pojawiają się w Albanii, by aresztować narratora i jego bliskich, a cały kraj cofa się w przeszłość.

– Żyliśmy jak w *Procesie* – mówi Shehu. – Wyciągano cię z domu na przesłuchanie i pytano: „Co masz do powiedzenia?". Nie zrobiłeś nic złego, ale władza miała na twój temat swoje zdanie i ze szczególnym przekonaniem wymierzała karę podejrzanym i niewinnym. Wystarczyło, że podczas spotkania komitetu powiedziałeś coś, co wzbudziło czyjeś zaniepokojenie. Ty może jeszcze nie byłeś tego świadomy, ale oni już wiedzieli, że masz wątpliwości.

Hoxha jest po stalinowsku bezwzględny i paranoiczny.

Czystki rozpoczyna jeszcze w trakcie wojny: żeby umocnić swoją pozycję, wybija nawet zagorzałych komunistów walczących o niepodległość kraju, wszystkich co bardziej charyzmatycznych i lepiej wykształconych, jeśli tylko na ich lojalność padł jakikolwiek cień.

Generała Dalego Ndreu w 1944 roku instruuje: kolaborantów zabijać na miejscu, wpływowe jednostki aresztować i rozstrzeliwać, dawać przykład innym. Generał przyjmuje rozkaz; dwanaście lat później sam stanie przed plutonem egzekucyjnym wraz z żoną Liri Gegą – oboje będą oskarżeni o szpiegostwo.

Hoxha bierze też na celownik członków Balli Kombëtar, ruchu narodowego będącego największą konkurencją dla komunistów, przedstawicieli Legaliteti, czyli zwolenników króla, i wszystkich, którzy studiowali za granicą albo mieli związki z Zachodem. Niektórzy są wyciągani z domów i rozstrzeliwani, innych skazuje się w pokazowych procesach, jeszcze innych internuje. Wśród siedemnastu zabitych zdrajców jest także szwagier Hoxhy Bahri Omari, minister faszystowskiego rządu, który współpracował z ballistami, a jednak w czasie wojny udzielał schronienia Enverowi i jego narzeczonej Nexhmije.

Czystki będą powracać jak powódź, zatapiająca członków partii regularnie, co kilka lat.

W 1948 roku, kiedy Albania zerwała związki z Jugosławią, aresztowania i egzekucje dotknęły wszystkich „Jugosłowian" w partii. Pierwszy przed plutonem egzekucyjnym stanął Koçi Xoxe, minister spraw wewnętrznych, szykowany przez Titę na następcę Hoxhy. Jugosławia, która przymierzała się do aneksji Albanii, przez ponad dekadę pozostanie w oczach Hoxhy jej największym wrogiem.

Ale po śmierci Stalina nawet Związek Radziecki zaczął zdradzać rewizjonistyczne ciągoty. Na początku lat sześćdziesiątych, po tym, jak Chruszczow dogadał się z Jugosławią i Grecją, a później zalecił Albanii postawić na pomarańcze i cytryny zamiast na chrom i stal, Hoxha zwyzywał go od imperialistów i zerwał wieczną przyjaźń. Po Tiranie stopniowo rozlała się fala represji wobec stołecznej elity wykształconej u zdrajców – w ZSRR, Polsce, Czechosłowacji i na Węgrzech. Skończyły się beztroskie wieczory intelektualistów, którzy umawiali się na tańce przy radzieckich piosenkach, a zaczęły samotne noce na zesłaniu albo krótkie rozmowy na spacerniakach.

Pod koniec lat sześćdziesiątych Hoxha odetchnął, uścisk pięści zelżał. Radio Tirana zaczęło grać Beatlesów i Rolling Stonesów, a władza mówić o liberalizacji i uwzględnieniu potrzeb młodzieży, bo to ona jest przyszłością kraju. Bashkim Shehu spotykał się z kolegami, którzy nosili dłuższe włosy i dżinsy, i cichaczem słuchał z nimi nielegalnych płyt albo w środku nocy siedział przy włączonym radioodbiorniku i wystukiwał rytm – Radio Rai, Radio Monte Carlo, BBC, Wolna Europa, rock'n'roll, jazz, rumuńskie szlagiery... Gdy rozwścieczony ojciec zniszczył włoskie płyty Vladimira, ten przerzucił się na muzykę amerykańską – Elvisa Presleya, Raya Charlesa, Carlosa Santanę, i nauczył się lepiej ukrywać nabytki przeszmuglowane z zagranicznych podróży.

– Zawsze myślałem, że mój ojciec jest konserwatywny i zasadniczy z racji swojego pochodzenia, a Enver jest tym oświeconym, wykształconym, świadomym – wspomina Shehu. Na jego twarzy nie ma emocji, słowa powoli układają się w zdania. – Jeśli wiedział, których książek zakazać, to dlatego, że wszystkie je przeczytał i rozumiał, czemu mogą okazać się niebezpieczne. Myślałem, że Albania jest na właściwej ścieżce, że się otwiera. Ale w 1971 roku, podczas sześćdziesiątych urodzin mojego ojca, Hoxha wygłosił przemowę. Najpierw wyliczył jego zasługi, a potem niespodziewanie zmienił temat i odniósł się do sytuacji w kraju, do tego, że Albania staje się zbyt liberalna. Całą noc nie spałem, zastanawiając się, co mogą oznaczać te słowa. Nagle zdałem sobie sprawę, że będzie coraz gorzej, że nie jesteśmy bezpieczni, że pewnego dnia mogą przyjść także po nas. Cenzura i brak wolności biorą się z istoty reżimu. To nie jest skutek uboczny tej polityki, to jej cel sam w sobie.

Mimo sygnałów, o których wiedziało tylko otoczenie dyktatora, w 1972 roku na fali liberalizacji odbył się pierwszy i ostatni taki festiwal w kraju – XI Przegląd Piosenki, który przeszedł do historii jako najbardziej radosne komunistyczne wydarzenie o najstraszliwszych konsekwencjach. Wokalistki wystąpiły w kolorowych minispódniczkach albo ostentacyjnie hipisowskich sukniach, wśród geometrycznych dekoracji zabrakło sierpa i młota, a festiwal wygrała piosenka *Gdy nadchodzi wiosna*. „Odwilż, odwilż w Albanii!" – donosiła jugosłowiańska prasa. Bo i muzyka jakby włoska, i piosenkarki jakby z Zachodu, nóżka chodzi, biodra się kołyszą. Włoscy dziennikarze nie mogli się nadziwić: „Jedna duża orkiestra, dwie małe, jury w studiu, jury w różnych miastach, przecież to skromna, acz śliczna kopia festiwalu w San Remo!". A więc dochodzą włoskie smaki i gusty nawet do zatrzaśniętej Albanii!

Sigurimi miało dla wodza wieści tak dobre, że aż złe: w całym kraju festiwal okazał się wielkim sukcesem. Ludzie nagrywali piosenki na magnetofony i śpiewali je na głos w swoich domach. W komunistycznej Albanii śpiewali pełną piersią, jakby byli w jakiejś Ameryce! Jakby mieli powody do radości! Jakby nie było czego się bać!

Tego nie zniósłby nawet najbardziej tolerancyjny dyktator. Jeśli ludzie przez chwilę poczuli się wolni, zaraz zapragną więcej. Zaraz zaćmi im się w głowach, jak tym na Zachodzie, będą chcieli ubrań, rozrywek, jedzenia, a co im może dać mała, chuda Albania, ze wszystkich stron otoczona wrogami, z wiecznie niewydolnym rolnictwem, z marzeniami o industrialnej potędze, Albania, która tym bardziej pogardza Zachodem, im bardziej się go boi? Gospodarka podupada, plany pięcioletnie wypełnia się ledwie w połowie, a bratnia przyjaźń chińska nie obejmuje pomocy militarnej. Zresztą nie dalej niż rok wcześniej Mao, jedyny sojusznik Albanii, potrząsnął imperialistyczną dłonią Richarda Nixona; o tym zdradzieckim uścisku albańska propaganda nie zająknęła się słowem. Z tego wszystkiego dyktator słabuje, od miesięcy ma problemy z sercem...

Pięść wali w stół. W Albanii nikt nie będzie śpiewał. W Albanii każdy będzie się bał, może jedzenia jest mało, ale wrogów mamy pod dostatkiem. Karabiny w dłoń! Wszyscy gotowi i czujni stoją na straży ojczyzny!

Pół roku później zwołano plenum, które wzięło na celownik jaskółki zmian. Nie ma dyktatorskiej zgody na kosmopolityzm. Nie ma zgody na rycie pod fundamentami socjalizmu. Wszyscy wrogowie będą zgnieceni. Na kamieniu nie zostanie kamień.

Plenum kiwa głowami i jednogłośnie uznaje festiwal za imprezę zorganizowaną przez wrogów ludu i symbol pogardy dla socjalistycznych ideałów.

Rozpoczyna się wielkie polowanie na czarownice. Do więzienia trafiają Fadil Paçrami, sekretarz ideologiczny partii, któremu pomyliły się ideologie, Todi Lubonja, dyrektor radia i telewizji, piosenkarz Sherif Merdani, a potem wszyscy, którzy mogą stanowić jakiekolwiek zagrożenie, rzeczywiste i wyimaginowane.

Przez dwa lata szaleje wielka inkwizycja, bo partia już wie, już nazwała problem: „Pod maską walki z konserwatyzmem próbuje się otworzyć drogę liberalizmowi, żeby nasza literatura i sztuka zeszły z drogi socjalizmu". Dyktator decyduje: aresztowania, internowania i wyroki. Na wiele lat trafiają do więzienia malarze Edison Gjergo i Ali Oseku, syn Todiego – intelektualista Fatos Lubonja, pisarz Zyhdi Morava, poeci Frederik Rreshpja i Visar Zhiti, reżyser teatralny Kujtim Spahivogli i setki innych. Najbardziej wpływowi dziennikarze, redaktorzy i poeci tracą pracę, część zostaje internowana. Tornado Enver przechodzi przez całe środowisko kulturalne i pozostawia na placu boju tylko niedobitki, których wódz nie zauważył.

– Każdym kolejnym aresztowaniom towarzyszył lęk – mówi Bashkim Shehu. – Pożądaną reakcją była nienawiść do wrogów ludu, ale pod nią krył się strach o własny los, a jeszcze głębiej poczucie winy.

Im bardziej dyktator boi się wroga, tym bardziej Albania izoluje się i słabnie. Chiny patrzą na nią podejrzliwie, bo od lat ładują pieniądze w wielką przyjaźń, a tymczasem ich sojusznik kurczy się i podupada. „Albania nie rokuje" – uznaje następca Mao i kieruje bratnią pomoc do krajów Trzeciego Świata. Uśmiecha się też do Tity i Ceauşescu, którzy z kolei uśmiechają się do Stanów Zjednoczonych. Z żelaznym wodzem Albanii nikomu nie jest po drodze.

Bez chińskich maszyn, traktorów i pożyczek „wielka industrialna machina" Albanii dostaje zadyszki. System spowalnia, krztusi się i coraz częściej zacina. Albania jest sama i nikt nie zamierza jej pomóc.

„Żadnej pomocy nie potrzebujemy!" – oznajmia więc Hoxha. „A może jednak?" – sieje zwątpienie Mehmet Shehu. Bez kredytów, importu i wsparcia z zewnątrz Albania zamieni się w średniowieczny folwark, o ile już się nim nie stała. Hoxha uznaje, że przy takich różnicach światopoglądowych Shehu nie nadaje się na godnego następcę. Nexhmije, żona Envera, już od dawna uważa, że o czternaście lat młodszy od Shehu Ramiz Alia lepiej od niego wierzy w komunizm, a poza tym jest swój – jego bratanica poślubiła syna Hoxhów Ilira.

Teraz trzeba tylko czekać na iskrę, która roznieci pożar. Kiedy Skënder Shehu, drugi syn Mehmeta, ogłasza zaręczyny z siatkarką Silvą Turdiu, nic jeszcze nie zapowiada burzy. Ojciec Silvy jest profesorem, pojawiał się w Blloku na różnych towarzyskich spotkaniach, znaczy się – oficjalnie jak gdyby nasz, władza przymyka oko, że łączą go więzy pokrewieństwa z Arshim Pipą, albańskim dysydentem, który raportuje o zbrodniach Envera amerykańskim gazetom.

Ale teraz oko władzy się otwiera, żyły na skroni nabrzmiewają. Dlaczego Mehmet Shehu dopuścił do zaręczyn syna ze złą dziewczyną? Czy to akt buntu przeciwko przyjacielowi, z którym razem służyli Albanii przez tyle lat?

Mehmet próbuje gasić pożar i Skënder zrywa zaręczyny, ale jest już za późno. Numer dwa ma zostać wymazany.

Na temat samobójstwa Mehmeta Shehu od lat krążą plotki. Przeważa opinia, że za spust pistoletu pociągnęło Sigurimi. Ale Bashkim Shehu uważa, że ojciec sam odebrał sobie życie, bo wierzył w komunizm aż do końca.

– Miałem w rękach list pożegnalny napisany jego charakterem pisma, w jego stylu, tłumaczący tragizm sytuacji.

Czy Mehmet Shehu popełnił samobójstwo, żeby udowodnić dyktatorowi, że jest niewinny? Być może, ale Enver Hoxha ma swoją prawdę: Shehu był zdrajcą, jego rodzina to wrogowie ludu, a wszyscy ludzie z nim związani powinni zostać zniszczeni.

Żona Mehmeta, Fiqirete Shehu, wieloletnia przyjaciółka domu Hoxhów, trafia do aresztu i pod wpływem wielodniowych tortur zeznaje o istnieniu szajki knującej przeciwko dyktatorowi. Umiera na zesłaniu siedem lat później.

Najstarszy syn Shehu, Vladimir, zostaje internowany i po pół roku popełnia samobójstwo.

Średni syn, Skënder, ten, który zakochał się w złej dziewczynie, dostaje dziesięć lat więzienia.

Najmłodszy syn, Bashkim, zostaje internowany, a dwa lata później także skazany na osiem lat.

Słynący z okrucieństwa wieloletni szef Sigurimi i minister spraw wewnętrznych, a co najgorsze – siostrzeniec zdrajcy, Feçor Shehu staje w 1983 roku przed plutonem egzekucyjnym. Jego ramienia dotyka ramię Kadriego Hazbiu, wieloletniego ministra spraw wewnętrznych i ministra obrony, a co najgorsze – szwagra zdrajcy. Obaj giną za próbę obalenia komunizmu.

Na placu boju nie ostaje się nikt, kto mógłby zagrozić Enverowi i jego nowemu następcy.

„Ktoś musiał zrobić doniesienie na Józefa K., bo mimo że nic złego nie popełnił, został pewnego ranka po prostu aresztowany".

– Kiedy atmosfera wokół ojca zaczęła się zagęszczać, Vladimir powiedział mi, że nie będzie przeciwko niemu zeznawał, że nie powie tego, co mu każą. Powtarzał: „Wiem, co zrobię". Ale wiele lat później dowiedziałem się, że po godzinach przesłuchań, pod wpływem tortur podpisał zeznania, które podsunęło mu Sigurimi. Może nie mógł potem żyć z tą świadomością? Dostałem od niego wiadomość z Gramsh: żebym się nie obawiał, bo nie powiedział niczego przeciwko mnie. Potem przyszło zawiadomienie, że Ladi popełnił samobójstwo.

Czas w więzieniu i na zesłaniu przetrwałem dzięki przyjaciołom i więziennej solidarności. I dzięki temu, że nieprzerwanie czytałem. Te parę groszy, które dostawaliśmy za pracę przymusową, w całości wydawałem na książki, między celami krążyły też rękopisy i więzienne tłumaczenia, na przykład *Wspomnienia z domu umarłych*, Sofokles po francusku, którego przepisałem do zeszytu, *Krytyka czystego rozumu* Kanta, *Król Lear* i *Makbet* Szekspira.

Często myślę o Ladim. Przez wiele lat nie wierzyłem, że nie żyje. Wiedziałem, że umarł, ale coś we mnie nie mogło tego zaakceptować. Kiedy wypuszczono mnie z więzienia, znalazłem się sam, w dalekiej wiosce, na zesłaniu, a wokół mnie nie było nikogo. I wtedy zrozumiałem, że jego naprawdę nie ma.

Wszystko się już kiedyś zdarzyło. Wszystko zostało już zapisane. Każdą historię, jaka nam się przydarza, można znaleźć w greckich mitach, u Szekspira, u Dostojewskiego; literatura różni się od życia tylko kilkoma błahymi szczegółami.

Bashkim Shehu mówi, że parabole Kafki najlepiej objaśniają realia życia w Albanii. Są w nich trzy warstwy, które odnoszą się do kwestii wolności jednostki: stosunek do ojca, do państwa i do Boga.

– Myślę, że czasem ojciec, państwo i Bóg mogą być tym samym. I że u Kafki równie ważna jak zniewolenie jest samotność głównego bohatera, rozpaczliwe próby znalezienia kogoś, kto mógłby odwrócić jego los, kto mógłby mu pomóc, kto dostrzegłby absurd systemu i wzniecił bunt. Ale czasem taki scenariusz po prostu nie jest możliwy. Jedyne, co zostaje, to przebłysk ludzkiej życzliwości, kilka wersów zakazanej książki, krótka chwila zrozumienia.

„Jego wzrok padł na najwyższe piętro graniczącego z kamieniołomem domu. Jak błyska światło, tak rozwarły się tam skrzydła jakiegoś okna: jakiś człowiek, słaby i nikły w tym oddaleniu i na tej wysokości, wychylił się jednym rzutem daleko przez okno i wyciągnął jeszcze dalej ramiona. Kto to był? Przyjaciel? Dobry człowiek? Ktoś, kto współczuł? Ktoś, kto chciał pomóc? Byłże to ktoś jeden? Czy byli to wszyscy? Byłaż jeszcze możliwa pomoc? Istniały jeszcze wybiegi, o których się zapomniało? Na pewno istniały. Logika wprawdzie jest niewzruszona, ale człowiekowi, który chce żyć, nie może się ona oprzeć. Gdzie był sędzia, którego nigdy nie widział? Gdzie był wysoki sąd, do którego nigdy nie doszedł? Podniósł ręce i rozwarł wszystkie palce.

Ale na gardle jego spoczęły ręce jednego z panów, gdy drugi tymczasem wepchnął mu nóż w serce i dwa razy w nim obrócił. Gasnącymi oczyma widział jeszcze K., jak panowie, blisko przed jego twarzą, policzek przy policzku, śledzili ostateczne rozstrzygnięcie. »Jak pies!« – powiedział do siebie: było tak, jak gdyby wstyd miał go przeżyć”.

Najszczęśliwsi ludzie na świecie

Ściana budynku obwieszcza: „Władza ludu narodziła się u wylotu karabinu"

Szli długim sznurem żołnierze rozłożyści i groźni, szli, waląc ciężkimi buciorami o kamienny bruk Gjirokastry, a ruchy mieli sztywne i twarze stężałe. Wydawali się olbrzymi, kiedy pięli się pod górę, bez śladu zmęczenia, dźwigając karabiny większe niż sylwetki wpatrzonych w nich dzieci.

Tamtego dnia czteroletni Stefan Arseni kręcił się po starym bazarze, koło sklepu ojca. Kiedy pierwszy raz zobaczył Niemców, poczuł strach tak wielki, że zapamiętał go do końca życia. Tych mężczyzn, pomyślał, nikt nie pokona.

Stefan uśmiecha się, a jego palce dziarsko wybijają rytm zdania. Dobiega osiemdziesiątki, ale gdy się patrzy na jego szczupłą, strzelistą sylwetkę, sprężysty chód i lśniące oczy, można zapomnieć, ile ma lat. Łagodny uśmiech okazuje się jednak zwodniczy; Stefan stanowczo i nieoczekiwanie przerywa każde z naszych trzech spotkań, zwinnie omija pytania, które mu się nie podobają, i konsekwentnie wraca do tych samych historii. To on wyznacza granice każdej opowieści, a ja nie jestem w stanie ich przekroczyć. Przede mną siedzi człowiek, który całe życie doskonalił się w sztuce unikania kłopotów.

– Ojciec był człowiekiem pragmatycznym – mruga do mnie Stefan – i gdy spotkał na ulicy niemieckiego oficera, zaprosił go do domu. Niemiec łypał na nas i lustrował wzrokiem wszystkie kąty, wydawał się piękny i srogi. Ojciec wyciągnął koniak, nalał do dwóch kryształowych kieliszków, spojrzał tamtemu w oczy. „Nie – powiedział Niemiec. – Najpierw ty". I ojciec bez mrugnięcia wychylił do dna. Stałem w kącie pokoju, ukryty w cieniu, i nie spuszczałem z nich wzroku.

Półtora roku później przez Gjirokastrę szli zwycięscy partyzanci albańscy, a ludzie wiwatowali. Strach przyszedł dopiero, kiedy po bruku zaczęła płynąć krew rozstrzelanych wrogów ludu: zwolenników demokracji, faszystowskich kolaborantów, podejrzanych inteligentów i wszystkich, których z powodów zasadnych lub nie uznano za „elementy nierokujące lub niepewne".

Do domu Stefana zapukali jeszcze wtedy, gdy Albania była wielkim polem bitwy. Ojciec częstował ich raki, ale nie chcieli pić. Położyli papier na stół, obok papieru – karabin.

W czasach spokojnej biedy ojciec wraz z bratem skupowali w okolicach Gjirokastry i Tepeleny skóry kun i lisów, a potem sprzedawali je w Joaninie frymuśnym greckim strojnisiom, które robiły sobie z nich kołnierze do płaszczy, ostatni krzyk przedwojennej mody. Po rozpoczęciu wojny interes podupadł, później do Gjirokastry zaczęli schodzić partyzanci z okolicznych wzgórz.

Pokazali ojcu dokument – że rekwirują z magazynu wszystkie skóry. Trzysta sztuk, cała przyszłość. Po wojnie, zapewniali, zwrócą mu pieniądze. Ojciec podpisał, patrząc na karabin, ale wkrótce okazało się, że dokument jest wart tyle, ile kartka papieru, na którym go spisano. Komuniści nie patyczkowali się z bogatymi rzemieślnikami i handlarzami – ich oskubywali co do grosza, a biednym dawali to, co Albania miała najcenniejszego: ziemię. Kto ośmielał się protestować, przy odrobinie szczęścia trafiał do więzienia, komu szczęścia zabrakło, stawał przed plutonem egzekucyjnym.

Z tego wszystkiego ojciec zaniemógł. Stefan odziedziczył po nim pusty sklep i złą biografię: syn skórkarza, na dodatek z greckiej mniejszości. Czarci pomiot. W najlepszym wypadku – element podejrzany, w najgorszym – wróg ludu.

Tablica propagandowa na zieleńcu:
„Albania wszystko zbudowała sama, w pocie czoła, wysiłkiem oraz wiedzą swoich córek i synów"

Wspierany przez Komunistyczną Partię Jugosławii Enver Hoxha przejął kontrolę nad spustoszonym krajem, przez który w ciągu sześciu lat przeszły trzy regularne armie i dwie partyzantki, a wojna obróciła wniwecz jedną trzecią domów i niemal całą infrastrukturę. Nowa Albania rodziła się z ruin i błota.

Zatem wznoszono i naprawiano, w czynie społecznym, w trudzie i znoju. Brygady i bataliony złożone z robotników, żołnierzy, rolników i studentów usuwały gruzy, stawiały domy, utwardzały drogi. Każdy obywatel, czy chciał, czy nie, brał udział w kolektywnych zrywach; naród budował przyszłość socjalistycznego kraju. A że kraj lada moment miał zamienić się w raj, ludność należało przeszkolić do jego obrony – więc co roku część Albańczyków meldowała się na zborze, obozie wojskowym trwającym od tygodnia do czterech, i uczyła się, jak bronić ojczyzny przed zakusami wroga.

Mała Albania miała stać się przemysłowym gigantem: elektrownia wodna imienia Lenina, rafineria cukru w Maliq, cementownia we Wlorze, kombinat tekstylny w Tiranie. Naród bez wytchnienia wspierał partię i pod jej przewodnictwem zdwajał wysiłki, by socjalistyczna ojczyzna kwitła nieprzerwanie.

Ale im lepiej miał się przemysł, tym gorzej było z rolnictwem. Brakowało wszystkiego: ziarna, traktorów, owiec, chleba, mleka, mięsa. Rolnictwo było prymitywne i niewydolne, ale władza powtarzała głodnym Albańczykom, że tak hartuje się stal.

W dalekich górskich wioskach, gdzie chałupy kryto strzechą, a ludzie spali na siennikach, na początku lat pięćdziesiątych pojawili się elegancko ubrani panowie z notatnikami.

– Macie talerze? – pytali.

Ludziska kręcili głowami.

– A sztućce?

– Towarzyszu, co też towarzysz?

– Poduszki, pościel?

Więc posłańcy władzy notowali: „Dla tej rodziny tyle a tyle talerzy, tyle sztućców, pierzyna".

– Jedzcie warzywa i owoce! – zachęcali eleganccy panowie, a ludzie wzruszali ramionami.

– Skąd niby mamy je wziąć?

Zatem partia wysyłała na północ mieszkańców z południa, by uczyli, jak uprawiać ziemniaki, pomidory i ogórki na polach, na których do tej pory rosła tylko kukurydza.

Eleganccy panowie kazali postawić we wsi tablice z hasłami: „Myjcie ręce! Używajcie sztućców!".

Starszyzna posłała po nauczyciela, żeby przeczytał, co tam jest napisane, i wytłumaczył, co, u licha, się dzieje z tym krajem.

Nauczyciel przyszedł i oznajmił:

– Dzieje się postęp.

I powiedział, że wieś czeka także elektryfikacja.

Starszyzna zapewniła, że nie boi się niczego.

Drogowskaz na środku ulicy:
„Nasz lud sam wybrał kierunek rozwoju
i nie będzie się z tego nikomu tłumaczył"

– Na każdym kroku pilnowałem swojego cienia – wspomina Stefan. – Ilekroć państwo zauważało coś podejrzanego, zarządzało aresztowania, po czym tafla jeziora znowu stawała się gładka. Z plamą w życiorysie nie miałem szans na stypendium, chociaż uczyłem się dniami i nocami. Z powodu ojca nie pozwolili mi iść na studia, ale po skończeniu liceum skierowali mnie do pracy w wiosce na południu. Miałem uczyć w szkole. Byłem taki młody, że gdy powiedzieli, że przeniosą mnie do Konispola, pod granicę z Grecją, to się rozpłakałem. Miałem ledwie osiemnaście lat, nie chciałem opuszczać domu. W końcu posłali mnie do wsi koło

Sarandy i tam razem z kilkoma nauczycielami, takimi samymi chłopaczkami jak ja, uczyłem dzieci języka i matematyki, a sam wprawiałem się w gotowaniu i sprzątaniu. Nie mieliśmy pojęcia o życiu, wiedzieliśmy tylko, że musimy uważać na siebie i innych. Gdybyśmy popełnili jakikolwiek błąd, mielibyśmy wielkie kłopoty.

Tak jak inni nauczyciele Stefan też zaganiał uczniów na wzgórza, by w pocie czoła układali slogany z kamieni:

„Marks Engels Lenin Stalin".

„Chwała partii".

„Niech żyje Enver Hoxha".

„Chwała marksizmowi i leninizmowi".

Jak największe kamienie, pięknie pobielone wapnem, doglądane, pilnowane, żeby wszyscy widzieli, żeby nikt nie odważył się zapomnieć. Stefan starał się, organizował i nie wątpił, aż w końcu partia doceniła jego zaangażowanie i pozwoliła mu iść na studia.

Wykazując niezmiennie słuszną postawę, po studiach Stefan został dyrektorem biblioteki w Gjirokastrze. Jeśli kogoś aresztowano, on wraz z zespołem musiał zakasać rękawy i usunąć wszelkie wzmianki dotyczące nowo mianowanego wroga. Imię zdrajcy wymazywano z książek i gazet, twarz wydrapywano, wróg był pozbawiany przeszłości i zamieniał się w zjawę bez kształtu albo znikał całkowicie, jakby nigdy nie istniał.

Taka była wola partii, nikt nie ośmielał się jej sprzeciwić. Stefan był tym bardziej skrupulatny, że znał pewnego dziennikarza z Tirany, którego wzięło na pisanie wierszy. W jednym porównał kraj do kaktusa i wkrótce musiał pożegnać się z Tiraną, a przywitać z Gjirokastrą. To dało Stefanowi do myślenia.

Podobnie jak historia jego kuzyna, którego zatrudnił, żeby pomóc nieborakowi ze złą biografią – jego ojciec w czasach króla Zoga był właścicielem fabryki. Wszyscy wokół cierpliwe czekali, aż kuzyn wypowie zdanie, które pomoże go zniszczyć.

Pewnego razu koledzy z pracy rozmawiali o alkoholach i kuzyn rzucił:

– Słyszałem, że koniak Metaxa jest niezły.

Ale to było ciut mało.

Zatem koledzy donieśli:

– Powiedział, że koniak Metaxa jest znacznie lepszy niż albańskie koniaki, a następnie zawołał: „Jeśli my dojdziemy do władzy, powiesimy wszystkich komunistów!".

Nawet prokurator wiedział, że koledzy dosztukowali komunistów na potrzeby donosu, ale skoro było zlecenie, nie zaszkodziło kuzyna posadzić.

– Biedak spędził w więzieniu siedem lat – kiwa głową Stefan. – Od tamtej pory odwiedzałem jego rodzinę tylko w nocy. Gdyby ktoś zobaczył, że wchodzę do ich domu, miałbym kłopoty.

Napisy na balkonach budynku:
„Albania – niepokonana twierdza socjalizmu"

Komunizm nic innego nie robił, tylko się budował: rękami socjalistycznego człowieka i rękami więźniów politycznych. Pod koniec lat pięćdziesiątych Albania kwitła głównie dzięki pieniądzom pożyczonym od Związku Radzieckiego – nowe fabryki włókiennicze, nowe fabryki konserw, nowe hydroelektrownie, nowa albańska potęga. Wrogowie ludu zmazywali winy, osuszając bagna, władza odnotowywała wielkie postępy w walce z komarem malarycznym. To, co dawniej kojarzyło się z chorobą i niebezpieczeństwem, zamieniło się w pola uprawne, których górzystej Albanii zawsze brakowało. Wielkie sukcesy małego, dzielnego narodu.

Ci, do których drzwi nie pukało Sigurimi, wierzyli, że władza komunistyczna jest najlepszym, co spotkało ich kraj. Obszarnicy dogorywali w więzieniach, ziemia trafiła w ręce ludu, a że właśnie z powrotem zabierała ją kolektywizacja – trudno, najwidoczniej w słusznym celu, kto zaś jest innego zdania, niech uważa, co myśli. Drobne przeciwności, jak niedostatek jedzenia, kiedyś w końcu uda się pokonać. Nowy człowiek umiał czytać i pisać, więc wiedział z gazet o nieprzerwanym paśmie sukcesów.

Tymczasem władza donosiła o fali rewizjonizmu pochłaniającej Związek Radziecki, o tym, że wielki brat zwątpił w mądrą myśl Stalina, że zdradził sojusznika i teraz klepie po plecach najgorszych albańskich wrogów. Na szczęście Albania otworzyła już ramiona, by przyjąć w braterskim uścisku Chiny – one są socjalistyczne jak trzeba i nie szczędzą pomocy. W latach sześćdziesiątych napływa waluta marksistowskiego smoka, albańskie kobiety chińskimi traktorami orzą albańską ziemię, chińscy robotnicy nucą albańskie piosenki, chińsko-albańskie dłonie zwierają się w uścisku.

I dopóki chiński brat podpiera Albanię, kraj jeszcze stoi prosto, jeszcze można wierzyć w komunistyczny postęp, jeszcze można mieć szczęśliwe złudzenia.

Ale kolektywizacja już zaczyna odbijać się czkawką, produkcja przemysłowa się potyka, wskaźniki ekonomiczne idą w dół, coraz więcej trzeba mieć inwencji, przepisując statystyki.

Dlatego w górę idą zaciśnięte pięści, gardła tym głośniej krzyczą na chwałę, parady maszerują, sukcesy triumfują, usta śpiewają, dzieci machają, starsi popłakują, trąbki, grzmoty, werble, piania i wiwaty! Jak się nam ojczyzna rozwinęła, jak się nam młodzież wyedukowała, jak nam wszyscy ogromnie zazdroszczą! A kto nie wierzy? Kto ma odwagę zejść z albańskiej drogi do szczęścia?

Toast na każdą okazję:
„Partia żyje i będzie żyła wiecznie!"

– Kiedy zostałem dyrektorem teatru w Gjirokastrze, skierowano mnie na front moralności, żebym uczył ludzi dyscypliny w życiu prywatnym. Pewnego dnia przyszedł staruszek z kobieciną, lamentowali, że jeden z aktorów regularnie bije ich córkę, a swoją żonę, tak że dziewczyna musi uciekać do rodziców. Wezwałem aktora na dywanik, obsztorcowałem, pouczyłem: „Zachowuj się, bo cię wywalimy!". Czy miał jakiś wybór? Bezrobotny nie znalazłby tak łatwo pracy, trafiłby do więzienia, a tam nie miałby nawet lustra, żeby na siebie pokrzyczeć. Tak partia dbała o moralność obywateli. Naprawdę byliśmy jej wdzięczni. Wierzyliśmy w socjalizm.

Przy stole pierwszy toast brzmiał zawsze: „Niech żyje partia i rządzi wiecznie!". W każdym mieszkaniu patrzył na domowników z portretu Enver Hoxha.

Ja sam miałem i portret, i popiersie wodza. Ale kiedy odzyskaliśmy wolność, zaraz je zniszczyłem. Teraz żałuję, miałbym ciekawą pamiątkę z przeszłości.

Gdy w komunistycznej Albanii kobiety dźwigały ciężarne brzuchy, czasami ludzie pytali je: „Wolałybyście chłopca czy dziewczynkę?". Kobiety odpowiadały: „Cokolwiek partia nam da!". No, może nie zawsze tak odpowiadały, ale zdarzało się.

Bo partia znaczyła więcej niż Bóg. Bóg nie istniał. A nawet jeśli istniał, to był wszechmocny tylko w teorii, a partia była wszechmocna w praktyce. Bóg nie potrafił zniszczyć partii, ale partia potrafiła zniszczyć Boga. Mieliśmy w domu ikonę Jezusa i czasami zapalaliśmy przed nią świeczkę, ale w ukryciu, bo wiedzieliśmy: w tym kraju nawet ojciec donosi na syna.

Kiedy organizowaliśmy w Gjirokastrze festiwal muzyki ludowej, wiedzieliśmy, że pierwsza piosenka musi zawsze sławić Envera Hoxhę. I musi być dobra! Melodyjna i chwytliwa, tak żeby zachwyciła naszego przywódcę. W przeciwnym razie mielibyśmy kłopoty. W radiu słuchaliśmy tylko muzyki ludowej, przemówień polityków albo muzyki klasycznej. Nawet jeśli ktoś wiedział coś o rocku, to się nie chwalił, żeby nie złamać sobie życia.

Pierwszy raz zobaczyłem telewizor w 1967 roku u przyjaciela, któremu rodzina z Włoch sprawiła taki niebywały prezent. Jakie to było wrażenie! Zobaczyć po raz pierwszy obraz i usłyszeć dźwięk z kwadratowego pudła. Pracowałem w sektorze państwowym, tu każdy pracownik mógł dostać z przydziału albo lodówkę, albo telewizor i kiedy dostałem telewizor, byłem bardzo szczęśliwy.

Codziennie oglądaliśmy programy, z których wynikało, że Albańczycy są najszczęśliwszymi ludźmi na świecie, i wierzyłem w nie, mimo że cały kraj był otoczony drutem kolczastym, a żeby pojechać do przygranicznej wioski, potrzebowałem specjalnego pozwolenia. Jeśli coś poruszyło ogrodzeniem, sygnał był natychmiast przesyłany do wieży wartowniczej. Każdemu uciekinierowi strażnik mógł strzelić w plecy.

Wprawdzie nie mieliśmy obozów, które przerabiały ludzi na mydło, ale mieliśmy najlepiej strzeżone granice na świecie.

Wiwaty na ścianie kooperatywy:
„Niech żyją komunistyczne kury!
Niech żyją komunistyczne krowy!"

W 1978 roku, po zerwaniu sojuszu z rewizjonistycznymi Chinami, Enver Hoxha oznajmił ukochanemu ludowi, że jak świat długi i szeroki nie ma kraju, który wierzyłby w komunizm równie mocno jak Albania. „Titoiści, sowieccy zdrajcy, kraje Europy Wschodniej i Chiny, wszyscy oni mieli ukryty, wrogi cel – zniewolenie naszego państwa. Zdzieramy z nich maskę i mówimy im prosto w twarz, że Albanii nie da się kupić ani za garść szmat, ani za kilka rubli, dinarów czy juanów" – krzyczał do tłumu Towarzysz Komendant.

Na placu boju o jedyny słuszny socjalizm Albania została sama. „Musicie być zawsze czujni i gotowi – powtarzał ukochany przywódca – ponieważ nasz kraj jest ze wszystkich stron otoczony państwami rewizjonistycznymi i imperialistycznymi, które nieustannie próbują nas zniszczyć lub nam zaszkodzić. Jeśli choć przez moment osłabimy naszą czujność albo spoczniemy w walce, wróg uderzy w nas natychmiast, jak wąż, który kąsa i wstrzykuje jad, zanim się obejrzysz".

Usta władzy pełne były frazesów, a tymczasem w sklepach pustoszały półki. Po trzydziestu latach znowu wróciły kartki na żywność. Jeśli nad wejściem do sklepu znajdował się napis „*Mish*", czyli „Mięso", kupujący mógł być pewny, że w środku zapozna się z bogatą ofertą gołych haków.

Pierwsze nocne mary ustawiały się pod sklepami około czwartej lub piątej nad ranem. Czasem, żeby ułatwić sobie życie, ludzie zostawiali w kolejce jakiś przedmiot, a potem wracali do domu, by pospać jeszcze godzinę czy dwie. Zdarzało się, że nawet czwarta nie dawała szansy na kupno mleka, bo co zrobić, jeśli w kolejce stoi dwadzieścioro ludzi, a butelek tego dnia przywieziono dziesięć?

Wieść o pojawieniu się mięsa rozchodziła się lotem błyskawicy i zaraz pod sklep ściągały tłumy. Wiedząc, że dostawy budzą wielkie emocje i drobne kobiety mogą zostać poturbowane w starciu z mężczyznami, władza nakazała zachowywać parytet i sprzedawać mięso raz mężczyźnie, raz kobiecie. W społeczeństwie socjalistycznym zachowanie równości płci było priorytetem.

Pewnego razu zdumieni mieszkańcy Szkodry ujrzeli przy głównej ulicy nowy, zupełnie niezwykły sklep, pełen słodyczy, owoców i od lat niewidzianych smakołyków. Zaraz zebrał się tłum, ale na rozkaz policjantów musiał się rozstąpić, by zrobić miejsce pięknie ubranej kobiecie, która zdecydowanym tonem recytowała w oko kamery: „Oskarżacie nas, że w Albanii nie ma jedzenia. Patrzcie, kłamcy! W Albanii półki są pełne!". Na potrzeby materiału do lady dopuszczono trzy rozradowane osoby, po czym sklep zamknięto, a tłum rozgoniono.

Zapewnienie na stołecznym płocie: „Kroczymy po kolejne zwycięstwa na drodze budowy i wzmacniania socjalizmu"

– Kiedy dostawałem wiadomość z komitetu, że do Albanii przyjeżdża dziennikarz z zagranicy, by pisać artykuł o greckiej mniejszości, musiałem natychmiast powiadomić ludzi z kooperatywy w wiosce, którą miał odwiedzić, żeby wywiesili w sklepie mięso. Za zgodą przełożonych brałem też z depozytu kawę, którą greckie wizytowane rodziny miały poczęstować dziennikarzy. Bo mięso, kawa to były towary, których ludziom starczało na pierwszą połowę miesiąca. Ale oczywiście gdzieś na zapleczu zawsze znalazło się trochę do celów dekoracyjnych.

W 1986 roku wysłano mnie do Grecji razem z zespołem ludowym z Gjirokastry. Wtedy w sklepach brakowało nawet chleba, szczytem marzeń było znalezienie sardynek w puszce, a Grecy pytali: „Potrzebujesz czegoś? Może chciałbyś suszarkę? Albo dyktafon?". Oczywiście wszystko to były dla mnie cuda, ale w zespole na pewno śpiewał niejeden agent Sigurimi, więc odpowiedziałem: „Nie, dziękuję, w Albanii niczego nam nie brak". Pozwolono nam spacerować po mieście w czteroosobowych grupkach, pozwolono nam też wchodzić do sklepów, ale o tym, co widziałem, nie mogłem opowiedzieć nikomu.

Dlatego gdy później ludzie rozpytywali: „Stefan, Stefan, i jak ci tam było?", odpowiadałem: „No... całkiem nieźle. Ale wiecie, strasznie dużo tam much!". Gdybym powiedział prawdę, że Grecja była dniem, a Albania nocą, miałbym wielkie kłopoty.

Odkąd zobaczyłem Grecję, zdałem sobie sprawę, że kapitalizm jest lepszy niż komunizm. Tam każdy mógł mówić, co chciał, i nikt nie chodził z cieniem jak u nas. W Albanii nikomu nie przyszłoby do głowy usiąść przy kawie i dyskutować o polityce, na to mogli sobie pozwolić tylko więźniowie! Mówić Grekom cokolwiek o naszym kraju też byłoby samobójstwem. Kiedy pytali, jak nam się żyje, odpowiadałem zawsze: „Świetnie, jesteśmy bardzo szczęśliwi".

Przez lata powtarzaliśmy: „Albańczycy to najszczęśliwsi ludzie na świecie" i wierzyliśmy w to, bo skąd mieliśmy wiedzieć, że jest inaczej? Znaliśmy tylko komunizm, nic więcej, i przez lata nie mieliśmy do czego porównać naszego życia. Szczęście jest pojęciem względnym. W innych krajach żyli ludzie, którzy mieli więcej, którym było łatwiej, ale ja o tym nie wiedziałem. Nie miałem za czym tęsknić i nie miałem komu zazdrościć.

Dopiero podróż do Grecji otworzyła mi oczy. I co z tego? Czasem naprawdę lepiej nie wiedzieć, nie zastanawiać się, nie zadawać pytań.

Bo wcześniej wydawało mi się, że naprawdę jestem szczęśliwy.

W moim sercu zawsze Enver

Rosyjski poeta Majakowski napisał:

> Partia i Lenin – bliźnięta-bracia –
> kogo bardziej matka-historia ceni?
> Mówimy – Lenin, a w domyśle – partia,
> mówimy – partia, a w domyśle – Lenin.

Dla mnie jest tak samo. Mówię – partia, myślę – Enver Hoxha.

Nazywam się Nexhip Manga, jestem kamieniarzem i poetą i uważam, że wraz ze śmiercią Envera straciliśmy najwybitniejszego Albańczyka w historii naszego narodu.

Kiedy on umarł – i jeśli kłamię, niech stracę wzrok! – przez dwa miesiące nie umiałem sobie znaleźć dziury, w której mógłbym się schować i płakać. Wstydziłem się ludzi, bo ciągle zbierało mi się na łzy. Czy ktoś by teraz zapłakał po Edim Ramie albo Salim Berishy? A wtedy płacz ludzi był tak głośny, że nawet ptaki w chmurach go słyszały.

Enver Hoxha przez całe życie oddychał tym samym powietrzem co Albańczycy. Był też człowiekiem niezwykle jak na tamte czasy wykształconym. Najpierw skończył liceum w Korczy, najlepsze w kraju, a potem pojechał studiować do Francji, gdzie związał się z grupą francuskich komunistów i zobaczył na własne oczy, jak obmierzły jest kapitalizm i na czym polega zgnilizna Zachodu. Kiedy w czasie II wojny światowej Albania musiała zdecydować, czy opowiedzieć się po stronie kapitalistów, czy komunistów, Enver bez wahania wybrał komunistów, bo wiedział, przed czym musi uchronić kraj.

Był najlepszym przywódcą na świecie, mądrym, zapobiegliwym i dalekowzrocznym. Gdy tylko zobaczył, że jakiś urzędnik szabruje, kombinuje, gra na swoją korzyść przeciwko obywatelom, zaraz zsyłał go na prowincję, żeby dać mu nauczkę. Był szczerym człowiekiem, sprawiedliwym i pełnym miłości do ludu.

Nawet teraz chce mi się płakać, gdy myślę, że go nie ma. Ale on ciągle żyje w naszych sercach... O, tu jest Enver, w moim sercu. Nikt tak jak on nie kochał Albanii.

Pyta mnie pani, dlaczego żal mi Envera, skoro teraz żyje mi się lepiej. Proszę wybaczyć, nie chcę pani obrazić, ale to pytanie jest głupie. Co z tego, że siedzimy na kanapie przed telewizorem i jemy ciastka, jeśli nie wiemy, co będzie jutro? Co z tego, że możemy podróżować po całym świecie, jeśli nie mamy spokoju w sercu?

Kiedyś wstawałem rano, pracowałem osiem godzin, a potem zarzucałem kurtkę na plecy i wracałem do domu. Wiedziałem, że następnego dnia znowu pójdę do fabryki, spędzę miło czas z kolegami i wszystko będzie na swoim miejscu. Mój umysł był czysty, sny jasne, czoło bez trosk. A teraz codziennie wypruwam sobie żyły i głowię się, co ześle mi los. Mam siedemdziesiąt lat i nie mogę odpocząć, ciągle muszę pracować, a kraj osuwa się w przepaść.

Przed śmiercią Hoxhy nie miałem w domu ani jednego jego zdjęcia, nie przeczytałem ani jednej jego książki. Dopiero gdy Enver zmarł i w Albanii rozpanoszył się kapitalizm, uświadomiłem sobie, w jakich miodowych latach żyliśmy.

Dziennikarka zapytała raz Nexhmije Hoxhę, żonę Envera: „Dlaczego Albania była tak biedna?". I Nexhmije odpowiedziała: „Byliśmy biedni, ale każdy miał to, co niezbędne do życia, i mógł spać spokojnie. Staraliśmy się, by wszyscy mieli tyle samo".

Dyrektor fabryki, w której pracowałem, zarabiał może dwa tysiące leków więcej ode mnie, nie mam pretensji, dyrektor to dyrektor. Ale nie było takich wielkich różnic jak teraz, że dyrektorzy zarabiają miliony i ciągle chcą więcej, że jedni wynoszą z banku walizki pełne pieniędzy, a drudzy szukają jedzenia na śmietniku. I nie było żadnych narkotyków, myśmy w ogóle nie wiedzieli, co to są narkotyki, a dziś marihuana rośnie od Sarandy aż po Theth.

Teraz najwięksi milionerzy to szefowie partii, którzy wyprzedają kraj. I wszyscy się boją, że stracą to, co mają. Od początku lat dziewięćdziesiątych codziennie ktoś przychodzi nad strumień za moim domem i zbiera puszki, żeby je potem sprzedać. Na co ludziom takie życie, w którym nie ma godności, nie ma nic pewnego?

Dziś są maszynerie, nowoczesne fabryki, piękne rzeczy. Jest tak, jak powiedział Marks: w kapitalizmie rozwój jest najważniejszy, ponieważ napędza zysk, a konkurencja pcha do tego, by zwiększać jakość, produkcję i dochód. Za komunizmu nie mieliśmy tych wszystkich maszyn. Pracowałem w fabryce butów, robiłem drewniane modele. W tym czasie ministerstwo odgórnie zarządzało produkcją w każdym zakładzie. Dzwonili towarzysze i oznajmiali: „Fabryka w Gjirokastrze musi wyprodukować tyle a tyle butów tego a tego rodzaju", i wszystkie cztery fabryki butów w Albanii pracowały według planu, jak w klanie, w którym każdy ma swoje obowiązki i każdy szanuje głowę rodziny, bo to ona wydaje polecenia.

Z powodu scentralizowania nie było ważne, jak robione są buty, dobrze czy źle. Przechodziły przez kontrolę jakości, tyle że kogo obchodziła jakość? Ale zawsze wystarczało butów dla wszystkich! To nieprawda, że za czasów Hoxhy dzieci ludzi ze złą biografią chodziły boso, kto to pani powiedział? System zaopatrywał każdego. Nawet jeśli jakość była niska, nie było jednej pary, która zostałaby w magazynie, bo wszyscy chcieli mieć buty i każdy brał, co dawali. Nie było alternatywy, ale nic się nie marnowało! A teraz jeśli jedna fabryka produkuje więcej i po niższych cenach, to druga bankrutuje i robotnicy idą na bruk. Czy ktokolwiek w dzisiejszych czasach myśli o robotnikach?

Mieliśmy dziesięć fabryk wokół Gjirokastry, w tym taką, co robiła papierosy, z dwustoma pracownikami. W latach dziewięćdziesiątych minister Genc Ruli zamknął ją, a papierosy zaczął zwozić ciężarówkami z Grecji. A przecież nasze były tak samo dobre! Papierosy Partizani, które produkowali w Gjirokastrze, były najlepsze na świecie. Ale po upadku komunizmu wszyscy zgłupieli i ludzi uwodziły kolorowe zagraniczne opakowania. Nie liczyła się jakość, tylko to, że ktoś palił zachodnie papierosy. Fabrykę zamknięto, dwieście osób ruszyło za granicę po chleb.

A kiedyś każdy szedł do szkoły i potem do pracy. Ktoś, kto wychodził z więzienia, musiał zaraz podjąć pracę i integrować się ze społeczeństwem. Nawet ludzie ze złą biografią mogli iść na studia. Pani mi nie wierzy? To opowiem historię Neritana Ceki, słynnego albańskiego archeologa, którą słyszałem z jego ust. Kiedy skończył liceum, komitet partii nie pozwolił mu iść na studia, bo był synem Hasana Ceki, archeologa, który napisał kiedyś, że Albania powinna zjednoczyć się z Jugosławią, i koniec – jego rodzina została zdeklasowana i uznana za wrogów ludu. Ale Neritan napisał list bezpośrednio do Hoxhy. I Enver pozwolił mu iść na uniwersytet.

Bo on pilnował, by Albania była krajem sprawiedliwym. Jeśli stypendia trafiały głównie do ludzi z dobrą biografią, to była to wina biurokratów, nie Envera. W końcu to urzędnicy decydowali o tym, kto dostanie telewizor, kto lodówkę albo kto pójdzie na studia. Gdyby Enver wiedział o nadużyciach, toby nie było nadużyć!

Po rewolucji październikowej poeta Majakowski napisał: „Przez całe życie będę walczył z biurokratami, ponieważ nawet w systemie komunistycznym zdarzają się czarne owce". Ale biurokratów było tylu, że w końcu doprowadzili Majakowskiego do samobójstwa. A Envera oddzielali od ludu tak jak ściana.

Ale jego dwa największe osiągnięcia to było stworzenie systemu edukacji i umocnienie systemu obronnego. Bo Enver zawsze miał na uwadze godność Albańczyka.

W latach czterdziestych, po wyzwoleniu, każdy kończył cztery klasy podstawówki, i już. Ludzi z wyższym wykształceniem było tylu, co kot napłakał. Moja mama skończyła ledwie pięć klas i wszystkim z okolicy czytała listy i gazety. Szkoły trzeba było tworzyć niemal od zera, ale po dwóch dekadach nie było w Albanii ani jednego analfabety.

W latach dziewięćdziesiątych krewni mojej żony próbowali zaaranżować małżeństwo córki z chłopakiem z Joaniny. Rodzina dziewczyny pojechała się zapoznać. I kiedy tak się zapoznawali, ojciec dziewczyny zacytował jakiś wers z *Iliady*. „Jak to możliwe, że znacie Homera?" – zdumieli się Grecy. „Przecież mieliśmy Homera w szkole!"

Nie mogli uwierzyć, bo większość z nich skończyła tylko cztery klasy podstawówki. Po co Grekom szkoły, skoro pracowali w fabrykach albo uprawiali ziemię? A w Albanii każdy, kto pracował, był wyedukowany. Jeśli młody chłopak przychodził do pracy w naszej fabryce i nie miał wykształcenia, kierownictwo stawiało mu warunek: jeśli nie skończysz liceum, nie dostaniesz awansu. A awans oznaczał podwyżkę. Młodzi musieli się więc uczyć. Kto w dzisiejszych czasach namawiałby do nauki chłopaka z fabryki? Ma być tanią, bezmyślną siłą roboczą, i już.

A drugie: obrona kraju. Bo wszystkie kraje wokół były kapitalistyczne, a Jugosławia skłaniała się ku gospodarce rynkowej. Sami wrogowie, którzy naciskali na zmianę systemu! Ale Enver zawsze trzymał się wyznaczonej ścieżki i wolał przygotowywać się na atak, niż komukolwiek ulec. W 1965 roku Stany Zjednoczone rozpoczęły bombardowania Wietnamu, a w Albanii kipiało od doniesień na ten temat. Żeby obronić się przed nalotami, Wietnamczycy zbudowali sieć bunkrów i tuneli i po każdym bombardowaniu wychodzili spod ziemi cali i zdrowi.

Hoxha miał do wyboru: bronić komunizmu albo się poddać. Ale Albańczycy rodzą się z mieczem w ręku. Tak! W 1913 roku Isa Boletini, nasz wielki polityk, pojechał do Wielkiej Brytanii dyskutować o losie Albanii. Przed spotkaniem strażnicy przeszukali go i zabrali mu pistolety, a na spotkaniu jeden z angielskich lordów zażartował: „Kto by pomyślał, że Anglikom uda się rozbroić Albańczyka!". Wtedy Isa Boletini wyjął kolejny pistolet, który miał schowany głęboko pod ubraniem, i powiedział: „Albańczyk nigdy nie da się całkowicie rozbroić!".

Dlatego Hoxha zdecydował się na wietnamską technikę obronną i pokrył całą Albanię bunkrami. Kiedy przyjechała do nas delegacja z Grecji, złapali się za głowę: „Co to jest?!". A kuzyn mojego wujka, który był wtedy ministrem handlu, odpowiedział: „To są nasze czołgi. Wprawdzie nie mogą was zaatakować, ale nie cofną się o krok, jeśli po nas przyjdziecie".

Albańczycy odejmowali sobie jedzenie od ust, żeby zbudować sieć tuneli i bunkrów. Gdyby nie cały ten zamysł, żyłoby się nam o wiele lepiej, to prawda. Ale coś za coś! W razie ataku nasza infrastruktura obronna nie pozwoliłaby wrogowi przejąć kontroli nad krajem. „Kapitaliści próbują rzucić nas na kolana – powtarzał Hoxha – ale choćby na nasze wody wpłynęły okręty Stanów Zjednoczonych, zasypiemy je takim deszczem kul, że będą bez szans".

Jednak gdy w 1991 roku Albania upadła, natychmiast rzuciliśmy się na kolana przed Stanami Zjednoczonymi. I teraz jesteśmy jak piesek, co radośnie merda ogonem, gdy tylko pan na niego spojrzy.

Wszystko runęło po śmierci Hoxhy. Jego następca Ramiz Alia był największym zdrajcą w historii narodu albańskiego. Jeszcze łzy na naszych twarzach nie obeschły, a on już zaczął zamykać fabryki i zabierać nam chleb. To on pierwszy nawiązał kontakty z Amerykanami i cynicznie skazał kraj na bankructwo. Rozwalił gospodarkę i pozamykał fabryki, bo wiedział, że wynędzniała Albania będzie musiała zwrócić się po pomoc do Zachodu. Ludzie zaczęli nienawidzić komunizmu i Envera Hoxhy.

Mój brat był komisarzem korpusu wojskowego na południu. Mówił mi, że Albania ma takie rezerwy żywności, że ludzie mogliby przez szesnaście lat jeść, pić i nie pracować. Ale gdy umarł Hoxha, zdrajcy narodu wrzucili zapasy kukurydzy i pszenicy do morza, żeby przyspieszyć upadek systemu. Żebyśmy zdechli z głodu. Ramiz Alia świadomie i cynicznie zniszczył albańską gospodarkę i obraz Envera Hoxhy w oczach rodaków. Ludzie myśleli, że to przez Hoxhę znaleźli się w skrajnej nędzy, ale Albańczyków zniszczył zagraniczny imperializm! Upadek komunizmu zaczął się w Polsce, a potem wszystko się rozlało: Czechosłowacja, Węgry, Rumunia, Bułgaria, aż doszło do Albanii. Imperialiści mieli już doświadczenie, jak niszczyć społeczeństwa.

Zaślepieni ludzie obalali pomniki Envera w całym kraju. Ale cóż z tego, że zwali się posąg z brązu? Pomnik jest niczym, prawdziwy Hoxha ciągle żyje w naszych sercach.

Nie mogę słuchać lamentów o zbrodniach systemu. Historie o tym, że Hoxha zabijał kolegów z liceum, zostały rozdmuchane w latach dziewięćdziesiątych. Dziennikarze za wszelką cenę próbowali zrobić z niego potwora. A jeśli Hoxha dawał rozkaz, żeby kogoś zabić, to dlatego, że miał dobry powód. Ci, którzy działali na szkodę kraju, musieli zostać zabici, tak samo jak wszyscy niebezpieczni intelektualiści, którzy studiowali za granicą i mieli kontakty z obcokrajowcami. Martwi albo internowani nie mogli popełnić więcej błędów. Balliści uciekli z Albanii i utworzyli stowarzyszenie w Stanach Zjednoczonych, organizowali kongresy i próbowali obalić system, wysyłając do Albanii dywersantów, a myśmy nawet o tym nie wiedzieli! Nic dziwnego, że Hoxha izolował synów ballistów. To były krety, które ryły pod fundamentami systemu.

Może komunizm zabił sto albo tysiąc osób, ale wszyscy byli wrogami władzy. Nikt nie został zabity ani internowany, jeśli nie był winny. To dziś niewinni ludzie siedzą w więzieniach, bo w kraju nie ma sprawiedliwości i każdy może sobie kupić wyrok, jeśli ma pieniądze. Jednego dnia jesteś w więzieniu, drugiego wychodzisz. Za Envera jeśli lekarz wziąłby najmniejszą łapówkę od pacjenta, zaraz zostałby internowany. Teraz jak nie dasz w łapę, to możesz paść w poczekalni i nikt nawet na ciebie nie spojrzy. Dawniej obowiązywały reguły, których nikt nie ośmielił się łamać. Dziś nie ma żadnych reguł.

Amerykański wywiad wysłał kiedyś płatnego mordercę, by zabił Envera, tu, w Gjirokastrze. Ale gdy ten morderca zobaczył, jak lud kocha Envera, jak dzieci całują go w policzki, jak dorośli płaczą ze szczęścia na widok swojego wspaniałego przywódcy, powiedział: „Jakże mógłbym zabić tak dobrego człowieka?". I oddał się w ręce albańskiej policji. Naprawdę!

Nie ma większego piękna na świecie niż piękno komunizmu. Dzięki niemu miałem w sobie spokój, jako człowiek i jako obywatel. Nie miałem absolutnie żadnych problemów. A dziś albańscy milionerzy śpią z pistoletami przy łóżku, bo niczego nie mogą być pewni.

Dlatego płaczę, gdy myślę o Enverze. I dlatego w latach dziewięćdziesiątych kupiłem tyle portretów Envera, proszę policzyć – sześć. W moim warsztacie zrobiłem zegar z jego zdjęciem i ustawiłem go na drugą piętnaście w nocy, bo o tej godzinie umarł Enver.

Od szesnastego roku życia piszę wiersze, opublikowałem wiele tomików. Napisałem też poemat o śmierci Envera i na początku lat dziewięćdziesiątych zastanawiałem się, czy włączyć go do nowej książki. Czy polityka powinna pojawić się obok wierszy miłosnych? A potem pomyślałem: poemat o Enverze również jest wierszem miłosnym! W końcu opisuje ból po śmierci ukochanego wodza.

Enver będzie wiecznie żywy
Ból przepełnia nas straszliwy
Przysięgamy: jest nam celem
Życie aż po śmierć z Enverem

Słowa jego są nam złotem
Nikt ich nie obrzuca błotem

Błotem nikt nie rzuci w niego
W wodza nam nieśmiertelnego

Czemu przyszedł tamten dzień
Gdy na kraj nasz opadł cień?
Umarł Enver, noc nadchodzi
Ziemia znów go nie porodzi

Umarł Enver? Ależ skąd!
Ta wiadomość to jest błąd
Ta wiadomość to toksyna
Los odebrał matce syna

W kwietniu dnia jedenastego
Śmierć zabrała nam Wiecznego
Taki płynął potok łez
Że przez wiosnę nie spadł deszcz

Kiedy rozmawiam z Nexhipem Mangą, jego oczy szklą się raz po raz.

Kiedy pytam o zbrodnie Hoxhy, marszczy brwi z niedowierzaniem, jakbym tym pytaniem sprawiała mu przykrość.

Mimo to pod koniec rozmowy prowadzi mnie do swojej biblioteki liczącej kilka tysięcy tomów. Z najwyższej półki spogląda na nas dobrotliwie Enver w złotej ramie, o ustach jak pączek róży, i uśmiecha się łagodnie. Jeden z sześciu znakomitych Enverów królujących pośmiertnie w tym domu.

Dzieci dyktatora

O Enverze, drogi wujku,
Twoje dłonie pełne cukru.
W jednej cukier, w drugiej hurma,
Rada partia, że cię ma!

Ile razy słyszałam ten wierszyk, odkąd przyjechałam do Albanii?

Mój trzydziestoletni chłopak recytuje go ze śmiechem, ale jego sześćdziesięcioletnia matka kręci głową.

– Uwierz mi, nie było Albańczyka, który nie miałby tych wersów wyrytych w głowie jak w kamieniu.

Jej dziewięćdziesięcioletnia teściowa, żona partyzanta i córka kułaka, która często zapomina, jak mam na imię i skąd się tu wzięłam, recytuje wierszyk bezbłędnie i wzdycha.

Drogi wujek wszystkich Albańczyków wiedział, co dobre dla każdej owieczki w jego stadzie. Jeśli miałeś największe możliwe szczęście i dostałeś zgodę na rozpoczęcie studiów, musiałeś wypełnić formularz. Pozycja pierwsza: kierunek, którego życzy sobie partia. Pozycja druga i trzecia: kierunki, które sam chciałbyś studiować. W wyjątkowych sytuacjach, jeśli byłeś urodzony w czepku dobrej biografii, partia zgadzała się spełnić twoje marzenie, ale zazwyczaj wybierała ci kierunek zgodny z tym, czego potrzebował kraj.

Jak wielki był to zamach na ludzką wolność, zdaję sobie sprawę dopiero, gdy słucham znajomych opowiadających mi o rodzicach: „Mama jest prawnikiem, ale zawsze chciała pracować w laboratorium". „Tata jest nauczycielem, chociaż marzył o geologii". Za ludźmi niczym cień snuje się ich niezrealizowane marzenie. Ta, która chciała leczyć, została architektką, chociaż nie umiała rysować. Ten, który wymarzył sobie piłkę nożną, został oddelegowany na filologię. Dla własnego dobra marzyć należało pragmatyczne i z pożytkiem dla kraju.

Partia wybierała ci studia, partia osadzała cię w mieście lub na wsi, partia dawała błogosławieństwo narzeczonym, partia zrywała nieodpowiednie związki i pilnowała, by nie doszło do mezaliansów. „Zły" musiał wybić sobie z głowy „dobrą". „Dobra" musiała zapomnieć o „złym" i wziąć „dobrego", którego podsunęła jej partia.

Od rana do wieczora słyszałeś, że żyjesz w najlepszym z możliwych światów i że czuwa nad tobą dobry wujek i wódz. Wytycza granice twojego podwórka i nie pozwala ci się oddalać, bo mógłbyś się zgubić. Winny mu jesteś nieskończoną wdzięczność, bo on wie najlepiej, czego i ile potrzebujesz, i tyle właśnie ci da.

O Enverze, drogi wujku,
twoje dłonie pełne cukru...

Pytam o ten wierszyk Fatosa Lubonję, pisarza i publicystę, kiedy siedzimy w Ilirii, ostatnim retrobarze dzielnicy Blloku. Wszystkie miejsca wokół wyglądają już jak przeszczepione z Włoch, Londynu czy Francji: wyspy hipsterskiej nonszalancji i krzykliwego blichtru pośród sypiących się niskich bloków i wyszczerbionych chodników.

– Imre Kertész powiedział kiedyś, że dyktatura sprowadza człowieka do poziomu dziecka, które za wszelką cenę chce przetrwać, choćby kolaborując. Partia i Enver to byli Wielcy Rodzice. Każdy miał myśleć to, co kazał myśleć Hoxha, pracować tam, gdzie życzyła sobie partia, ubierać się tak, jak oczekiwała tego władza. Kiedy przyszła wolność, Albańczycy byli dziećmi, które nie wiedziały, czym jest odpowiedzialność, bo dotąd za wszystko odpowiadał rząd i system. Nagle dostali prawo do tego, by dojrzeć i zacząć o sobie decydować, ale każdy myślał tylko o tym, jak zaspokoić własne potrzeby. Komunistyczna mentalność zrosła się z neoliberalną ideologią, która uczyła, że nie ma czegoś takiego jak społeczeństwo, są tylko jednostki, więc ja zajmuję się sobą, a rynek wszystko reguluje. Niektórzy Albańczycy wyjechali za granicę, ale nawet tam nie stworzyli społeczności. Dlaczego? Bo albański komunizm był przeciwko idei społeczeństwa. W społeczeństwie tworzymy coś wspólnie, dobrowolnie, tymczasem w komunizmie wszystko było narzucone. I tak pozostajemy w tym dziecinnym regresie, nie ucząc się odpowiedzialności za siebie nawzajem. Przez całe życie będziemy próbowali dorosnąć.

Zakład fotograficzny w Durrës, 1984

Część druga

Błoto słodsze niż miód

Zły chłopiec

Jedyny dostępny raj znajdował się na ziemi i nazywał się Albania, na inne raje władza nie dawała zgody. Tęsknotę za Bogiem można było wyrażać tylko w zaciszu domowym, zasłoniwszy oczy oknom i zatkawszy uszy ścianom. Na cóż był Bóg Albańczykom, skoro mieli Envera Hoxhę, uśmiechniętego ziemskiego Boga, który za dobro wynagradzał, a za zło karał?

„W blasku ranka, w nocy cieniach ktoś się rodzi dla cierpienia". Oto w małym, zaryglowanym kraju, w złej, niepotrzebnej rodzinie urodziło się dziecko, które już zawsze miało dźwigać ciężar pochodzenia.

„W cieniach nocy, w dnia jasności ktoś się rodzi dla radości". Tak było, jest i będzie w raju rządzonym przez srogiego Boga.

„Zły chłopiec" – rzucił w moją stronę nauczyciel pierwszego dnia w szkole. Chwycił mnie za rękę, pociągnął za sobą i zawlókł na środek sali. Skuliłem się, a oni nie spuszczali ze mnie wzroku. Ja jeden i sto par przymrużonych oczu.

– Patrzcie! – zawołał nauczyciel. – To jest zły chłopiec. Lepiej trzymajcie się od niego z daleka.

Wystawił mnie, bezbronnego, małym hienom na pożarcie i dał im znak: „Bierzcie go. Cokolwiek z nim zrobicie, macie moje błogosławieństwo".

Dzieci zwęszyły krew i wiele razy rzucały się na mnie, wykorzystując moją bezsilność. Nauczyciele pilnowali, żeby chłopiec o złej biografii zawsze był najgorszy.

Pewnego razu dziewczynka z klasy spisała ode mnie pracę domową, a potem poszła z nią do odpowiedzi. Dostała najwyższą ocenę, dziesiątkę. Później nauczyciel wywołał do tablicy mnie. Poszedłem z tymi samymi odpowiedziami i dostałem cztery, czyli ocenę niedostateczną. Aż odebrało mi oddech.

– Ale dlaczego? – zawołałem. – Przecież Blerta spisała ode mnie odpowiedzi i przed chwilą dostała najwyższą ocenę!

Nauczyciel spojrzał na mnie.

– Twoim psim obowiązkiem jest pomagać jej, ilekroć cię o to poprosi. Ciesz się, że taki nikt jak ty do czegokolwiek się nadaje.

Wracałem do domu sam, a łzy ciekły mi po policzkach.

Mam w sobie tyle gniewu... Gdy myślę o tym małym dziecku, które stoi na środku sali i nie może się bronić, i jeszcze nie wie, co go czeka, ile dobra, ile zła. Byłem taki mały... Co ja komu zrobiłem? Czasem wraca do mnie tamten ból i czuję, jak zalewa mnie gniew.

Ci, którzy mnie krzywdzili, gdy byłem dzieckiem, w latach dziewięćdziesiątych kładli mi ręce na ramieniu: „Wybacz, co złe, taki był system" – mówili. Co ja mam zrobić z tymi przeprosinami? Byłem takim samym człowiekiem jak oni, a jednak oni nie traktowali mnie jak człowieka.

*

Przyszedłem na świat we wsi Sinanaj. Ojciec pożegnał się z Tiraną, kiedy ośmielił się powiedzieć, że kolektywizacja zniszczy i tak ledwie żywe albańskie rolnictwo. Za wyrażenie zdania władza podziękowała mu, zsyłając go wraz żoną na wieś, żeby mógł sobie pobyć na łonie natury i sprawdzić, czy naprawdę żyje się tam tak źle. Przy okazji nie omieszkano wyciągnąć, że brat ojca był jednym z oficerów w armii króla Zoga. Jakby tego nam było mało, brat mamy, który walczył w partyzantce przeciwko Niemcom, po wojnie miał czelność oznajmić: „Nie biłem się z wrogiem po to, by zwyciężył komunizm, tylko po to, by wyzwolić kraj. I dlatego teraz chcę być wolny! Chcę mieć prawo mówić, co mi się podoba!".

I ledwie otworzył usta, już siedział w więzieniu.

W domu było nas szesnaścioro: rodzice i czternaścioro dzieci. Czternaścioro brzuchów, które trzeba zapełnić, czternaścioro gęb, z których wydobywa się prośba: „Jeść!", czternaścioro kręgosłupów, na których można oprzeć ciężar, czternaście par rąk, które szybko przyzwyczajały się do pracy. Odkąd pamiętam, w domu było głodno, a ja myślałem tylko o tym, co włożyć do ust. Mieliśmy dach nad głową, to prawda, ale nie mieliśmy podłogi. Każdy dzień był walką z brakiem wszystkiego i drobnymi upokorzeniami.

Wieś znała głód znacznie lepiej niż miasto. W latach sześćdziesiątych wszystkie wiejskie rodziny pracowały w kooperatywach i codziennie patrzyły na jedzenie, o którym mogły tylko pomarzyć. Ziemniaki, pomidory i ogórki były eksportowane albo wysyłane do miast.

Żeby kupić butelkę mleka, trzeba było wybrać się w długą pieszą wędrówkę do miasta. Piliśmy je w tycich kubeczkach, bo tak go było mało. Wokół grzebały w ziemi państwowe kury, muczały państwowe krowy, a myśmy nie mieli prawa ich dotknąć. Najodważniejsi trzymali kury w piwnicy, tajne, reakcyjne kury, które nigdy nie widziały światła słonecznego i miały surowo wzbronione gdakać. Nie miałem pojęcia, jak wygląda prawdziwy sklep, o butiku już nie wspominając, bo ze wsi znałem tylko nędzny blaszak, w którym można było kupić chleb, makaron, ryż, dżem i olej tak wstrętny, że najbardziej nadawał się do wylania.

Pewnego dnia rodzice zawołali mnie do siebie i powiedzieli:

– Jutro przyjedzie wujek, który zabierze cię do Tirany.

A kiedy moje oczy wypełniły się łzami, mama przytuliła mnie i powiedziała:

– Nie płacz, z wujkiem będziesz miał jak w raju.

Nie wiedziałem, co to jest raj, bo miałem dopiero pięć lat i byłem małym, ruchliwym szczylkiem, najmłodszym z całej czternastki. Ale wiedziałem, że gdzieś tam, daleko, za górami i za lasami, mieszkał wujek, brat ojca, któremu żyło się całkiem nieźle. To znaczy: żyło się źle, bo dwanaście lat siedział w więzieniu, ale przynajmniej mieszkał w stolicy, a nie na wsi jak my. Władza okazała łaskę i nie zesłała go w środek jakiejś beznadziei, z której nie można się było wydostać, tylko pozwoliła mu wrócić do Tirany, skąd pochodził.

Wujek wiedział, że wegetujemy. Kiedy wyszedł z więzienia, okazało się, że nie może mieć dzieci.

– Ty masz czternaścioro, ja nie mam żadnego, daj mi jedno na odchowanie – poprosił ojca.

A ojciec nie myślał długo:

– Dam ci Yzeira, bo jest najmłodszy i ma imię po naszym ojcu, niech wyrośnie nam na dobrego człowieka.

Rodzice cieszyli się, że chociaż jednemu z nas uda się wymknąć nędzy. Gdybyś mnie widziała w dzieciństwie... Nie mam prawie żadnych zdjęć, bo kto w takiej biedzie mógł sobie pozwolić na zdjęcia, ale wyobraź sobie, że jako dzieciak wyglądałem tak jak mój najstarszy syn Ruben – długie rzęsy, wielkie oczy, usta duże i czerwone. Byłem ślicznym, bystrym dzieciakiem. Myślałem sobie: „Będę miał rodziców w dwóch miejscach, tu i tam".

Podróż autobusem trwała tak długo, jakbym jechał do innego kraju. Pamiętam z niej tylko kolory: zieleń pól i drzew i błękit nade mną.

Wujostwo byli jak bezchmurne niebo, ciągle się uśmiechali. Na dzień dobry położyli mi na dłoni kawałek czekolady. Nie wiedziałem, co to, po raz pierwszy miałem w ustach czekoladę. Nie mogłem uwierzyć, że na świecie może istnieć coś tak dobrego.

A potem ciocia wyciągnęła kolorowe kulki. Powiedziała: „Karmelki". Powtórzyłem: „Karmelki". Spróbowałem. I znowu nie mogłem uwierzyć: skąd się coś takiego wzięło?

A jeszcze później ciocia powiedziała: „Zjedz sobie biszkopta". Co to jest biszkopt? Włożyłem go do ust i zamknąłem oczy. W domu od święta dostawaliśmy czasem tylko chleb z cukrem albo trochę marmolady.

Drugiego dnia zabrali mnie do teatru kukiełkowego, a ja nie wiedziałem, co zrobić ze swoją radością. Skakałem, krzyczałem, płakałem, a wujostwo się śmiali.

Buty dali mi takie piękne, że nie mogłem uwierzyć, że są moje. Włożyłem je i bałem się zrobić krok. Potem zabrali mnie na plac zabaw i ja na placu zabaw pokazywałem te buty wszystkim dzieciom. I co chwila przytulałem się do cioci i wujka. W ogóle nie chciałem się od nich oderwać.

Mama miała rację: trafiłem do raju.

Ale w Albanii prawo pisał diabeł. Minęło siedem dni i po mnie przyszli. Wielcy, srodzy i wściekli. Wujek kurczył się pod ich krzykiem.

– Gówniarza sobie wziąłeś ze wsi, nie pytając nikogo o zgodę? Myślisz, że damy zdradzieckiej gnidzie deprawować dziecko?

I jeden z mężczyzn pociągnął mnie za sobą, jakby chciał mnie zarekwirować. Krzyknąłem. Dla niego byłem tylko rzeczą, dzięki której mógł gnębić wroga ludu. Pamiętam, jak strasznie zapłakali rodzice, kiedy po tygodniu zobaczyli mnie z powrotem w domu.

Musiałem wrócić w tę nędzę, w ten głód i w to błoto. Mam w sobie tyle bólu... Czasem wraca myśl o tym, jak potoczyłoby się moje życie, gdyby władza nie zapragnęła wymierzyć wujkowi kolejnego ciosu. Kim bym był? Co bym osiągnął?

Poszedłem do szkoły: mały, zasmarkany wróg, który nie miał nawet porządnych butów.

Równość w systemie komunistycznym to była bujda, społeczeństwo dzieliło się na dobrych i złych, przodowników i pasożytów, miastowych i wsioków, tych, którzy mieli odrobinę, i tych, którzy nie mieli nic. Przodownicy potrzebowali reakcyjnych pasożytów, żeby ich prześladować. Dobrzy potrzebowali złych, żeby przeglądać się w ich oczach i rosnąć.

Jeśli ktoś się wyróżniał, jeśli wpadł w oko funkcjonariuszowi Sigurimi – zaczynało się zbieranie haków, żeby go zniszczyć. Sumienni i gorliwi szpiedzy przynosili w darze dowody agitacji, prawdziwe i zmyślone. Zawsze coś się dało wygrzebać. Każdego roku system produkował nowych wrogów ludu, bo dyktatura potrzebowała ich tak samo jak wyznawców. Musieliśmy być czujni i kontrolować się nawzajem. System żywił się naszym strachem, ponieważ ci, którzy się boją, klaszczą i pochylają głowy. I chociaż komunizm jako filozofia wydaje mi się znacznie szlachetniejszy i bardziej ludzki niż kapitalizm, to w Albanii ideologia zapuściła korzenie, sycąc się strachem z naszych głów.

Ze szczytu góry każdy mógł spaść w przepaść. Nawet najświatlejszy, najbardziej oddany miłośnik komunizmu.

Ten mechanizm pożerania najlepszych odmienił moje życie.

Pamiętam, gdy po raz pierwszy wszedł do klasy i usiadł przy biurku – nowy dyrektor szkoły, który przyjechał aż z Tirany. Wysoki i prosty jak ołówek, mocny, jakby nikt nie mógł go złamać. Elegancko ubrany, z gładko zaczesanymi włosami, ze spokojnymi oczami, zupełnie inny niż wszyscy.

Pomyślałem: „Jaki piękny! Pan minister!".

Bo nasz nowy dyrektor Thoma Deliana jeszcze parę miesięcy wcześniej był ministrem kultury i edukacji, i to najdłużej w historii – przez trzynaście lat. Ludzie mówili, że to on był odpowiedzialny za reformę języka albańskiego, że to on powołał do życia Akademię Nauk Albanii. Nie mogło nam się w głowie pomieścić, jak człowiek z taką wiedzą, który studiował filozofię w Moskwie, trafił do nas, gdzie kury dupami szczekały, bo nawet psów nie było.

Delianę strącili z piedestału za liberalizm czy oportunizm, właściwie za cokolwiek – po prostu w 1976 roku popadł w niełaskę, a był to czas wzmożonej paranoi Hoxhy i wzmożonych czystek. Podobno, szeptali ludzie, życie ocalił mu list z samokrytyką, który wysłał do wodza. Pobyt w Sinanaj miał pomóc Delianie przemyśleć jego reakcyjną postawę i wyciągnąć wnioski na przyszłość.

Thoma Deliana patrzył na nas z uśmiechem i po kolei pytał każdego o imię. W końcu doszedł do ławki, w której siedziałem z córką mojego brata, bo trzeba ci wiedzieć, że w szkole było nas jedenaścioro o nazwisku Ceka – moi bracia, siostry i kuzyni, cała ferajna Ceków.

– Jak masz na imię? – zapytał moją pyzatą towarzyszkę.

– Flutura Ceka.

– A ty? – zwrócił się do mnie.

– Yzeir Ceka.

– Jesteście rodzeństwem?

– Nie – Flutura pokręciła głową ze śmiertelną powagą. – On jest moim wujkiem.

I wskazała moje chude, obszarpane, dziesięcioletnie jestestwo.

Thoma roześmiał się w głos i śmiał się tak, jakby nie chciał przestać.

„Wesoły pan" – pomyślałem i sam się uśmiechnąłem. Przywykliśmy do tego, że nauczyciel prędzej dziesięć razy da nam linijką po łapach, niż się do nas uśmiechnie. A ten był ładny, czysty i lubił się śmiać. Widać, że przyjechał skądinąd. Dziwny pan minister.

Polubiłem go od pierwszego wejrzenia.

Wszyscy znali to nazwisko: Thoma Deliana! Wielki minister z Tirany został moim sąsiadem. Nie spuszczałem z niego wzroku, gdy szedł przez wieś, wyprostowany i godny. Nosił się inaczej, mówił inaczej, zachowywał się inaczej, jakby przyjechał do nas na chwilę i zaraz miał wrócić do swojego świata. Każdego dnia na lekcji literatury pytał mnie o coś, jakby sprawdzał, czy mam w sobie ciekawość. Oczywiście, że miałem! Im nędzniej było w domu, tym bardziej byłem pazerny na wiedzę, na historie, na obrazy. Thoma zauważył, że lubię czytać i mam talent do wymyślania opowieści. Pewnego dnia poprosił, żebym przyniósł mu ze szkoły paczkę.

A mieszkał obok nas, ale nie w nędznej chałupie, tylko w pięknym, okazałym domu, który zaraz wyremontował tak, że był jeszcze piękniejszy. Kiedy odwiedziłem go po raz pierwszy, zobaczyłem, że ma lodówkę i telewizor. Na ścianie wisiała też strzelba, co znaczyło, że mógł polować, a to był wielki przywilej. Nigdy nie widziałem ani takiej strzelby, ani telewizora. Jedyny telewizor znajdował się w wiejskiej świetlicy i czasem drałowałem tam pięć kilometrów w jedną stronę, żeby o osiemnastej obejrzeć te trzy, cztery godziny bredni i dyrdymałów, które nam puszczali. Kiedy byłem mały, nie mieliśmy w domu nawet radia. A Thoma Deliana miał wszystko.

I miał też książki. Dwa tysiące książek! Wraz z nim do naszej wsi przyjechała wielka biblioteka, która zajęła trzy pokoje jego domu. Miałem wrażenie, że wszedłem do wielkiego kanionu wypełnionego książkami. Patrzyłem na nie urzeczony.

– Chcesz którąś? – zapytał.

Pokiwałem głową, a on wybrał z półki tomik z bajkami i wręczył mi go.

– Tylko uważaj, bo będę cię przepytywał.

Pobiegłem do domu i zaraz schowałem książkę pod poduszkę; już wtedy wiedziałem, że im mniej ludzie o tobie wiedzą, tym lepiej.

Thoma pytał mnie czasem, czy lubię nauczycieli i co o nich myślę, ale nie robił tego wprost, bo wiedział, że w Albanii nie ma niewinnych pytań. Kiedy przychodziłem do niego w domu, nigdy nie oczekiwał, że będę powtarzał te wszystkie durne formułki, których uczono nas w szkole. Nie chciał ode mnie ideologii, chciał, żebym myślał. A w komunistycznej Albanii myślenie było zjawiskiem rzadkim i niebezpiecznym. Ci, którzy myśleli, musieli szczególnie mieć się na baczności.

Tak minął rok spokojnego życia, a potem – wszystko się skończyło. Z Tirany przyszedł rozkaz, by ukrócić rządy krwiopijcy Deliany i posłać go do pracy właściwej dla wrogów ludu. I tak dyrektor szkoły, były minister kultury i edukacji, został pastuchem. „Takim ludziom jak on należy się zasłużona kara" – oświadczył na środku wsi przedstawiciel Komitetu Centralnego. Władza zachęcała, by piętnować zdrajcę, burżuja i oszusta.

Thoma wraz z żoną musiał przeprowadzić się do rudery, której nie mógł nawet wyremontować. Pozwolono mu jedynie wstawić drzwi i okna. A skończył już pięćdziesiątkę, rzeczy łatwe – przynieść wodę, rozpalić kozę – stawały się dla niego coraz trudniejsze.

I tak ministrowi, który studiował w Związku Radzieckim, kazali wypasać krowy. Zrzucili go na samo dno. Ale Thoma wiedział, że w Albanii zawsze może być gorzej, dlatego drżał o los swoich synów, którzy studiowali w Tiranie. Dla jego żony, która wcześniej wykładała na uniwersytecie, życie na wsi było udręką, a kiedy przenieśli ich do rudery, całkiem się załamała. Thoma chciał ją za wszelką cenę ratować.

– Jeśli chcesz ocalić naszą rodzinę – powiedział – musisz mi zrobić to samo, co zrobiła partia.

Parę dni później skamieniali mieszkańcy Sinanaj oglądali scenę, której wielu mężczyzn nie zapomni do końca życia. Virgjini, żona Thomy, na środku wsi podniosła na niego rękę, krzycząc: „Nienawidzę cię!".

Takich rzeczy ludziska nie widzieli, jak żyją... Żona bijąca męża! Mój ojciec wrócił do domu porażony.

– Niech mnie diabli! – zawołał od progu. – Nie uwierzycie, co widziałem. – I krzyknął na matkę, by nalała mu raki, bo o suchym pysku nie szło opowiedzieć.

Wiedziałem, że Thoma kochał swoją żonę, i wiedziałem, że przez ostatni rok zrozumiał mentalność wsi. Ludzie wzięli go na języki, a plotki szybko dotarły tam, dokąd chciał. Być może Thoma nie spodziewał się tylko, że gdy żona podniesie na niego rękę, ludzie wokół zaczną bić jej brawo i krzyczeć „Hurra!".

Kilka dni później Virgjini dostała pozwolenie na powrót do Tirany, do synów, a życie jej męża zamieniło się w mękę.

Każdego dnia o siódmej rano Thoma musiał meldować się na komisariacie i podpisywać listę: „Ja, wróg ludu, jestem". Nie wolno mu było opuszczać wsi. Pilnie obserwowano, z kim się spotyka i o czym rozmawia, a donosy gorliwie składano na ołtarzu Sigurimi.

Kiedy Thoma mówił „dzień dobry", odpowiadało mu milczenie. Tylko dzieci, które pamiętały go jako dyrektora, czasem pozdrawiały go pierwsze. Nikt inny. Tępa wsiowa wulgarność i strach wzięły odwet na kulturze. Po roku takiego życia minister wyglądał gorzej od nas. Wszyscy wokół ciężko pracowali, żeby go zniszczyć.

Pewnego razu zobaczyłem dwóch synów Thomy idących pod osłoną nocy do domu ojca. Thoma stał na progu i zobaczył jednocześnie i ich, i mnie.

– Nie mów nikomu – rzucił jakby mimochodem następnego dnia.

Jakże mógłbym donieść na niego? Już wtedy wiedziałem, że muszę go chronić.

Ale Thoma nie ufał nikomu, nawet mnie, złemu chłopcu. Kiedy innym razem zapytałem go, dlaczego trzyma w domu portret Envera Hoxhy, popatrzył na mnie długo, jakby chciał odgadnąć, czy próbuję go sprowokować.

– Nie pytaj – powiedział w końcu.

Im gorzej powodziło się Thomie, tym częściej go odwiedzałem. W szkolnej bibliotece mogłem znaleźć tylko komunistyczną propagandę: Marksa, Engelsa, Stalina, miłościwie nam panującego wodza i trochę literatury fachowej z matematyki czy biologii. Do tego parę książek rodzimych literatów, jak Ismail Kadare czy Dritëro Agolli, i żelazną klasykę spod znaku Szekspira i Gorkiego. Nic więcej, wszystko zgodne z duchem partii. A Thoma miał w domu trzy nasze szkolne biblioteki, bo książek, o dziwo, mu nie zabrali. Trzymał w ukryciu nawet Freuda po niemiecku! Czasem mi o nim opowiadał, a dla szesnastolatka z albańskiej prowincji książki Freuda były ciekawsze niż Biblia dla księdza.

Thoma dawał mi też do czytania pospolite romanse, na przykład o bogatym mężczyźnie, w którym kochało się wiele kobiet. Mówił, że nawet z tak marnych książek mogę się czegoś dowiedzieć o życiu.

– Wyobraźnia musi pracować – powtarzał. – Tu, w Albanii, nawet nie wiesz, o czym można marzyć, bo niczego innego nie widziałeś. A książka przenosi cię w czasie i przestrzeni jak latający dywan: siedzisz pod drzewem hurmy, krowy snują się wokół, wiesz, że nigdy stąd nie wyjedziesz, a w myślach możesz być wszędzie. To tak, jakbyś ciągle otwierał nowe okna i oglądał nowe miejsca i nieznane twarze.

Po trzech latach wreszcie przenieśli Thomę do pracy w kooperatywie. To była ciężka, fizyczna robota, ale i tak o wiele lepsza niż wypasanie krów. Z czasem Thoma zaczął znowu zdobywać szacunek, bo wiedział więcej niż inni. Ludzie przychodzili do niego po przepis na zupę czy dżem albo prosili, żeby napisał dla nich list do partii. Thoma znał też wszystkie rośliny lecznicze i potrafił doradzić przy różnych dolegliwościach.

Pamiętam dobrze, jak latem 1983 roku wyszliśmy razem w góry zbierać zioła. Kiedy usiedliśmy na zboczu, zapytałem znowu:

– Thoma, czemu ty masz w domu zdjęcie Hoxhy?

Ale Thoma milczał. Bał się odpowiedzieć. Każdy mógł latać do Sigurimi, nawet ja. Parę miesięcy wcześniej zostałem aresztowany i on dobrze o tym wiedział. Nic prostszego, niż zrobić szpiega z takiego gnojka.

– To lepiej ty mi powiedz, dlaczego cię zgarnęli.

– Przecież wiesz, przez książkę, którą mi dałeś.

– Masz na myśli tę, którą mi ukradli?

Roześmialiśmy się. To była oficjalna wersja, której mieliśmy się trzymać.

Ale wiedziałem, że Thoma nadal mi nie ufa. Popatrzyłem mu prosto w oczy.

– Myślisz, że gdybym cię wydał wtedy, na komendzie, pozwoliliby ci teraz zbierać ze mną zioła, jak gdyby nigdy nic?

Thoma spojrzał na mnie i roześmiał się głośno, jak wtedy, gdy widziałem go po raz pierwszy, a potem zaczął płakać. Płakał, nie wydając z siebie żadnego dźwięku. Jakby sznurki, które przytrzymywały go w pionie, niespodziewanie puściły.

– Dlaczego żyjemy w kraju rządzonym przez kanibala?

Tak właśnie powiedział. Kanibala. Bo Enver żywił się nami, naszym bólem i naszym strachem.

– Nie rozumiesz, dlaczego muszę trzymać w domu zdjęcie potwora? Ono chroni mnie przed śmiercią.

Gdybym nie miał w domu portretu kanibala, byłbym następny na pożarcie.

A potem przyszliby po nas.

Było nas trzech, którzy czytaliśmy książki od Thomy: ja, mój kolega i jeden żołnierz z pobliskiej bazy wojskowej. Gdy miałem czas, chodziłem do kryjówki, którą urządziliśmy sobie wśród krzewów. Tam w umówionym miejscu zawsze czekała na nas książka. Żołnierz przychodził w nocy i czytał przy świeczce podczas służby. Pewnego razu powiedział:

– Za żadne skarby nie zostawiaj książki w domu, bo kiedyś przyjdą go przeszukać i będziesz miał kłopoty.

Na początku mu nie wierzyłem, ale porozmawiałem z kolegą, którego ojciec szesnaście lat siedział w więzieniu, i doszliśmy do wniosku, że musimy być bardziej ostrożni.

Ale i tak w końcu ktoś podejrzał naszą kryjówkę, poszedł sprawdzić, co tam robimy, znalazł książkę i zaniósł ją na komisariat. Czasem zadaję sobie pytanie: kto nas wsypał? W naszej wiosce nawet drzewa miały oczy.

Żołnierza zabrali na przesłuchanie. Przybiegł do mnie jego kolega z wiadomością:

– Trzymaj gębę na kłódkę, bo zaraz przyjdą po ciebie.

Ale byłem już biegły w sztuce kłamstwa, więc powiedziałem tylko:

– Nie wiem, o czym mówisz.

I tak zabrali mnie na posterunek. Wchodzę do pokoju, a tam na stole książka, którą wtedy czytaliśmy, *Cichy Don*, tom drugi. Policjant patrzy na mnie i czeka: będę się bał czy nie? A ja nic. Twarz z kamienia. Patrzę na książkę, patrzę w okno, patrzę na policjanta, nie wiem, o co chodzi. Pyta mnie, jak się nazywam, skąd jest moja rodzina, jak mi idzie w szkole.

– Komsi komsa – mówię.

– Skąd znasz żołnierza?

– Znam wielu żołnierzy.

– Pytam o żołnierza, z którym się przyjaźnisz!

– Przyjaźnię się z wieloma żołnierzami.

– Lubisz literaturę? – pyta niewinnie.

– Tak, lubię – mówię, ale nawet nie rzucam okiem na naszą książkę. Wpatruję się w policjanta, jak gdyby nigdy nic.

– A co masz do powiedzenia o książce *Cichy Don*?

– Nie czytałem jej.

– Nie czytałeś? – pyta i wskazuje tom leżący na stole.

Wyciągam dłoń, że niby widzę tę książkę po raz pierwszy i chciałbym ją obejrzeć. Wtedy przesłuchujący puka w blat biurka i na dany znak pojawia się dwóch strażników.

– To twoja książka – mówi policjant – a ty jesteś wrogiem ludu.

– Nie – odpowiadam.

I widzę, że policjant się waha. Nie miał stuprocentowej pewności, że jestem w to zamieszany, bo wiedział, że kilka tygodni wcześniej do domu Thomy włamali się jacyś ludzie i ukradli wiele rzeczy, w tym książki. Każda z książek Thomy miała exlibris, więc gdy znaleźli *Cichy Don*, od razu wiedzieli, że należała do niego. Mogłem ją dostać od niego i czytać ukradkiem, ale równie dobrze mogła to być książka porzucona po tamtej kradzieży.

Policjant przyjrzał mi się uważnie.

– Powiedz nam prawdę. Kto dał ci tę książkę? Jeśli ją czytałeś, przymkniemy na to oko, tylko powiedz, kto ci ją dał. Thoma Deliana? Jesteś dobrym chłopcem, dlaczego miałbyś coś przed nami ukrywać?

Milczałem, więc policjant dał znak strażnikom i zaczęło się bicie. W brzuch, w ręce, w łydki, w końcu przyłożyli mi w twarz, aż zalałem się krwią. A potem dali mi mokrą szmatę, żebym się wytarł.

Nie wiedziałem, że w pokoju obok biją także żołnierza. Ale żołnierz był silny i nie dał się złamać. Na każde pytanie tak jak ja odpowiadał: „Nie wiem".

Jak się okazało, bicie było tylko prewencyjno-ostrzegawcze. Nie mogli mnie aresztować, bo poza donosem nie mieli żadnych dowodów.

– To, co się stało – powiedział policjant z uśmiechem – zostanie między nami. Nie waż się mówić o tym w domu.

Mówić o tym w domu? W życiu. Nikt nie wiedział, że czytam książki Thomy. Ale po powrocie nie mogłem znaleźć sobie miejsca i w końcu zwierzyłem się bratu, który wcześniej siedział w więzieniu.

– Coś ty narobił? – zapłakał brat. – Zgubisz nas wszystkich!

Więcej o tym nie rozmawialiśmy. A ja nie powiedziałem nikomu innemu, co mnie spotkało. Bałem się, że ktoś z bliskich może współpracować z Sigurimi.

W końcu umarł nawet nasz nieśmiertelny wódz, a ja płakałem. Hoxha wydawał mi się prorokiem, Jezusem Chrystusem, Bogiem. Pamiętam, jak ojciec pytał mnie: „Czyś ty zgłupiał?", ale ja miałem szesnaście lat i wydawało mi się, że bez Hoxhy Albania jest skończona. Że zaraz przyjdą Amerykanie, Włosi, Niemcy i wszystkich nas pozabijają. Miałem w głowie prosty podział: my, dobrzy Albańczycy, i burżuazyjni kryminaliści po drugiej stronie granicy.

Po śmierci Hoxhy Thoma powiedział:

– Musisz uważać i być czujny. System już wkrótce upadnie, ale minie wiele czasu, zanim pozbędziemy się go z naszych głów.

Nie wierzyłem własnym uszom! Komunizm upadnie?! To się nikomu nie śniło.

Thoma nigdy wcześniej nie krytykował komunizmu. Uważał, że to jedyny słuszny system, z całego serca nienawidził tylko Hoxhy i ludzi, którzy go otaczali.

– Hoxha nie był Bogiem. Prawdziwy Bóg jest nieśmiertelny!

Zdębiałem.

– Prawdziwy Bóg?

– Bóg, który istnieje i jest wieczny.

– Ale przecież religia to opium dla ludu! – zawołałem.

– I myślisz, że wszyscy, którzy żyli przed nami, naprawdę się mylili?

Thoma wyszedł do drugiego pokoju i wrócił ze starą, pożółkłą Biblią z 1938 roku, jeszcze z czasów króla Zoga. Nie miałem pojęcia, co to jest. A Thoma zaczął mi opowiadać o Adamie i Ewie, o synu marnotrawnym, o miłosiernym Samarytaninie, najpiękniejsze historie, jakie mogłem sobie wyobrazić.

A potem spojrzał na mnie i uderzył mnie w twarz.

– Za co?! – zawołałem, łapiąc się za policzek.

– Żebyś do końca życia zapamiętał, że Bóg istnieje. Żebyś nigdy o tym nie zapomniał!

Thoma pokazał mi inny świat, inny sposób myślenia. Najbardziej lubiłem, kiedy opowiadał mi, jak wygląda życie w Europie.

– A wiesz, że kobiety w Europie mają prawo same wybierać sobie partnerów?

– Nie może być! Przecież to szaleństwo!

Wprawdzie Hoxha zabronił aranżowania małżeństw w kołysce, co było w Albanii wielusetletnią tradycją, ale na prowincji rodziny ciągle dogadywały się między sobą. Władza przymykała na to oko, bo i tak najważniejsze było, by prawdziwi komuniści poślubiali prawdziwych komunistów.

– A jednak! – mówił Thoma. – A we Francji i w Niemczech ludzie wybierają swoich prezydentów w wolnych wyborach.

– Niemożliwe! – wołałem.

– Owszem!

I tłumaczył mi, czym naprawdę jest demokracja i że nie ma nic wspólnego z systemem, który panuje w Albanii.

Po śmierci Hoxhy ludzie znowu zaczęli zapraszać Thomę do swoich domów. Kilka miesięcy później pozwolono mu wreszcie wrócić do rodzinnego Elbasanu. Jego ośmioletnie zesłanie na wsi dobiegło końca.

Kiedy zobaczyliśmy się znowu w 1992 roku, już po upadku komunizmu, Thoma przytulił mnie do siebie jak syna, a potem jego oczy się zaszkliły.

– Nie wolno ci nigdy więcej uwierzyć w totalitaryzm! Tyle lat wierzyliśmy w system kanibala… Nigdy więcej! – powiedział i zamachnął się, jakby chciał mnie uderzyć.

– Nie, nie musisz mi przypominać – zaśmiałem się. – Bóg istnieje, wiem.

Byliśmy wolni. On, wróg ludu, i ja, zły chłopiec. Odtąd mogliśmy sami sobie pisać biografie, wiedząc, że Bóg istnieje, że raj jest gdzie indziej i że w każdej chwili możemy opuścić Albanię, jeśli nie będzie tu dla nas miejsca.

Miałabyś dla mnie jakieś książki po angielsku?

Thoma Deliana, urodzony w 1925 roku w Elbasanie, pierwszy sekretarz partii komunistycznej w okręgu Elbasan, w latach 1963–1976 minister edukacji i kultury. Od roku 1977 do 1985 internowany w rejonie Lopësi, następnie przeniesiony do Elbasanu. Zmarł w 2014 roku.

Błoto słodsze niż miód

Myśmy walczyli o tę ziemię do ostatniej kropli krwi, myśmy ją wydarli z rąk Niemców i Włochów, my ją uprawiamy, nie szczędząc trudu naszych rąk, a ona jest dla nas dobra i rodzi obficie. I porodziła dla nas ziemniaka, a ziemniak jest nie tylko warzywem, ziemniak jest chlebem i posiłkiem! Zjesz ziemniaka i brzuch masz pełen od rana do wieczora, nie ma większego wroga głodu niż on. Wypełnia nas szczęście nie do opisania, kiedy widzimy, jak pod socjalistycznym słońcem Albanii ku chwale narodu wzrastają ziemniaki.

Niech żyje albańska ziemia, która rodzi ziemniaki!

...Niech żyje!

I niech żyje wiecznie Partia!

...Niech żyje!

W tym kraju, gdzie błoto jest słodsze niż miód!

Hojna jest albańska ziemia, podarunkiem każdego Albańczyka dla ziemi niech będzie to, co już mu niepotrzebne. Dlatego na dzisiejszym zebraniu zarządzamy, co następuje: w darze matce ziemi każdy zobowiązany jest odtąd zebrać co rano do wiaderka nieczystość swą codzienną i dostarczyć ją niezwłocznie do punktu zbiorczego. Stamtąd nieczystość zbiorowa zostanie przetransportowana stosownym środkiem transportu...

...gównowozem...

...a potem trafi na albańskie pola i albańskie wzgórza, gdzie zostanie złożona ziemi w podzięce. Taka jest wielka narodowa potrzeba.

W społeczeństwie socjalistycznym nie toleruje się marnotrawstwa. Od jutra, nauczeni doświadczeniem naszych chińskich braci, zobowiązujemy się dokładać osobistą cegiełkę do budowy muru socjalistycznej twierdzy, tak by mur ten rósł wyżej i wyżej i odgradzał nas od zagrożeń imperialistycznego świata. Sukcesy, które już osiągnęliśmy, cieszą wszystkich pracowników kooperatywy, bo głód jest coraz mniejszy, a plony są coraz obfitsze. Stworzyliśmy zdrową bazę dla dalszego wzrostu, a teraz wzrost wzrośnie jeszcze bardziej, gdy w pocie czoła będziemy go użyźniać urobkiem własnych trzewi. Członkowie kooperatywy to ludzie o szerokiej politycznej świadomości, którzy dadzą z siebie wszystko.

Tak, w wiaderku. Punkt zbiorczy wyznaczono za wsią.

Naszą siłą organizacja, wiedza i doświadczenie! Ojczyzna kroczy ścieżkami postępu!

Ziemia jest hojna, więc my też bądźmy dla niej hojni. Ziemia jest dobra, a będzie jeszcze lepsza dzięki ludziom, którzy nie szczędzą jej krwi, potu i wytworów swego ciała. Nikt już nie powinien mówić, że nieczystości są nieczyste! By plony były obfitsze, by ziemniak rósł w siłę, by kukurydza wzrastała wyżej, oddamy ziemi wszystko, co mamy! Partio, Enverze, w każdej chwili jesteśmy gotowi!

W jednej dłoni kilof, w drugiej strzelba, a w trzeciej wiaderko!

Czy ktoś ma pytania? Czy ktoś chce coś powiedzieć?

...Albańskie gówno jest gówno warte!...

Kto to powiedział?!

...Nic nie jest warte gówno głodnych ludzi...

Włoskie piosenki

Wyobraź sobie, że ciągle słyszysz: „Bądźcie wdzięczni Enverowi, bo jest najlepszym przywódcą na świecie". „Nie jedzcie tyle, objadanie się powoduje choroby". „Dzięki socjalizmowi Albania stoi na najwyższym poziomie rozwoju".

System myśli za ciebie, mówi ci, jak żyć, co sądzić, kogo kochać. Władza wypełnia ci każdą godzinę życia: wstać o szóstej, wyprawić dzieci do szkoły, pójść do fabryki, wyrobić normę... Reżim dyktuje rytm, tak by nie było nawet chwili na zastanowienie się: kim jesteśmy? Co robimy?

A teraz spróbuj powiedzieć na głos: „Nie podoba mi się, jak wygląda życie w Albanii". No, odważ się komuś wyznać: „Nie takiego życia chcieliśmy". Spróbuj i czekaj, co się stanie, kto następnego dnia zapuka do twoich drzwi.

Nazywam się Mari Kitty Harapi, co w czasach komunizmu znaczyło: córka Simona Harapiego, wroga ludu, bratanica członka Balli Kombëtar, zdrajcy narodu, siostrzenica ministra z czasów faszystowskiej okupacji i siostrzenica albańskiego ambasadora w imperialistycznej Francji. Cała rodzina była wykształcona za granicą, w Padwie, w Wenecji, we Florencji – jednym słowem, najgorsza, najohydniejsza burżuazja. W oczach komunistów nie mogłam być bardziej nikim.

Ojciec trafił na pięć lat do więzienia, bo doniósł na niego brat: brat brata publicznie oskarżył o krytykowanie władzy. Wujkowie minister i ambasador mieli zostać rozstrzelani, ale system okazał, jaki jest łaskawy, i skazał ich ledwie na sto lat więzienia, sto lat... Jeden odsiedział dwadzieścia siedem, drugi siedemnaście, aż w końcu zostali wypuszczeni tylko po to, by mogli umrzeć we własnych łóżkach. Ich ciała były wyniszczone, oczy puste, umysły zrujnowane, jakby już byli po drugiej stronie. Zabierano z domów ludzi, a wypuszczono cienie.

Ojciec wrócił do nas z więzienia odmieniony. Nigdy nie opowiadał o torturach, ale któregoś dnia, gdy chodziłam po mieszkaniu, nucąc włoską piosenkę, chwycił mnie za ramię i powiedział, patrząc w bok:

– Kitty, to jest ostatni raz, kiedy śpiewasz po włosku. Jeśli chcesz śpiewać, rób to w łazience, tam ściany są grubsze. Tutaj ci nie wolno.

Nigdy więcej nie odważyłam się zanucić w domu.

Zdarzało się, że słuchaliśmy w ukryciu Głosu Ameryki albo Radia Watykańskiego. Kiedy kończył się program, mama pytała:

– I co tam nowego?

– Nic – mamrotał ojciec.

– Naprawdę? – dopytywała.

– Naprawdę – powtarzał.

Zdrada brata sprawiła, że nie ufał już nikomu, nawet własnej żonie. Nie było dla nas żadnej nadziei.

Z taką historią rodzinną mogłam zostać tylko prostą robotnicą, ale na początku nawet nie w fabryce, to byłby zbyt duży przywilej – zesłali mnie do kolektywu, do ciężkiej pracy fizycznej, do dźwigania, do ziemi, do zgarbionych pleców. Miałam świetne stopnie w liceum, ale studia były dla dobrych komunistów, nie dla dobrych uczniów ze złą biografią. A nawet gdybym skończyła studia, pewnie i tak musiałabym iść na wieś – miasto było dla ludzi z dobrą biografią.

Ani słowa! Nie powiedzieć ani słowa! – w ten sposób przeżyłam komunizm, to była moja strategia przetrwania. Jeśli rodzisz się w złej rodzinie, pewnego dnia uświadamiasz sobie, że wokół ciebie nie ma nikogo. Kiedy ktoś przychodził do domu, nigdy nie wiedziałam, czy chce coś pożyczyć, czy poszpiegować. Jeśli przyjaciółka narzekała: „Przysługuje nam co miesiąc tylko sto gramów kawy", musiałam mówić: „Ależ skąd! Przysługuje nam mnóstwo kawy!". Każdym słowem, każdym krokiem zabezpieczałam się przed innymi. Między mną a światem zawsze stała przezroczysta ściana. Kiedy wychodziłam z domu, starałam się znikać. Szłam ulicą, wyobrażając sobie, że mnie nie ma. Żeby tylko nikt nie zwrócił na mnie uwagi. Żeby nic mnie nie zgubiło.

Donosiła na mnie czwórka moich przyjaciół – kiedy zobaczyłam swoją teczkę, nawet się nie zdziwiłam.

To ja miałam odwiedzać wujków w więzieniu, może dlatego że byłam najmłodsza i najsilniejsza, w mojej przetrąconej rodzinie odniosłam najmniejsze obrażenia. Autobusy kursowały tylko na krótkim odcinku, więc później czekałam na ciężarówkę z kierowcą na tyle miłościwym, by zechciał mnie podwieźć bez zadawania pytań, a ostatni kawałek pokonywałam pieszo, czując kamienie pod cienkimi podeszwami butów. I tak po wielu godzinach docierałam do wsi Laç, gdzie obaj moi wujkowie, wykształceni na najlepszych uniwersytetach Europy, pracowali fizycznie jak niewolnicy.

Ciemna, zwalista sylweta więzienia, potem wydęty strażnik i jego dwa spasione psy. Cmokając z obrzydzenia, strażnik wkładał paluchy do placków, dżemów i ciast, które przywoziłam, grzebał w nich zawzięcie, wykrzywiając twarz, a potem dawał brudne palce do oblizania psom. Wiły się czerwone jęzory, łase ślepia śledziły każdy ruch. Mechaniczna taśma upokorzenia i wstydu, żeby pokazać, że więźniowie nie są nawet psami.

Drżałam ze strachu pod spojrzeniami strażników. Nie spuszczając ze mnie wzroku, otwierali żelazną kratę, a ja wchodziłam do sali widzeń i siadałam przed kolejną żelazną kratą. Patrzyłam na twarz wujka, porysowaną bruzdami, spaloną słońcem, ze złuszczoną skórą; szary i znużony cień. Przykładałam policzek do kraty i czułam jej chłód, a zaraz potem – spierzchnięte usta wujka na mojej skórze.

I przez te pięć minut musieliśmy powiedzieć sobie wszystko, a przecież nie mogliśmy powiedzieć niczego.

Jak się masz? Nie wyglądasz źle... Potrzebujesz czegoś? Proszę, załatw mi parę butów, dwa ręczniki. Jak matka? Jak babka? Daj, niech cię ucałuję.

I już, koniec. Pięć minut mijało jak chwila, choć podróż w jedną stronę zajmowała tyle pustych godzin. Potem przychodziły listy od wujków do mamy: „Jak cudownie było ujrzeć Kitty, jej piękną twarz. Jesteśmy odizolowani, zupełnie sami. Zobaczyć ją to największe szczęście".

Do więzienia trafił także mój ukochany brat Angelini. Kiedy przyjechałam przywieźć mu jedzenie, strażnik spojrzał na mnie spode łba, a potem wzruszył ramionami.

– No i na co przyjeżdżałaś? Przecież dawno go rozstrzelaliśmy!

Zachwiałam się, zgięłam wpół, załkałam. Strażnik walnął się dłonią w udo.

– Czego płaczesz, głupia?! To był żart! Żart, słyszysz? Dawaj to jedzenie.

Chciał się tylko ze mną pośmiać...

Wiele lat później, gdy brat wyszedł z więzienia, siadywał przy stole i opowiadał:

– Wiedziałem, że mnie wywiozą, więc schowałem się za kolumną, a tu strażnik za mną kic, kic, cichuteńko, ale ja nic, a on łubu-du mnie pałką po plecach, a ja: „Aaaaa!".

Śmialiśmy się, że mało nie spadaliśmy z krzeseł. „Ale z tego brata zgrywus!" – myślałam i dopiero po latach zrozumiałam, że to był jego sposób radzenia sobie z okrucieństwem, które go spotkało, ze zwierzęcym strachem, z codziennym upodleniem. Śmiał się, a myśmy śmiali się z nim, bo nic innego nam nie zostało, bo lepiej było śmiać się, niż płakać, lepiej było być żywym niż martwym. Nasza wesołość, strwożona i smętna, z prawdziwym śmiechem nie miała jednak nic wspólnego.

Łańcuch strachu oplatał nas wszystkich. W końcu zrozumieliśmy, że nic nie jest takie, jak przedstawia to propaganda, że pracujemy niewolniczo, że władza wie o nas wszystko, że nomenklatura ma rzeczy, o jakich nam się nie śniło. Ale nawet oni, „czerwoni paszowie", strzegli swoich cieni, bo w każdej chwili system mógł ich strącić z piedestału, przycisnąć do ziemi, wymazać. W komunistycznej Albanii nikt nie zasypiał z myślą, że obudzi się w swoim łóżku.

Cała nasza rodzina była prześladowana, a jednak matka mnie pocieszała:

– Inni to się nacierpieli! Przynajmniej mieliśmy szczęście, że nikt z nas nie umarł podczas tortur.

Wiedzieliśmy, że niektórych wieszano do góry nogami i zostawiano bez jedzenia, bez wody, na zimnie, że wisieli tak godzinami, dniami, czekając, aż śmierć wszystko pochłonie. Ból się nie wyczerpywał, zawsze można było zadać go więcej. Jednych internowano, inni umierali w kałuży krwi.

Bywały lata lepsze i gorsze. Dopóki Albania bratała się ze Związkiem Radzieckim, do 1960 roku, mogliśmy piec ciasta, jedliśmy słodycze, wszystko było łatwiej dostępne, bo ratował nas import z Rosji. Ale i tak nie potrzebowaliśmy lodówek, bo nigdy nie było tyle jedzenia, żeby cokolwiek mogło się zepsuć. Potem na chwilę złapaliśmy oddech, pod koniec lat sześćdziesiątych system rozluźnił uścisk, ale wszystko zmieniło się około 1973 roku, gdy poczuliśmy na własnej skórze, czym jest chińska rewolucja kulturalna w wydaniu albańskim.

Skończyło się oglądanie francuskich filmów w kinie, nie wolno było patrzeć na twarz Brigitte Bardot, na garnitury Alaina Delona, na piękne płaszcze, fryzury, samochody... Skończyło się słuchanie włoskich oper w radiu. Żadnych eleganckich ubrań z paczek, żadnych piosenek z innego świata. System wydał wojnę wszystkiemu, co piękne, i pielęgnował w nas strach. Profesorowie i intelektualiści wykształceni za granicą trafili za kratki, więc nauczycielami zostawali ci, którzy ledwie skończyli liceum.

Do Szkodry przyjechali Chińczycy ze swoim dziwnym, szczebioczącym językiem, a wraz z nimi pojawiły się nowe zwyczaje, na przykład trzydzieści minut gimnastyki: tłum zmęczonych ludzi w fabryce podryguje rytmicznie, robiąc pajacyki. Jakby mało nam było albańskiego absurdu, musieli jeszcze importować chiński! Co odważniejsi opowiadali dowcipy:

– Jak Chińczyk wymyśla imię dla dziecka?

– Zrzuca aluminiowy talerz ze stołu i nadsłuchuje: Ting Ting!

Ale opowiedzenie dowcipu mogło odmienić całe twoje życie. Do dziesięciu lat za agitację – tak system oduczał Albańczyków poczucia humoru.

– Dlaczego trafiłeś do więzienia?

– Przez kilka drobniaków.

– Jak to?

– Nie zainstalowałem w drzwiach dobrego zamka.

Jeśli Sigurimi miało cię na liście, taki dowcip był dla nich w sam raz.

Ale w 1978 roku Albania zerwała nawet z Chinami, nawet twardogłowe Chiny nie dość były socjalistyczne! Teraz mieliśmy stać się całkowicie samowystarczalni, a to oznaczało jedno: nędzę. Władza dawała ci olej, ale już nie ziemniaki, więc ludzie ciągle kombinowali albo wymieniali się jedzeniem. Piekliśmy najprostsze, skromne ciasto Regina: dwie łyżki sody, trochę mąki, oliwa, masło, cukier i woda zamiast mleka. Na wielkie święta udawało się czasem upiec baklawę, ale trzeba było zaangażować kilkoro ludzi, żeby pomogli zebrać składniki.

Wszyscy byliśmy biedni, jedliśmy tylko chleb z olejem i ser, a jeśli ktoś miał więcej, uchodził za szczęściarza. Kiedy mama chciała sprawić nam przyjemność, piekła w sobotę świeży chleb, nasz największy przysmak. Czasem w paczkach od rodziny z Włoch przychodziły słodycze, ale jedliśmy je w domu, ukradkiem, żeby nie kłuć nikogo w oczy. Raz wyrzuciłam papierek po cukierku na chodniku przed domem i zobaczyłam, jak nasz mały sąsiad podnosi go łapczywie, obraca w palcach, wącha, a potem liże. Nigdy nie jadł cukierka.

Hoxha krzyczał z trybun: „Ani na chwilę nie zmrużymy oka, zawsze będziemy czujni, ściany naszej twierdzy są zrobione z granitu!". Dumni, czujni, zapomniani. Nawet jeśli gdzieś w Albanii tliły się iskierki oporu, nic o nich nie wiedzieliśmy. A w Europie nikt nie zdawał sobie sprawy, jak bardzo cierpimy. Zagraniczne delegacje przyjeżdżały do Durrës, gdzie grała muzyka i stoły uginały się pod ciężarem jedzenia, i nikt nie miał pojęcia, że Albania jest głodna. Ci, którzy przyjeżdżali o nas pisać, nie zbliżali się nawet do prawdy, do tego, jak bardzo podzielone jest społeczeństwo: na dobrze wykształconych ze złymi biografiami i wzorowych, odpowiednio zastraszonych i potulnych – idealny materiał, by lepić nowego albańskiego człowieka, bezgranicznie oddanego partii. Ludzie na wsi spali na klepisku, na posłaniu z siana, a tu nagle system przydziela im łóżko, poduszkę, widelce. Albo dostają pracę w fabryce, mieszkanie – dla nich reżim był wielkim społecznym awansem, oznaczał lepsze życie.

Wszystko było zasługą systemu, nawet to, że jeden plus jeden równa się dwa. „Einstein dokonał wielkich odkryć jako żarliwy komunista" – krzyczały nagłówki gazet. W świecie kłamstw nikt nie mógł być sobą. Nasze dzieci nie należały do nas. Mój syn nie był moim synem, jego matką była partia. Jeśli partia mówiła: „Czas, byś się ożenił", musiał się ożenić. Nie miałam żadnego wpływu na swoje życie. Nie byłam nawet numerem. Byłam niczym.

I nic nie było moje, mój był tylko strach. Czy zrobiłam coś złego? Piękne kobiety musiały sypiać z ludźmi Sigurimi, żeby nie trafić do więzienia. Partia potrzebowała dzieci, które miały stać się robotnikami i żołnierzami, więc aborcja i antykoncepcja były zabronione. Nawet nasze ciała nie należały do nas, w naszych ciałach też czyhała partia.

I mama, i ojciec studiowali we Włoszech, więc życie w komunistycznej Albanii bolało ich bardziej niż mnie, bo w głowie mieli wciąż obrazy z innego świata, który zatrzasnął przed nimi drzwi.

Dlatego w 1972 roku wspólnie postanowiliśmy, że zrobimy wszystko, by kupić telewizor, który kosztował wtedy czterdzieści tysięcy leków, czyli równowartość ośmiu pensji. Żeby spełnić to marzenie, musieliśmy sprzedać, co tylko się dało: maszynę do szycia, stare lustro, ukochane książki ojca. Ale ojciec nie protestował, bo powtarzał, że telewizor będzie dla nas oknem na świat.

A potem zaczęło się wielkie kombinowanie z antenami, żeby choć na chwilę złapać sygnał z Jugosławii albo Włoch. Do tej pory słuchaliśmy muzyki przez radio, a teraz nagle pośród szumów, błysków i trzasków docierały do nas piosenki z festiwalu w San Remo. Znaliśmy imiona włoskich piosenkarzy lepiej niż sami Włosi, każdy utwór, słowa każdej piosenki... Czasem miałam wrażenie, że oglądamy sen.

To małe pudło w dużym pokoju roztrzaskało mit wielkiej albańskiej potęgi. Ojciec szeptał:

– Dobry Boże, wierzymy w kłamstwa, w same kłamstwa...

Ale jeśli chcieliśmy go zapytać o coś więcej, unosił palec.

– Im mniej każde z nas mówi, tym lepiej.

Kochałam muzykę, balet, uwielbiałam Adriana Celentana, ale całą miłość do muzyki musiałam zamknąć w swojej głowie. Nie mogłam powiedzieć koleżance: „Jak wspaniale śpiewa Demis Roussos! Jak pięknie wygląda na scenie Mina!". Pamiętałam: za Demisa można dostać ze trzy lata, a za Minę drugie tyle.

Sukienki były takie same, buty były takie same, do jakiegokolwiek mieszkania byś weszła, wszystko wyglądało tak samo. Ojciec żartował:

– Dzięki Bogu przynajmniej żony mogą się różnić między sobą.

Siostra mamy wyszła w 1945 roku za Włocha, więc trzy razy do roku dostawaliśmy od niej paczkę. Jeśli ciotka wysłała nam coś szczególnie ładnego, kontrola rekwirowała to, zostawiając adnotację: „Nie pasuje do albańskiej rzeczywistości". W Albanii nie było miejsca na rzeczy piękne, a przynajmniej nie dla takich jak my. Albo wymyślano, że za odbiór paczki trzeba zapłacić dwadzieścia tysięcy leków. To były cztery miesięczne pensje, pieniądze nieosiągalne dla normalnej rodziny! Składaliśmy się więc z sąsiadami – jeden dawał trzy tysiące, drugi cztery, a potem dzieliliśmy między sobą rzeczy. Ale wystarczyło, by sekretarka w dziale kadr powiedziała: „Ach, jaką masz ładną sukienkę", i trzeba było zawołać: „Ależ weź ją proszę, jeśli ci się podoba". Sekretarka udawała, że się wzbrania: „No jakże to tak, bez płacenia?", ale spróbowałabyś powiedzieć, żeby zapłaciła, to na drugi dzień jej mąż wysyczałby ci do ucha: „Ty włoska imperialistko, tak lubisz rozpustne szmaty? Może zesłanie nauczyłoby cię rozumu?". W ramach kary za burżuazyjne upodobania trzeba było w deszczu lub śniegu sprzątać całą okolicę w dziurawych butach. Jeśli spotykała mnie taka kara, wkładałam grube skarpetki i owijałam stopy celofanem, żeby się nie przeziębić. Dlatego co ładniejsze rzeczy nosiliśmy tylko po domu; bo jeśli się komuś nie spodobałaś, hak zawsze się znalazł.

Kiedyś poprosiłam ciotkę, żeby przysłała mi buty. A ona, chcąc sprawić mi przyjemność, znalazła dla mnie coś specjalnego: pomarańczowe czółenka. Kiedy otworzyłam paczkę, aż usiadłam z wrażenia. Kochana, naiwna ciotka, jak bardzo nie miała pojęcia o życiu w Albanii! Wszystko dookoła było w kolorze pyłu, prochu i kurzu, a ten pomarańcz wzywał drapieżniki: „Bierzcie ją!". W Albanii te buty robiły większe wrażenie niż kosmici, ale nie miałam innych, musiałam w nich chodzić. Zaraz rzuciły się w oczy szefowej zmiany w fabryce. Zasugerowała, że bardzo by się jej przydały, ale udawałam, że nie rozumiem, o co chodzi. Następnego dnia wywaliła mnie z pracy za imperialistyczną ekstrawagancję w ubiorze! Zamiast do fabryki, wysłali mnie do roboty na bazar, razem z albańskimi Cyganami.

Tak, otwieranie przesyłek z Włoch to były krótkie chwile szczęścia. Szczęściem było też zjedzenie czegoś innego niż chleb i ser. Szczęściem było pojechanie na plażę i wykąpanie się w Jeziorze Szkoderskim. Potrzebowaliśmy do tego specjalnych dokumentów, a kontrolerzy przetrzebiali zawartość koszyka, macali każdy pomidor, obracali w palcach ser. Mieliśmy tylko piętnaście dni wolnych w roku i jechaliśmy na wakacje wtedy, gdy państwo decydowało, że można – raz w maju, raz we wrześniu, a raz w lutym. Wakacje były przywilejem i nagrodą: dla robotników, dla administracji, dla ludzi Sigurimi. Zasłużeni mieli własne ośrodki wczasowe. My spędzaliśmy czas w ośrodkach robotniczych albo pod namiotem.

Tu, w Szkodrze, ciągle szeptano, że Czerwony Faraon słabnie, a kiedy umarł, co odważniejsi żartowali:

– Jest tak mało mięsa, że pewnie pokroili już nam Hoxhę na wędliny.

– Przynajmniej jednego komunistę mniej – wzdychaliśmy.

Coś się zmieniło. Władza zaczęła się w końcu obawiać, że ludzie nie wytrzymają dłużej nędzy i wreszcie się zbuntują, więc poluzowała uścisk.

Coraz więcej osób wychodziło z więzień, coraz łatwiej było iść na studia. Strach zelżał, ale głód narastał. Wszystko robiliśmy sami: ser, chleb, masło, bo na targu można było kupić tylko szczypior. Ludzie dostawali obsesji na punkcie jedzenia, nie wahali się kraść. Pracowałam wtedy w państwowej kwiaciarni i raz po raz udawało mi się wymienić nielegalny bukiet na kawałek sera...

Myślałam czasem, że Albanii już nie ma, że kraj upadł i tylko źli ludzie, którzy za wszelką cenę chcą utrzymać się u władzy, próbują nas przekonać, że państwo nadal istnieje. Pewnego razu, gdy wracałam do domu drogą nad jeziorem, zobaczyłam, że na powierzchni wody coś się unosi. Podeszłam bliżej – to były książki, książki autorstwa naszego ukochanego przywódcy, zmarłego, lecz nieśmiertelnego Envera Hoxhy! Rozejrzałam się ze strachem. Bałam się, że coś złego może mnie spotkać, więc na wszelki wypadek poszłam do dyrektora fabryki.

– Towarzyszu dyrektorze – zaraportowałam – widziałam wrzucone do wody dzieła Towarzysza Komendanta!

A dyrektor powiedział po prostu:

– Rozumiem, wracaj do pracy.

Nie zapytał, ani gdzie, ani kiedy, ani jakie dzieła, w jakiej wodzie. Wydało mi się, że w kąciku jego ust zobaczyłam cień uśmiechu. I wtedy zrozumiałam – kończy się Albania, jaką znaliśmy.

Wreszcie 27 sierpnia 1990 roku sama po raz pierwszy wyjechałam za granicę, do Wenecji, odwiedzić kochaną ciotkę, która przez lata ratowała nas paczkami. Statek był piękny, luksusowy i czysty, ale ludzie na pokładzie pochodzili z innego świata, mieli ze sobą tylko chleb, ser i pomidory. Mężczyzna obok mnie cały czas się trząsł.

– Nie zdajesz sobie sprawy – szeptał – ale w każdej chwili mogą nas zawrócić.

Kiedy włoski marynarz rzucił do mnie: „Udanej podróży!", wymamrotałam: „Żeby cię pokręciło", bo z tyłu głowy miałam tylko jedną myśl: mężczyzna w mundurze oznacza przemoc i kłopoty.

Moja mama ciałem była w Szkodrze, ale myślami całe życie mieszkała w Wenecji. Kiedy tam pojechałam, miałam wrażenie, że wracam do znajomego miasta, bo mama opowiadała mi o każdym budynku, każdym placu i zaułku, każdej podróży gondolą; zawsze marzyłam, by znaleźć się w krainie z jej opowieści.

I to się udało. Wraz z upadkiem komunizmu odzyskałam kontrolę nad życiem. Kiedy tylko chciałam, mogłam śpiewać włoskie piosenki.

A jednak... Minęło tyle lat, a strach ciągle przesiaduje w moim cieniu. Kiedy weszłyśmy tu, do kawiarni, rozejrzałam się i ucieszyłam, że jesteśmy same. Wybrałam najbardziej ustronne miejsce, a potem przyjrzałam się twojemu ubraniu: gdzie możesz mieć ukrytą pluskwę? A przecież po prostu mi powiedziałaś, że będziesz nagrywać. Rozłożyłam przed tobą książki o komunizmie i pomyślałam: „Jak to dobrze, że nikt nas nie widzi". Minęło tyle lat, a ja wciąż myślę strachem, on ciągle we mnie jest.

Kiedyś w 1992 roku poszłam do urzędu i przez przypadek trafiłam do pustego pokoju, w którym piętrzyły się jakieś akta, na podłodze walały się sterty papierów. Podniosłam jedną z kartek: „W Kopliku szesnaście osób maluje na czerwono jajka na Wielkanoc". Równe, okrągłe litery... List z poprzedniego świata.

Wiele osób powie ci, że komunizm w Albanii się nie skończył, bo u władzy są wciąż ci sami ludzie i nikt nie został naprawdę ukarany. Czym jest demokracja? Przecież głos powinien być wolny, a tymczasem u nas ludzie głosują, bo ktoś z danej partii załatwił im pracę, bo dostali od kogoś pięćdziesiąt euro, bo chcą coś uzyskać. Dziś każdy może stąd uciec, tylko dokąd? Nikt nie chce u siebie Albańczyków.

Kiedyś jeśli trzymałaś język za zębami, byłaś bezpieczna. Dziś możesz krzyczeć, ale nikt cię nie usłyszy.

Jak to się dawniej głosowało raźno i co rychlej

Hajde, hajde, ludzie, ludziska, wstawać, obrabiać się, żywo! Każdego jednego potrząchnąć, gębę umyć, łapy wyszorować, włosy przylizać! Kur pieje, słońce mozolnie gramoli się po niebie, a my dalejże, buty najśliczniejsze, koszule najczystsze, spódnice haftowane, co kto ładnego ma, to na grzbiet wkłada. Dzisiaj na wszystkie zbytkowne ozdoby władza łaskawie przymknie oko, bo to wielkie święto jej, hajde, hej!

Schodzą się ludzie ze wsi, wspinają się ludzie pod górę, odświętni i uśmiechnięci, uczesani i umyci, zachwyceni sposobnością wdzięczną, że dziś tu, o, właśnie, powiedzą, co myślą, pokażą, jak partię kochają, głos oddadzą i zaświadczą radośnie, że partia to matka umiłowana, że partia to ogień, co w niego zaraz jeden z drugim gracko wskoczą! Więc idą pod glazurą, uwzniośleni idą, pozdrawiają się nawzajem, *mirë, shumë mirë*, dobrze, bardzo dobrze jest w tym naszym życiu, i tak łączą się w gromadę wielką, i schodzą ze wzgórza stadem czarno-szaro-granatowym, gwarnym i frymuśnym, i wąskimi uliczkami wspinają się znowu, by dotrzeć tam, gdzie gra orkiestra, gdzie tańce-wywijańce, gdzie szczęście robotnika i szczęście rolnika podają sobie dłonie, a potem podnoszą je nad głową i zaciskają w pięść.

A wtem kogut pieje, szósta wybija i mężczyzna srogi wrota otwiera. Hopla, hajde, tłum do urn! Wielkie głosowanie za otwarte uważa się, głosuje, kto chce! Bo w Albanii komunizm jest demokratyczny, dziś każdy może powiedzieć, czy jest za rządami miłościwie nam panującej partii pod wodzą ukochanego Envera, czy może jednak przeciw. Czy może coś nie podoba się komu głupiemu? Można oddać głos na tak, można oddać głos na nie, wszystko można, można godnie żyć i w cierpieniu umrzeć.

Więc muzykanci wywijają skocznie, więc ludzie do lokalu lecą, trochę pokrzykują, trochę się tarmoszą, ktoś komuś kartę wyrwie z dłoni, ktoś kogoś popchnie, każdy chce jak najszybciej wypowiedzieć się – tak czy nie? W komunistycznej Albanii różne rzeczy można uważać, dlatego w lokalu postawiono też specjalną budkę zasłoniętą kotarą, kto chce, wejdzie sobie, można! Ale nikt się jeszcze nie znalazł, co by wlazł. Ludzie mówią: za kotarą głosuje, znaczy – ma coś do ukrycia, nie podoba mu się partia nasza słuszna i łaskawa, Enver ukochany nie podoba mu się.

Dlatego każdy krokiem dziarskim, krokiem paradnym spieszy oddać głos pod komisyjnym okiem, głos roztropny i właściwy. Tu stara Rrumbulaku rechocze z radości, tam chłopak Markajów dziewczyny w tańcu obraca, gra orkiestra, a komisja spogląda na czyste ręce ludu.

I już radio grzmi, radio donosi: okręg Dibra zakończył głosowanie o ósmej rano, frekwencja sto procent, sto procent mówi ukochanej partii tak! W okręgu Tepelena trochę gorzej, głosowanie zakończone o dziewiątej, frekwencja dziewięćdziesiąt sześć procent, niestety, komuś obywatelskiego obowiązku nie chciało spełnić się, ktoś partię dzisiaj haniebnie rozczarował. W porządnych okręgach głosowanie zaczynają o szóstej, a o siódmej kończą, w porządnych okręgach nie głosują tylko szaleńcy i internowani, bo ich głos nikogo nie obchodzi.

A u nas, w Gjirokastrze, wszyscy są? No nie, patrzcie, stary Bani zwariował chyba, ludzie, widzicie, jak się wspina na wzgórze ze stadem swoich durnych owiec, a to szuja! A to bydlę marne! A to burzyciel zepsuty!

Komisja spogląda na siebie i brwi marszczy. Zaraz wybije dziesiąta. Dziesiąta to wciąż nie południe, ale już późno okrutnie, późno straszliwie. Jak frekwencję niestuprocentową wytłumaczyć? Skoro jeszcze stara Karajowa nie była łaskawa się doczłapać, bo mówi, że już jej kostucha w oczy zagląda, babsko stare, leniwe, na łożu śmierci się wylegujące! Kto to będzie partii wyjaśniał? Występuje pot na komisji czoło. Wahania, jąkania, bardzo źle. Trzeba będzie sprawozdanie zdawać, wytłumaczenia szukać... A przecież tego wytłumaczyć się nie da.

Więc dwaj z komisji zrywają się i biegną, przez ulice brukowane, przez trawy, przez łąki, za pasterzem zdrajcą podłym, nieumytym, nieubranym, dywersancko owce prowadzącym! Biegnie przez pola komisja, powiewają na wietrze krawaty, niesie się wysoko aż po krawędź wzgórz orkiestry melodia swawolna. Widzi pasterz czarne sylwetki w oddali, strwożone, spocone, widzi i uśmiecha się leciuchno. Odwraca się plecami do miasta i idzie w las.

W świetle lampy naftowej

Na wieży minaretu mężczyzna strzela z karabinu.

Psy podnoszą smukłe pyski i nadsłuchują; wcześniej siedziały cierpliwe i niewzruszone, gdy mała Fatbardha Mulleti kładła dłoń na ich mokrych nosach. Czasem, gdy wyciągały się na dywanie, opierała głowę o ich twarde brzuchy. Na psy składały się: gładka, szara sierść i spokój, ciepły język i ufność. A potem przyszli mężczyźni, którzy mieli czarne buty i czarne karabiny. W skupieniu mierzyli w grzbiety psów, pociągnęli za spust.

Wszystko się skończyło.

Zniknęły kryształy, najmodniejszy zbytek w mieszkaniach albańskiej klasy wyższej.

Zniknęły zasłony, pod którymi spały psy, marmurowe schody, kominek z czerwonej cegły, pokój gościnny ze złoconymi meblami i bordowym obiciem foteli.

Olbrzymi stół w jadalni, pod którym czasem chowała się mała Fatbardha.

Kiedy Haki Mulleti, urzędnik państwowy i posiadacz tych dóbr, w latach trzydziestych kształcił się w Wiedniu, nie zaprzątał sobie głowy komunizmem. Teraz to właśnie komunizm zabierał mu ukochany dom, sklepy i ogród pełen brzoskwiń, winogron i fig.

Wraz z wtargnięciem nowej władzy przepadły też obrazy: portret Skanderbega, portret babki Mulleti i portrety sióstr Mulleti. Ta starsza była poważna i skupiona, jej twarz na płótnie ginęła w mroku; ta młodsza promieniała w świetle, jasna i pełna pogody. Pędzel malarza przewidział ich losy: młodsza zmarła w wieku osiemnastu lat na zapalenie opon mózgowych, starsza dożyła późnej starości.

Na procesie Hakiego tłum krzyczał: „Wrogowie ludu na stryczek! Powiesić ich!". Krzyk ludzi dudnił małej Fatbardzie w uszach.

Urzędnicy państwowi, zwłaszcza ci wykształceni za granicą, pierwsi szli na szubienicę albo pod lufy plutonu egzekucyjnego. Hakiego skazano na pięć lat więzienia, ale komuniści zarekwirowali cały jego majątek.

Haki uważał, że ma wielkie szczęście.

Jego żona obiecała sobie, że wszystko przetrwa.

Mała Fatbardha nie myślała nic. Tęskniła za psami.

Haki trafił do ciemnej więziennej celi, jego żonę wraz z piątką dzieci zesłano do piwnicy w miasteczku Kavaja; ciemność rozpraszały wąskie pasma światła z okien pod sufitem. Komuniści pozwolili im zabrać tylko stelaż łóżka ze sprężynami, jedyny mebel w ciemnej piwnicy, niebywały luksus w beznadziejnej pustce. Zamiast na krzesłach, siedzieli na poduszkach wypełnionych owczym runem.

– Stół z naszej dawnej jadalni zająłby tu całe wnętrze, więc może lepiej, że go nie mamy – żartowała matka.

To na jej głowie było teraz karkołomne zadanie: wykarmić całą piątkę w czasach codziennego głodu.

W takich warunkach ludzie zaczynają rozumieć, jacy są silni. Matka zacisnęła pięści i zamieniła się w kamień.

– Im zimniejszy jest kamień, tym twardszy się staje – mówili ludzie w wiosce.

Matka wstawała wcześnie rano i szła szukać dzikich roślin, które nadałyby się do jedzenia. Robiła herbatę z ziół, cerowała ubrania, nosiła wodę w wiadrach, nie przystawała ani na chwilę. Musiała dać swoim dzieciom nadzieję – że przyjdzie następny dzień, że życie będzie się toczyć dalej.

Kiedy Haki wrócił z więzienia, opowiadał im bajki o dzieciach, które straciły dom, ale i tak były bardzo szczęśliwe, bo miały przy sobie rodziców.

– Uczcie się modlić – mówił – bo wkrótce system zabierze nam też Boga.

Fatbardha wychodziła na podwórko i tańczyła, tańczyła, tańczyła, ale tuż za płotem zaczynał się inny świat. Świat siniejących ciał, które zwisały z gałęzi morwy, ciał zawiniętych w białe prześcieradła, na których czerwoną farbą pisano „wróg", ciał czerniejących w rowie. Trupy ładowano na wozy i zostawiano przed wejściem do szkoły, by każdy mógł zobaczyć, co władza robi tym, którzy nie wierzą w komunizm.

Co noc Sigurimi zabierało jej ojca, a on w świetle ostrych lamp składał zeznania:

– Czy twój brat Qazim Mulleti wrócił już do kraju?

– Qazim nigdy tutaj nie wróci – powtarzał Haki.

Każdego dnia wychodząc do szkoły, Fatbardha modliła się, by pod jej nieobecność Sigurimi, ten potwór o niezliczonych mackach, zwróciło jej ojca.

A w szkole witał ją śmiech:

– Patrzcie, bratanica Prefekta!

Bratanica Qazima Mulletiego, najsłynniejszego wroga ludu w Albanii! Wuj Fatbardhy był przez trzy lata prefektem Tirany, jej wojennym burmistrzem kolaborującym z włoskim rządem. Kiedy szala zwycięstwa zaczęła się przechylać na stronę komunistów i gdy Qazim zrozumiał, że jest na liście pierwszych do rozstrzelania, uciekł z kraju, zostawiając całą rodzinę. Był rok 1944.

Pięć lat później Qazim Mulleti został bohaterem sztuki teatralnej *Prefekt*, która nie schodziła z afisza przez kolejne czterdzieści lat. Przesądny i autokratyczny, a na dodatek rozgarnięty jak stóg siana, Prefekt był pośmiewiskiem całej Albanii, symbolem tego, z czym komunizm każdego dnia toczył ciężki bój. Otaczający Prefekta mieszkańcy starej, faszystowskiej Tirany wierzyli w najdurniejsze zabobony, a własną matkę sprzedaliby za garść pszenicy. Galeria tumanów, nygusów i prostaków podbiła serca Albańczyków w całym kraju. *Prefekt* był nadawany w Radiu Tirana, a gdy na początku lat siedemdziesiątych Albania zaczęła odkrywać telewizję, nakręcono komedię z Robertem Ndreniką w roli głównej, tak popularną jak w Polsce *Sami swoi*.

Odkąd *Prefekt* pojawił się na deskach teatru, życie rodziny prawdziwego Prefekta zamieniło się w koszmar. Jego żona Hajrie, przedstawiona w sztuce jako odrażająca, zarozumiała gęś, została internowana wraz z piętnastoletnim synem Reshitem w Tepelenie, gdzie znajdował się najstraszniejszy ze wszystkich obozów zesłania.

Życie w Tepelenie było katorgą. Mężczyźni całymi dniami rąbali drewno, kobiety całymi dniami znosiły je z lasu, za najmniejsze przewinienie karano staniem godzinami po pas w lodowatej wodzie. Taka kara dla wielu była wyrokiem śmierci, bo jedzenia ciągle brakowało i ludzie cierpieli z niedożywienia i chorób. Podczas epidemii tyfusu tylko jednej nocy zmarło trzydzieścioro dzieci.

Reshit musiał zakopywać ciała. W ciągu pięciu lat – dwieście ciałek małych dzieci. Setki ciał dorosłych, mężczyzn i kobiet, ludzi, którzy niedawno mówili mu „dzień dobry". Po trzech latach komendant doszedł do wniosku, że zmarłych trzeba wykopać i przenieść w inne miejsce. Więc Reshit wydobywał ciałka dzieci i ciała dorosłych, znowu setki razy mówił śmierci „dzień dobry".

Z jednej strony była nienawiść, z drugiej pogarda i śmiech. Panicz Reshit, obozowy grabarz, był w końcu synem głupkowatego Prefekta, którym każdy mógł gardzić, ile chciał. Czasem Reshit się odgryzał:

– Co, wieśniaku, myślisz, że potrafiłbyś rządzić Tiraną?

Ale i tak codziennie słyszał za plecami rechot.

– Zawsze byłem pośmiewiskiem – mówił Fatbardzie pod koniec życia. – Cierpiałem od małego do późnej starości. Nigdy nie zaznałem wytchnienia w cierpieniu.

Fatbardha kochała Reshita jak brata.

– Był pięknym, wrażliwym mężczyzną, delikatnym i świadomym swojego położenia, dlatego nigdy się nie ożenił. Nie wyobrażał sobie, że mógłby stworzyć rodzinę, którą obarczyłby swoim cierpieniem.

Ilekroć władza planowała otwarcie nowego obozu, wzywano Reshita i wysyłano go do pracy, dlatego całe życie spędził w namiotach. Po pięciu latach w Tepelenie przeniesiono go na bagna Myzeqei, gdzie dwa razy dziennie musiał stawać do raportu i nigdzie nie mógł się ruszyć bez pozwolenia. Ale mimo to uważał się za szczęściarza – w Tepelenie na pięcioosobową rodzinę przypadały dwa metry kwadratowe, więc wszyscy spali wciśnięci w siebie, zduszeni. W Myzeqei w jednym baraku mieszkały dwie rodziny. Tu ludzie mieli pracować i żyć, tam – głodować i umrzeć.

Pewnego dnia przyszedł list: „Najdroższa Fatbardho, piszę do Ciebie przy świetle świecy. Budujemy obóz, jest okropnie zimno, ale chciałbym, żebyś przyjechała i nas odwiedziła. Wiem, że nie masz pieniędzy, ale nie martw się, opłacę Twoją podróż".

– Kiedy odwiedziłam Reshita w 1956 roku, uzmysłowiłam sobie, że są tam tak odizolowani, że ciągle śpiewają piosenki z 1945 roku. Całymi nocami rozmawialiśmy o książkach i o tym, co się działo w kraju, bo o niczym nie wiedzieli. Nie mieli dostępu do radia ani gazet. Żyli we własnym świecie, we własnym czasie, w zamkniętej przestrzeni. Wbrew pozorom łatwiej było żyć w obozach internowania niż na wsiach. W obozach żyli sami wrogowie ludu, więc wszyscy byli sobie równi, dzielili to samo cierpienie. Na wsiach żyli też ludzie z dobrą biografią, których władza zachęcała, by pomnażali cierpienie wyklętych.

Reshita i jego matkę rzucano po całej Albanii – do wiosek w gminach Savër, potem w Gradishtë, w Grabjanie. Wszędzie byli zdrajcami otoczonymi przez dobrych panów posłusznych reżimowi. W Gradishtë nie było wody, więc gdy przyjeżdżał beczkowóz, mieszkańcy wsi ustawiali się w kolejce, ale wrogowie ludu zawsze stali na końcu. Czasem odmawiano im wody, czasem tłuczono im dzbany. Walka klasowa ogarnęła całą Albanię, kraj podzielił się na dwie kasty, z których jedna czuła się w obowiązku napiętnować drugą.

Reshit przeżył na zesłaniu całe życie, czterdzieści sześć lat, tyle, ile trwał komunizm. A gdy system upadł, Reshit zachowywał się tak, jakby był martwy. Cierpienie wyssało z niego wszelką radość. Człowiek, który chodził po wolnej Tiranie, był już tylko wyschniętą skorupą.

– Umarł na atak serca – mówi Fatbardha. – Może to serce pękło mu z żalu po wszystkich latach cierpienia?

W podręczniku do historii Fatbardha czyta, że 4 lutego 1944 roku Niemcy dokonali w Tiranie masakry, za którą współodpowiedzialny był jej wuj Qazim.

– Głupi zdrajca Prefekt! – ryczą dzieci.

Fatbardha myśli: „Gdybym tylko mogła wykopać dziurę i schować się w niej…".

Na szczęście jednym z jej nauczycieli jest przyjaciel ojca, Zoi Xoxa, tak jak oni zesłany tu z Tirany za karę. Nauczyciel nazywa Fatbardhę „ziarnkiem pszenicy", *kokrra e grurit,* bo jest maleńka i włosy ma jasne jak łan zboża.

Zoi Xoxa był dziennikarzem i wybudował sobie dom w sercu Tirany – tam, gdzie komuniści postanowili urządzić dla siebie zamkniętą dzielnicę Blloku.

Wszyscy, którzy mieli tam domy, a wcześniej studiowali za granicą, zostali wywłaszczeni. Dom Xoxy przydzielono wieśniakom ze Skraparu, którzy ochraniali Envera i jego świtę. Tego samego dnia, gdy do drzwi zapukało Sigurimi, zmarł na zapalenie opon mózgowych najstarszy, siedemnastoletni syn Xoxy.

– Proszę, dajcie mi go chociaż pochować – błagał Xoxa.

– Nie – powiedzieli mężczyźni w szarych płaszczach. – Cała twoja rodzina ma być internowana, łącznie z ciałem syna.

Na wóz zapakowano parę mebli, dywan, lampę i trumnę, i tak pojechali, z Tirany do Kavai, w powolnym kondukcie pogrzebowym.

Nauczyciel należał do świata Fatbardhy – świata pomnażanego cierpienia, w którym każdy dzień mógł przynieść jeszcze więcej bólu. Czasem opowiadał dzieciom o starym dębie, a Fatbardha miała wrażenie, że mówi specjalnie dla niej.

– Był sobie stary dąb, rozłożysty i piękny, ale ludzie uznali, że jego czas się skończył, i wbili siekierę w pień, raz, drugi, trzeci, i pocięli drzewo na kawałki, i rozpalili ognisko. Kiedy płomienie poszybowały w górę, a ludzie grzali się w cieple, usłyszeli głos ducha dębu, który opowiadał im o czasach, gdy był młodym drzewem, rósł w promieniach słońca i dawał wszystkim cień.

Fatbardha zrozumiała, że nauczyciel mówi o sobie – to on pracował i budował Albanię, to jego społeczeństwo ścięło, to on nadal ogrzewa ludzi, pracując jako nauczyciel. Wtedy postanowiła: zostanie nauczycielką.

*

Ale dla bratanicy Qazima Mulletiego władza nie przewidywała łatwych scenariuszy. Fatbardzie odmówiono prawa do studiów, ale pozwolono jej przenieść się do babci w Szkodrze, by mogła skończyć szkołę średnią.

– Po coście ją tu przywieźli? – zapytała babcia. – Przecież ona też może umrzeć.

Rok wcześniej zapalenie opon mózgowych zabrało siostrę Fatbardhy, tę, którą malarz uwiecznił na obrazie zanurzoną w mroku. Fatbardha zajęła jej biurko. I uczyła się całymi dniami, byleby tylko udowodnić władzy, że powinna dostać szansę.

„Na studia pedagogiczne nie kwalifikuje się" – przeczytała w oficjalnym piśmie. Ale pozwolono jej zostać nauczycielką w Lezhy.

– My wiemy, kim ty jesteś – oświadczył dyrektor na dzień dobry. – Dlatego dajemy ci sześć miesięcy, a potem pomyślimy, co z tobą zrobić.

I tak Fatbardha trafiła do wioski Kallmet nieopodal Lezhy u stóp góry Velë, pośród bezkresnych zielonych pól i strumieni, które po deszczu zamieniały się w potoki.

Fatbardha dowiedziała się, że jako nauczycielka ma prawo kontynuować naukę korespondencyjnie. Oficjele z Lezhy poradzili jej, by wybrała specjalizację z biologii, geografii i chemii.

– Siadywałam do nauki o siódmej wieczorem i kończyłam o drugiej w nocy, wszystko przy świetle lampy naftowej, bo w mojej wiosce nie było jeszcze wtedy prądu. Najpierw trzy lata studiów ogólnych, potem pięć lat specjalizacji z chemii, cała nauka przy jednym stole, w zupełnej samotności, i raz na trzy miesiące kontakt z żywym człowiekiem – egzaminy.

Ostatni egzamin z biologii zdawałam, gdy z nieba leciała ściana wody, zalało wszystkie mosty i jedyna droga z wioski biegła przez betonową tamę... Po tej tamie przeszłam na drugą stronę, w strugach deszczu, nad rwącą rzeką.

Usiadłam przed profesorem, odpowiedziałam na pierwsze pytanie. Czułam, jak po plecach skapuje mi woda z włosów. Profesor przyjrzał mi się i spytał: „Jak ci się udało tutaj dotrzeć, dobra dziewczyno?". Siedziałam oniemiała, nie wiedząc, co odpowiedzieć. Po raz pierwszy w życiu ktoś nazwał mnie „dobrą dziewczyną"... Ja, wróg ludu, dobrą dziewczyną? „Jak to możliwe, że przyszłaś tutaj, narażając życie?", dociekał profesor.

Zwiesiłam głowę. Nie mogłam mu powiedzieć, że dostałam przepustkę z wioski tylko na ten jeden dzień i nie miałam pewności, że dostałabym kolejną z powodu powodzi. Nie mogłam mu powiedzieć, że gdy zapalam lampę naftową, czuję się wreszcie szczęśliwa, światło towarzyszy mi każdej nocy, dodaje sił, żebym pracowała dalej... Tak bardzo chciałam studiować, gdybym przestała, umarłabym... Tylko dzięki nauce mogłam się odbić od dna.

„Dobra dziewczyna"... Te słowa wracały do mnie przez wiele, wiele lat. W jakimś innym świecie, w innej rzeczywistości byłam dobrą dziewczyną.

– W 1967 roku, gdy pracowałam we wsi Manati, podszedł do mnie gruby, ordynarny mężczyzna o złym spojrzeniu i powiedział, że we wtorek o dziesiątej mam się stawić w wydziale spraw wewnętrznych w Lezhy. I odwrócił się na pięcie. Pomyślałam o ojcu, o ojcu odbieranym nam każdej nocy przez Sigurimi, o czekaniu, aż wróci, o radości, gdy po powrocie ze szkoły widziałam, że leży w łóżku, i o strachu, że jutro zabiorą go znowu, może na zawsze... Naszego ukochanego ojca o oczach czarnych jak oliwki...

W wydziale powiedzieli mi: „Ktoś o tak złej biografii może zmazać swoją winę tylko na drodze współpracy". „Nie mam żadnych przyjaciół – powiedziałam. – Nie mam kogo nakłonić do zwierzeń. Ludzie na mój widok uciekają. Nie chcę mieć nic wspólnego z polityką". Kierownik wydziału, szef lokalnego Sigurimi, niski, zawzięty mężczyzna o nalanej twarzy, w jednej chwili spurpurowiał. Wycelował we mnie krótki, gruby palec: „Daliśmy ci szansę, chociaż jesteś z psiej rodziny, pozwoliliśmy ci studiować, pozwoliliśmy ci pracować, państwo okazało ci nadzwyczajną łaskę, a ty tak się odwdzięczasz?".

Nie zwiesiłam głowy, po prostu patrzyłam przed siebie, zamieniona w kamień, jak moja matka wiele lat wcześniej, nie mrugając, wpatrując się w przestrzeń ponad głową szefa Sigurimi, ponad jego czerwoną, szeroką twarzą. I tak na kolejnym spotkaniu, i na następnym, Sigurimi mówiło do kamienia. W końcu kierownik się poddał, ale ręce miał ciągle zaciśnięte w pięści: „Podpiszesz deklarację, że odmówiłaś współpracy. A jeśli komukolwiek o tym powiesz, zamkniemy cię za agitację i propagandę".

Pochyliłam się nad kartką: „Ja, niżej podpisana Fatbardha Mulleti, odmówiłam...".

Miałam wrażenie, że piszę własny wyrok śmierci, odsunięty w czasie. Wiedziałam, że w trakcie procesu ludzie, których nie znasz, zeznają przeciwko tobie jako naoczni świadkowie przestępstwa, którego nie popełniłaś. Jeśli tylko Sigurimi chciało, uruchamiało wielką machinę, która miała jeden cel: zgnieść cię.

Od tej pory musiałam budować mur między sobą a światem. Jak mogłam po czymś takim zbliżyć się do ludzi? Jak mogłam komukolwiek zaufać? Uwielbiałam książki, ale nigdy z nikim o nich nie rozmawiałam... Uwielbiałam muzykę klasyczną, koncerty filharmoników wiedeńskich nadawane przez radio były dla mnie jak szklanka wody dla spragnionego, ale nigdy nikomu o tym nie mówiłam. Nie miałam prawa się zakochać. Ale podpisanie tego oświadczenia było najbardziej chwalebnym momentem w moim życiu i paradoksalnie mnie wyzwoliło. Kilka lat temu dostałam od prezydenta medal z dyplomem: „Przeżyła komunizm z godnością". Ja, zła dziewczyna...

W 1975 roku Enver Hoxha zagrzmiał: „Wśród nauczycieli ukrywają się reakcjoniści". Przemówienie światłego dyktatora, który znowu chwycił swój lud mocniej za gardło, stało się początkiem wielkich czystek w szkołach. Po siedemnastu latach pracy Fatbardha Mulleti po raz kolejny straciła wszystko.

– W moich aktach wpisali: „Nie nadaje się do wykonywania zawodu nauczycielki". Musiałam wrócić do rodziny, do baraku w Kavai... A tak bardzo kochałam uczyć... Przez wszystkie te lata byłam najbardziej oddaną, wzorową nauczycielką, bo chciałam udowodnić, że słusznie dano mi drugą szansę. W czasie bezsennych nocy odtwarzałam w każdym szczególe te siedemnaście lat. Kto był najlepszym uczniem, kto gdzie siedział w ławce, kto najładniej śpiewał... Na wszelki wypadek zniszczyłam pamiętniki, które pisałam przez lata, żeby nie dostały się w niczyje ręce.

W końcu po trzech latach na bezrobociu, po trzech latach odbijania się od drzwi, znalazłam pracę w fabryce spinaczy w Szkodrze. Miałam wykręcać metalowe sprężyny, które łączą dwa kawałki drewna. Spójrz na moje ręce... Ale w fabryce poznałam wspaniałe kobiety, prawe, serdeczne, współczujące. Ludzie tam nie byli tak okrutni i mściwi jak na wsi.

I wreszcie mając czterdzieści lat, poznałam swojego przyszłego męża, który też dźwigał ciężar złej biografii, dlatego łatwiej było mu zrozumieć, kim jestem... Ale tym razem na przeszkodzie stanęła jego rodzina – ja byłam muzułmanką, on był katolikiem. W dniu naszego ślubu rodzina męża zerwała z nim kontakt.

Przeżyłam z nim dziesięć wspaniałych lat, pełnych miłości i szczęścia, bo mąż był bardzo szlachetnym, a do tego niezwykle dowcipnym człowiekiem, potrafił osłodzić śmiechem najbardziej gorzkie chwile. Uwielbiał występować na scenie, na wszystkich amatorskich występach komików zajmował pierwsze miejsce. Śmiał się, że to ja przynoszę mu szczęście – ja, bratanica Prefekta. Zmarł na atak serca w 1990 roku, dzień przed szturmem na ambasady, gdy reżim zaczął pękać jak kra na rzece. Nasz synek Piter miał wtedy dopiero sześć lat. A dziś jest wykładowcą na uniwersytecie w Szkodrze... Dzięki niemu domknęła się moja historia.

*

Patrzę na siedemdziesięcioośmioletnią Fatbardhę: jest wspaniała w zielonej sukience i dużych, drewnianych koralach opadających na opalony dekolt. Czas nie odebrał jej urody, wręcz przeciwnie, wyostrzył piękno delikatnych, klasycznych rysów. Dla Fatbardhy przeszłość dzieje się teraz; dzięki teraźniejszości nadaje nowy wymiar temu, co minęło. Pomiędzy nami na stole leżą trzy książki, do których zaczęła zbierać materiały, gdy tylko runął system: drobiazgowe biografie kobiet, które cierpiały tak jak ona.

– Wiesz, dlaczego je napisałam? Po pierwsze, by odkłamać pięćdziesiąt lat albańskiej chwały. Po drugie, bo spotkałam kiedyś człowieka, który powiedział: „W czasach komunizmu nikt nie trafił do więzienia bez powodu". Tak? Miałam pięć lat, gdy moja rodzina straciła wszystko, przez pół życia byłam napiętnowana, widziałam dzieci, które umierały z niedożywienia, pisarzy, których więziono, poetów, którzy zawiśli na szubienicach, młodych ludzi, którym strzelono w plecy, kiedy próbowali uciec... A jednak wciąż żyją ludzie, którzy twierdzą, że system był słuszny. Że cierpieliśmy słusznie, w sam raz, tyle, ile nam się należało za naszą niewinność.

W komedii *Prefekt* aktor grający mojego wujka powtarzał: „Zobaczysz, co komunizm nam przyniesie, zobaczysz, co nas spotka" i ludzie wybuchali śmiechem, ale z czasem chichot zamarł im na ustach. Kto chciał, szydził z Qazima Mulletiego, ale w końcu to duch wujka śmiał się z nich wszystkich.

Piękno zawsze znajdzie drogę

„A” jak *atje* – tam...

„B” jak *bir* – syn...

Ojciec pisze na kartce litery, a potem jego usta wymawiają głoski – okrągłe „a”, zuchwałe „b” – i układają się w uśmiechu.

Albo próbuję pedałować, ale moje nogi są jak dwa kawałki drewna, nie umieją porozumieć się z rowerem. Słyszę chrzęst piasku pod kołami i wołanie ojca: „Patrz przed siebie!”.

Albo spoglądam na jego opalone ciało zanurzone w wodzie, na mocne plecy robotnika, jego ręka przywołuje mnie: „Skacz, nie bój się, jest głęboko!”.

To ojciec nauczył mnie czytać, gdy miałem raptem pięć lat, i do dziś zdarza się, że zatrzymuję wzrok na słowach i myślę o nim z wdzięcznością. Nazywam się Ridvan Dibra, mój ojciec był robotnikiem, a ja jestem pisarzem i wykładowcą akademickim i stało się tak również dzięki niemu. Czasem obserwowałem, jak wieczorami uczy się włoskiego w świetle lampy naftowej. Nawet w takich warunkach zrodziło się między nami coś pięknego... System nie był w stanie zniszczyć codziennego piękna. To nas ratowało. Piękno zawsze potrafiło znaleźć drogę poza systemem.

Myślę, że czas spędzony na zesłaniu tak naprawdę mnie ocalił. Internowanie miało być moim końcem, miało mnie zgnieść, a jednak dowiedziałem się dzięki niemu czegoś, czego nie zrozumiałbym, tkwiąc w bańce miejskiego socjalistycznego świata. Życie utrudzało nas, ale jeśli zdarzało się coś dobrego, czerpaliśmy z tego w pełni, piękno przenikało nas na wskroś. Wszystko cieszyło: widok gór, zachód słońca... Kwiat cukinii wydawał się wspaniały. Gdybym mieszkał w Szkodrze, nie dostrzegałbym tego wszystkiego. Pewnie zostałbym członkiem jakiejś organizacji i zaraz wpakował się w kłopoty. Internowanie na wsi uchroniło mnie przed znacznie większym nieszczęściem.

Opowiadam czasem o przeszłości mojemu synowi, ale on mi nie wierzy. Może nawet nie potrzebuje tych historii, w końcu żyje już w zupełnie innym świecie. Dziś ta dawna zdolność odczuwania przyjemności zanikła. Współczesnego człowieka nic już nie może w pełni zaspokoić, zawsze czuje niedosyt.

Od małego czytałem zachłannie i pisałem z łatwością, ale dopiero tam, na wsi, na krańcu świata, narodził się we mnie pisarz.

Ilekroć trzymałem długopis w lewej ręce, nauczyciel zachodził mnie od tyłu i z całej siły walił linijką w dłoń. Meldowałem się u dyrektora, a on gardłował: „Pisać lewą się nie godzi!". Wszyscy najchętniej obcięliby mi tę rękę, żebym pisał prawą, ale się nie ugiąłem. Przez tę obitą dłoń po raz pierwszy zrozumiałem, czym jest system autorytarny.

Lewa ręka trzymała podręcznik ciężki od propagandy. Deklamowaliśmy z ogniem w oczach żałosne wiersze sławiące partię i Hoxhę. Wkrótce sam zacząłem pisać takie dzieła, marne i schematyczne, chwaliłem rozwój pięknej wsi albańskiej, chociaż wieś coraz bardziej osuwała się w nędzę, i pisałem o partyzantach, choć nie miałem pojęcia o wojnie. Kiedy skończyłem dziesięć lat, przyznano mi nagrodę za wspaniałą poezję patriotyczną, ale wkrótce zaczęła kiełkować we mnie myśl, że coś z tą naszą wielką albańską literaturą jest nie tak.

Na oczy przejrzałem znacznie później, kiedy jako licealista poszedłem pracować wśród klasy robotniczej. Tak to sobie system zaplanował: żeby przyszły inteligencik zderzył się z realiami i nie przywiązywał się do myśli, że jest inteligencikiem. Przychodziłem do fabryki cegieł i od rana słuchałem: „Idźcie z tą robotą do wszystkich diabłów!", „Do kurwy nędzy, wszystko nam się sypie!". Bo warunki w fabryce były średniowieczne, robiliśmy cegły ręcznie, byle jak. To było piekło, i Albania, i ta praca – piekło, które uczy picia, palenia i przeklinania, ale też otwiera oczy. Tak jak Ewie otworzyły się oczy, gdy zjadła owoc z zakazanego drzewa.

W tym czasie zaniosłem do komisji cenzorskiej kilkadziesiąt wierszy i czekałem na werdykt – czy moja poezja jest słuszna, czy nie.

– A dlaczego pan nic nie napisał o traktorach? – zafrasował się cenzor. – Przecież traktor to znak rozwoju rolnictwa. Dlaczego pana poezja tak ostentacyjnie ignoruje traktory? Przepraszam bardzo, nie wyobrażam sobie tego tomiku bez poematu o traktorze...

Ułożyłem stosowny poemat. Cenzor rzucił okiem, a potem się uśmiechnął.

– Wie pan co... Mały figiel, a przeoczylibyśmy taką ważną rzecz! Przecież pan zapomniał o poemacie na cześć partii!

Potworne niedopatrzenie... Tomik wreszcie wydano, ale to nie była moja książka, to była książka władzy, idealnie spełniająca oczekiwania czasów, tak toporna, jakbym układał wiersze z cegieł. Oczy musiały być zatrzaśnięte, głowy puste. Miałem poczucie, że jestem brudny.

Ale już wtedy wiedziałem, że bardzo chcę studiować literaturę, że literatura pozwoli mi przeżyć. Tymczasem komisja orzekła, że w moim przypadku ojczyzna bardziej potrzebuje żołnierza niż literata. Ja żołnierzem? Na szczęście z pomocą przyszła Liga Pisarzy Szkoderskich – wywalczyli dla mnie uniwersytet.

Ale tam cała para szła w gwizdek literatury propagandowej. Na dodatek niezłomni twórcy pisali książki równie długie, co rzetelne, po tysiąc stron każda, najwidoczniej wena nigdy ich nie opuszczała. Poświęcaliśmy dużo uwagi literaturze klasycznej i realizmowi spod znaku Balzaka i Stendhala, za to ani słowem nie wspomniano nam o Sartrze czy Camusie. Na szczęście po jakimś czasie zdaliśmy sobie sprawę, że odwracając do góry nogami krytykę literatury modernistycznej, możemy dowiedzieć się jakiejś prawdy o świecie.

Ale na trzecim roku przyszedł kryzys. Wiedziałem już, że realizm socjalistyczny nie ma nic wspólnego z realnością, że jest jej surrealistycznym wynaturzeniem. Nic, co było w książkach, nie zgadzało się ze światem dookoła. Jedynie w twórczości Kadarego mogłem dostrzec milczące ślady oporu, wątłe światełko w tunelu. Atmosfera na studiach przypominała podrzucanie sflaczałego balonu, a do tego już się zorientowałem, że są między nami szpicle. Nie byłem w stanie porównać sytuacji w Albanii do życia w Europie Wschodniej, ale wydawało mi się, że będziemy cierpieć jeszcze przez dekady. Jak można budować życie, jeśli nikt nikomu nie ufa? Na studiach radziłem sobie świetnie, publikowałem artykuły w pismach literackich, miałem dobre wyniki, a na dodatek pochodziłem z biednej i prostej rodziny, więc wszystko wskazywało na to, że zostanę na uniwersytecie. A mimo to wracały myśli o samobójstwie, jak drzazgi pod paznokciem, o tym, że system jest klęską, że życie w kłamstwie jest nic niewarte.

I w 1981 roku, kiedy siedziałem w kawiarni Grand Café z kolegami, coś tam sobie golnąłem i wdałem się w dyskusję o literaturze. Zeszło na twórczość Gjergja Fishty, franciszkańskiego zakonnika ze Szkodry, którego dziś uważa się za jednego z najwybitniejszych albańskich poetów, ale wtedy był niegodnym wzmianki wrogiem ludu, władza chciała go utopić w zapomnieniu. Koledzy krytykowali go zgodnie z linią partii, a ja, ośmielony raki, powiedziałem, że nie, nieprawda, Fishta zasługuje, by być naszym poetą narodowym.

– A skąd ty to właściwie wiesz? – zainteresował się kolega, bo twórczość Fishty była zakazana.

– Czytałem fragmenty...

Zapadła cisza, koledzy w zamyśleniu patrzyli przez okno, widok za oknem nagle ich zafrapował. Kiedy wracałem do domu, czułem jeszcze gniew i coś w rodzaju ulgi. Ale niczego się nie spodziewałem, w końcu piłem z najlepszymi przyjaciółmi.

Wezwali mnie do komitetu partii natychmiast, następnego dnia. Poszedłem wraz z ojcem i przez całą drogę słyszałem jego monotonny, spokojny głos, jakby znowu uczył mnie liter:

– Wszystko będzie w porządku.

Na dzień dobry sekretarz partii wbił palec w powietrze przede mną i zawołał:

– Ty wrogu ludu!

Zaraz podniósł się chór sędziów:

– Złamiemy cię, zdrajco! Złamiemy ciebie i twojego ojca za to, że wychował cię na zdrajcę!

Zobaczyłem kątem oka, że mój ukochany tata trzęsie się ze strachu jak liść.

– Albo idziesz do więzienia, albo kończysz studia i zsyłamy cię na dno.

Nie było się nad czym zastanawiać. Studia zamieniły się w koszmar, w ciąg upokorzeń i drobnych podłości. Na każdym zebraniu omawiano moją postawę, nazywano mnie zakamuflowanym zdrajcą. Na egzaminie oblał mnie profesor ukochanej filozofii, choć wcześniej byłem jednym z najlepszych studentów. Czułem, jak się kurczę. Wracały drzazgi, myśli o samobójstwie.

Zesłali mnie do wioski tak małej i odległej, że nie miała nawet nazwy, nazywała się po prostu Wioska. Dostać się tam to była komunistyczna odyseja. Wieś leżała osiem godzin piechotą z Kukës i nie jechał tam żaden autobus. Ktoś na przystanku pocieszył mnie, że jest też krótsza droga, przez Buzëmadhe. W końcu udało mi się złapać okazję, a gdy kierowca wysadził mnie na rozstajach, rzucił: „Teraz to już ludzi pytaj". Niosłem ciężką walizkę, do której zapakowałem całe moje dawne życie. Zanim dotarłem do wsi, zatrzymałem się przy domu mężczyzny, który w dawnych, lepszych czasach był babą bektaszyckim, duchownym popularnej w Albanii odmiany islamu. Przywitałem się. Milczał. Patrzył na mnie i milczał. W końcu ruszył w drogę razem ze mną.

Dopiero później dowiedziałem się, że ludzie przychodzili do niego, by ich uleczył, bo wierzyli, że ma niezwykłe moce. Pewnego razu zjawił się u niego mój kolega i zaczął go wyzywać od szarlatanów.

– Jak jesteś taki niezwykły, to spraw, żeby zjawił się tu teraz wilk!

– Wilk właśnie tu przyszedł – odpowiedział baba.

Ale to było potem. Najpierw w niemym towarzystwie duchownego dotarłem do Wioski. Pierwsze wrażenie było takie, że postawiłem walizkę, usiadłem na niej i pomyślałem, że dalej się nie ruszę. Bardzo szczupli, bardzo biednie ubrani ludzie, sypiące się domy z kamienia, pył unoszący się nad drogą. To była górska wieś, ludzie od wieków żyli tu dzięki zwierzętom, ale na początku lat osiemdziesiątych kolejna z setek idiotycznych reform odebrała im cały inwentarz z wyjątkiem krów. Nieszczęsna Wioska całkiem wynędzniała.

– Zgnijesz tu – przywitała się ze mną szkolna sekretarka.

Miałem wrażenie, że rzuca na mnie klątwę. Kilku nauczycieli zostało tu oddelegowanych na przymusowy staż, ale inni trafili do Wioski za karę.

– Osiem lat, Gjirokastra – przywitał się ze mną młody facet.

Obserwowałem ich twarze, wyciągnięte, zmęczone, niektóre naznaczone rozwijającą się chorobą psychiczną, cierpieniem, izolacją. Patrzyłem na nich i myślałem: „To jest mój los. Jeśli się poddam, będę taki jak oni. Oni to ja za pięć, osiem, dziesięć lat. Uważaj".

I obiecałem sobie, że nie dam się klątwie. Że Wioska mnie nie złamie.

Zaraz rozeszła się wieść, że w Szkodrze zrobiłem coś naprawdę okropnego, tylko nie bardzo było wiadomo co, ale dyrektor szkoły postanowił na wszelki wypadek mnie ukarać. Oddelegował mnie do porządkowania wielkiej szkolnej biblioteki. Jego błyszczące oczy mówiły: „Żeby nie było ci za lekko".

To mnie uratowało: ta nadzwyczajna biblioteka. Ktoś, kto się wcześniej nią opiekował, stworzył wspaniałą kolekcję – wszystkie dzieła Szekspira, wszystkie dzieła Balzaka, cała klasyka grecka. Wiedza miała trafiać do najbardziej zacofanych zakątków Albanii, ale odizolowanie Wioski przyniosło kolejną niespodziankę – na półkach znajdowałem zakazane książki, które w Szkodrze dawno wycofano z obiegu: dzieła Petra Marki, Dritëra Agollego, Ismaila Kadare. Najwidoczniej rozkazy partii nie dotarły na peryferie. Ta biblioteka mnie ocaliła. Znajdowałem się na bezludnej wyspie, mogłem od nowa kształtować siebie.

Podbudowany, poszedłem w odwiedziny do baby. Siedział w mroku chaty pod grubym pledem.

– Jak długo tu zostanę? – zapytałem.

– Pięć lat – odpowiedział.

I rzeczywiście tak było.

Ale mogłem zostać dłużej, biorąc pod uwagę, co mi się przydarzało. Pewnego kwietniowego dnia wracałem z Kukës do Wioski krzynkę pod gazem i gdzieś po drodze zobaczyłem samochód kooperatywy. Władowałem się na pakę, ale towarzysze podróży wydali mi się jeszcze bardziej chmurni i posępni niż zwykle.

– Dlaczego się tak smucicie, koledzy? Może coś wam zaśpiewam! – powiedziałem, gdyż po wypiciu mam zwykle nastrój optymistyczny.

Ale kiedy po dwóch zwrotkach nikt nie dołączył, zamilkłem. Gdy dotarliśmy do wsi, zobaczyłem, że ludzie pociągają nosami, trą oczy. Pomyślałem: „Niedobrze, pewnie umarł szef kooperatywy. Ale żeby od tego aż płakać?".

Kiedy wszedłem do bursy dla nauczycieli, usłyszałem szlochanie. A gdy przechodziłem obok pokoju kolegów z Gjirokastry – przejmujące zawodzenie. Zapukałem.

– Towarzysz Komendant nie żyje – wystękali koledzy.

„No i co właściwie mam czuć? – pomyślałem. – Czy coś się teraz zmieni?"

W pewnym sensie rządy Ramiza Alii były jeszcze bardziej odrażające. Żelazny uścisk zelżał, ale wciąż byliśmy na krótkiej smyczy, nie wiedząc, czego możemy się spodziewać. Już nie na łańcuchu, ale ciągle w klatce. Dwóch moich przyjaciół zginęło na granicy, kiedy próbowali uciec. Zimą gruchnęła wieść, że zniknęła para nauczycieli, ciche, wycofane małżeństwo. Krążyły cztery opowieści o ich losach: że zostali zastrzeleni, że ich aresztowano, że zjadły ich wilki i tylko jeden facet upierał się, że zdołali uciec. Dopiero kilka miesięcy temu wysłali mi zaproszenie na Facebooku. Mieszkają w Stanach Zjednoczonych, mają się świetnie.

Gdzie Wioska, a gdzie Facebook... Pamiętam, jak się cieszyłem, gdy we wsi wreszcie założono telefon i mogłem porozmawiać z narzeczoną w Szkodrze. Połączenie ciągle się rwało, oboje przekrzykiwaliśmy szumy, czekaliśmy godzinami, żeby usłyszeć głos po drugiej stronie. Albo ile miałem radości, że mogę obejrzeć cały mecz i nie ma przerw w dostawie prądu. Że przed Nowym Rokiem odśnieżono drogę i będę mógł pojechać do Szkodry zobaczyć się z rodziną.

Ale wiem, że odizolowując mnie od Albanii, Wioska uchroniła mnie przed większym nieszczęściem. Wokół nic się nie działo, więc szedłem do biblioteki czytać. Trzymałem się z daleka od miejscowych notabli, ale z kolegami mogłem być szczery. Ludzie okazywali mi wielkie serce. Byli biedni, ale uczciwi, nie mieli wiele, ale wszystkim się dzielili. W gruncie rzeczy ludzie różnią się od siebie mniej, niż sądzimy. W swojej esencji są tacy sami: próbują unikać zła i odpowiadają dobrem na dobro. Zawsze starałem się zbliżać do ludzi, licząc na to, że są z natury dobrzy. Jeśli system chce wydobyć z człowieka zło, bez kłopotu je znajdzie, ale jeśli człowiek chce wydobyć z człowieka dobro, to i dobra znajdzie pod dostatkiem.

Moi koledzy byli o wiele bardziej zmęczeni, o wiele więcej lat spędzili już na zesłaniu. Razem chodziliśmy w teren, żeby układać ciągnące się po stromych wzgórzach absurdalne slogany z kamieni. Ilekroć partia świętowała rocznicę powstania, stawaliśmy w karnym rządku i śpiewaliśmy głupawe piosenki z dawnych czasów. Na zebraniach kolektywu omawialiśmy zagadnienia kluczowe dla naszej społeczności, na przykład dlaczego nauczyciel Dibra pisze lewą ręką. Kolektyw oznajmiał, że oczekuje, iż wykażę konstruktywną postawę i zacznę pisać prawą.

– Przez trzydzieści lat aktywności lewej ręki prawa utraciła zdolność przejęcia funkcji lewej – tłumaczyłem ze śmiertelną powagą.

Żeby się nie załamać, niektórzy moi koledzy nie trzeźwieli, przychodzili na zajęcia pijani, byleby tylko nie złapać ostrości, byleby tylko odgrodzić się od systemu. Jedni popełnili samobójstwo, drudzy znaleźli schronienie w szaleństwie. Człowiek potrzebował wielkiej siły, żeby nie zwariować.

W pierwszym roku mojego pobytu w Wiosce przyszła bardzo sroga zima. Śnieg pochłonął wszystkie szczegóły, pejzaż był gładki, bez kolorów i kształtów, jakby ukryty pod magmą. Pomyślałem, że tym właśnie jest komunizm – konformizmem i jednostajnością. Tylko Gjalica, najwyższy szczyt Kukës, rysowała się na horyzoncie wyraźna i ostra – to był Enver Hoxha. Cała reszta znikła pod śniegiem.

Enver wznosił się ponad nami i decydował o wszystkim. Dobrze wiedział, co robi, i świadomie zdeformował komunizm, by stworzyć własny system. Kochał samego siebie, ale paranoicznie kochał też Albanię i uważał ją za swoją własność. Reżim wymagał pasywności i ujednolicenia, a ponieważ był bezlitosny, nie napotykał żadnego oporu. Teczki Sigurimi do dziś leżą zamknięte, co może dowodzić, że znaczna część albańskiej elity zaprzedała się władzy. Na mnie też latami naciskano, bym został informatorem. To było najstraszniejsze w reżimie: jak łatwo korumpował ludzi, jak łatwo sprawiał, że sprzedawali zaufanie najlepszego przyjaciela.

Enver Hoxha za wszelką cenę próbował stworzyć nowego albańskiego człowieka, ale stworzył potwora, który po jego śmierci dał się porwać kapitalizmowi, nie przestrzegając żadnych reguł, gotowy na wszystko, byleby jak najszybciej się wzbogacić. Narkotyki, gangsterskie biznesy, prostytucja. Najkrótszą drogą do celu. Enver Hoxha stworzył człowieka słabego, chybionego, który nie miał żadnej wiedzy o świecie, żadnego wsparcia instytucji, żadnego oparcia w rządzie.

Kapitalizm przyniósł chaos, brak bezpieczeństwa i nierówności, a im trudniejsze było życie, tym bardziej wzmacniał się mit komunizmu jako czasu sprawiedliwego. Nasza transformacja przedłuża się w nieskończoność, jest okrutna i bezwzględna dla słabych, i to ona wykreowała nostalgię za komunizmem, kolejny rak, który trawi albańskie społeczeństwo.

Opowieść o butach

Albańskim butom wszystko przychodziło z trudem, cienkie podeszwy mozolnie pokonywały szutrowe drogi albo grzęzły w błocie. Czasem butom udawało się uciec i zobaczyć świat, o którym tak bardzo marzyły. Musiały tylko iść wystarczająco długo przez wysokie góry na granicy, przez kręte ścieżki i wąskie przełęcze. Ale częściej zatrzymywały się raptownie, gdy przygraniczną ciszę przeszywał strzał karabinu. Wartownicy zdejmowali buty ze sztywniejących stóp, bo wprawdzie trup już do niczego się nie przyda, ale jego buty – owszem.

Były sobie raz buty, które chciały być adidasami i codziennie biegały na stadionie w Szkodrze, czy padał śnieg, czy deszcz, czy świeciło słońce. Patrzyli ludzie na właściciela pędzących butów. Niech sobie biega, wariat jeden, gdzie on tam dobiegnie, tylko se łapcie poniszczy. Bo Albania wysyłała sportowców za granicę wyłącznie do krajów zaprzyjaźnionych, ale z upływem lat coraz mniej było państw, które chciały się z nią przyjaźnić. Tyle że ów mężczyzna pewnego dnia zniknął. Dopiero gdy internowano jego rodzinę, rozeszła się wieść, że biegaty, co zawsze trenował i nigdy się nie męczył, przepłynął jezioro przy granicy z Jugosławią i rozwiał się w obcym powietrzu. Zmęczone buty zostały na brzegu jeziora, nie miały siły płynąć.

Buty opowiadały sobie tę historię i nie mogły się nadziwić: skąd się tamte wzięły? Bo jak Albania długa i szeroka chodziły po niej identyczne buty, czarne i szare, na cienkich podeszwach, produkowane w czterech krajowych fabrykach. Tylko czasem trafiały się lepsze egzemplarze, skórzane, mocne, dla zarządców systemu i „czerwonych paszów". Ale pozostałe buty im nie zazdrościły. Wiedziały, że nawet jeśli te lepsze trafiły na stopy, które zaszły daleko, to wystarczyła chwila, by podeszwy pożegnały się z marmurem posadzek i przywitały z błotem odległych wsi. W Albanii los był kapryśny, więc buty starały się stąpać bezgłośnie.

To ważne, żeby mieć dobre buty, żeby stopy nie marzły, żeby nie dokuczał im ból. Ludzie przez dekady marzyli o butach, bo butów nie było, a te, które były, mówiły o podporządkowaniu i strachu: co dzień z rana wypucować do błysku, a potem chodzić na palcach, oszczędzać zelówki.

Dziś długonogie dziewczyny drżą, krocząc na wysokich obcasach po dziurawych chodnikach, ich szczupłe, osikowe ciała uginają się miękko, kiedy próbują złapać równowagę. Ciężko szurają łapcie starszych kobiet, kiedy suną, niemal nie odrywając stóp od chodnika. Postarzali mężczyźni zakładają tanie mokasyny o długich kanciastych nosach i podeszwach spękanych z biedy. Młodzi noszą adidasy z grubą warstwą błota i kurzu, śladami krętych ścieżek życia.

Albania pamięta upokorzenia lat dziewięćdziesiątych, znoszone buty z włoskiej pomocy humanitarnej, nowe adidasy ukradzione z greckiego sklepu, szpilki, które pomagały wstydliwie zarabiać, mokasyny za wojenne paliwo sprzedane Serbom w czasach embarga. Dlatego dzisiaj albańskie buty udają, że widziały Wenecję i wróciły z karnawału w Rio, są kolorowe, błyszczące, pokryte brokatem i lakierowane na złoto. Krzyczą: „Może nas poniosło, może przesadzamy, ale przeszłyśmy długą drogę, patrzcie! Nigdy więcej nędzy, stóp bosych i zmarzniętych, stóp obutych, ale przemoczonych, nigdy więcej kamieni wbijających się w cienkie, dziurawe podeszwy".

Młody chłopak stoi przed kontenerem, trzyma w rękach niebieskie adidasy znalezione w śmieciach. Ogląda je ze wszystkich stron, wkłada dłoń do środka, sprawdza palcem wnętrze. To wspaniałe buty. Podziwianie trwa długo, chłopak specjalnie przeciąga tę chwilę. Stoi przy nim jakiś dzieciak, trzymając się pod boki. On też się ucieszył.

Na butach tych, którzy mają cokolwiek i walczą o więcej, osadza się kurz, kiedy stoją przy ruchliwych ulicach, przy rondach i skrzyżowaniach, obok swoich łopat i skrzynek z narzędziami: to znak, że są gotowi do pracy, czekają tylko na kogoś, kto ich wynajmie. Ich buty są równie zmęczone jak oni, wyglądają, jakby zaraz miały się rozpaść. Mężczyźni patrzą w ziemię, w chwilach ożywienia spluwają pod nogi. Stoją tutaj, są wolni, państwo niczego im nie da, los mają w swoich spracowanych rękach. Być wolnym to znaczy móc robić, co się chce, i mówić, co się chce, to znaczy stać na ulicy, czekając, aż ktoś najmie cię do roboty, i powtarzać, że nienawidzisz tego parszywego kraju, że lepiej już było… Kiedy?

Mężczyźni w klubie myśliwych w Szkodrze, 1984

Część trzecia

Kręgi

Szeptem

Nigdy nie zrozumiesz, czym był albański komunizm. Gdzieś na peryferiach Europy powstała Korea Północna, kraj bunkier, kraj twierdza. Ludzie mówią czasem, że nasz komunizm to był mały Holokaust. Tak jak nie da się opowiedzieć o Holokauście, tak nie da się opowiedzieć o życiu w kraju, który był więzieniem. Możesz przytaczać fakty i przedstawiać historie, ale nie dotkniesz naszego cierpienia.

W komunistycznej Albanii ból i trauma mieszały się z poczuciem absurdu. Los nic nie znaczył. Logika nic nie znaczyła. Każdego dnia rzecz, która miała ustalone znaczenie, mogła stać się czymś innym.

Szłaś ulicą i nie mogłaś być pewna, że ziemia jest ziemią. Nie mogłaś być pewna, że dojdziesz do celu. Nie mogłaś być pewna, że ludzie, do których mówisz, są ludźmi, za których się podają. Nie mogłaś być pewna, że słowa znaczą, co znaczą.

Mój kuzyn dostał dwa lata więzienia, bo podczas meczu Albania–RFN powiedział: „Ten Beckenbauer to jest znakomity gracz!". Siedział w domu kultury w grupie kilkudziesięciu osób, chwilę później ktoś gwizdnął, ktoś zawołał, ktoś się poderwał, „Goool!!". Niby nic się nie stało.

Wyrok, uzasadniał sędzia, jest odpowiednio surowy. W końcu wychwalając niemieckiego piłkarza, skazany znieważył piłkarzy albańskich, podeptał ich godność, co wymiar sprawiedliwości wycenił na dwa lata. Zaraz zatroszczono się też, by znaleźć na niego kolejne haki: ponoć narzekał, że siedzi. W albańskim więzieniu źle mu się siedziało? Osiem lat. Wyszedł po dziesięciu. Był wrakiem.

Co znaczyło jego życie? Co znaczyło jego cierpienie, gdy cierpiał każdy wokół?

Kilka lat można było dostać, jak ci pomidory ze straganu nie pasowały. Za wodniste, skarżyłaś się, znaczy: obrażałaś płody albańskiej ziemi. Sprzedawcy może to nie bolało, ale faceta, który stał za tobą, owszem. Poczuł się urażony w imieniu partii, doniósł, dostał za to kalosze albo trzy paczki papierosów, a ty w więzieniu zamieniałaś się w strzęp. Nie czułaś już smaku.

Albo na przykład powiedziałaś w piekarni: „Coraz gorszy chleb pieczecie, twardy jakiś, gliniasty" – agitacja i propaganda. Jak miałaś szczęście, dwa lata. Jak nie miałaś szczęścia, przez dziesięć lat żarłaś wióry więziennego chleba i wspominałaś ten, który ci nie smakował.

Gdy ktoś z zagranicy pyta mnie o współczesną Albanię, mówię: rok 1997, kiedy kraj stał na krawędzi wojny domowej, to było uderzenie w twarz. Ale czasy komunizmu to było, jakby ktoś gwałcił cię każdego dnia. Każdego dnia traciłaś poczucie bezpieczeństwa i godność. Jeśli urodziłaś się wśród zdeklasowanych, każdego dnia szykowałaś się na najgorsze.

Nazywam się Gentian Shkurti, jestem artystą. Mogę ci opowiedzieć historię mojej rodziny, ale ona i tak niczego ci nie wyjaśni, bo co znaczy nasze cierpienie w porównaniu z cierpieniem innych? Taka jest właśnie Albania: zawsze znajdziesz straszniejszą historię. Czym było nasze cierpienie? To, że trzech kuzynów zostało zamordowanych przez partię, a siedmiu przesiedziało pół życia w więzieniu, bo dziadek należał do Balli Kombëtar? A to tylko ze strony ojca. Jest jeszcze cierpienie ze strony matki...

Ojciec latami próbował nie rzucać cienia. Cokolwiek by powiedział, trafiłby za kratki, z taką historią rodzinną za jedno nierozważne słowo dostałby dwadzieścia lat. Więc żeby przetrwać, oduczył się mówić. Jeszcze teraz, gdy się do mnie zwraca, nachyla się bardzo blisko i szepcze mi do ucha, żeby nikt nie słyszał. Powtarzam mu czasem, gdy nade mną wisi: „Tato, czasy komunizmu się skończyły, mów głośno, nikt na ciebie nie doniesie!". On się mityguje: „Masz rację, synku, masz rację". I po chwili znowu nachyla się, szepcze. Do końca życia będzie już tak szeptał. Nigdy nie podniesie głosu, nie krzyknie. Tylko to mu zostało, ten szept. Musi szeptać, żeby się nie bać.

Od dziesięcioleci żyjemy w normalności, która jest czystym absurdem. W świecie, który jest czystym chaosem, gdzie codziennie zmieniają się reguły. Jesteśmy jak żywcem wyjęci z Sartre'a: szamoczemy się, cierpimy, a potem umieramy gdzieś na peryferiach świata.

Chcesz, żebym opowiedział ci szczegółowo, jak katowano moich wujków? Chcesz słuchać o głodzie czy o biciu?

Nikt o tym nie mówi, bo nikt nie chce widzieć w sobie ofiary.

Mój ojciec nie będzie chciał z tobą rozmawiać.

Jedź do Korei Północnej, zobaczysz, jak wyglądał albański komunizm. Gdy język kłamie i słowa kłamią, wszystko jest nieprawdą. Słuchasz, jak dzieci śpiewają, że Enver Hoxha ma dłonie pełne cukru, i jesz chleb z cukrem, bo nie ma niczego innego.

Dlaczego właściwie chcesz to wiedzieć?

Przecież i tak nie opiszesz albańskiego komunizmu.

Bunt wrogów

Śnieg padał cicho i nieustannie, padał całą noc miarowo i bezwzględnie. Mróz ściął ziemię. W górach chłód wgryza się w ciało dotkliwiej, każdy ruch sprawia ból, pieką palce, stopy i policzki, piecze płynąca w żyłach krew. Noc rzednie powoli, niespiesznie. Wokół wysokie, niemal pionowe ściany skał, głucho zamykające przestrzeń, skostniała ziemia, szary skrawek nieba.

Mężczyźni, którzy stali w rzędzie, byli cisi, wytłumieni mrozem, nieruchomi jak posągi z lodu. Strażnik liczył ich powoli, jednego za drugim. A teraz wymarsz: do kopalni, w górę wąskiej ścieżki, przez korytarze pośród stalowych kamieni. Poły więziennych drelichów dygotały na wietrze.

– Co tam masz? – rozległ się krzyk.

Pochód stanął. Strażnik podszedł do Pala Zefiego, pielęgniarza z okolic Durrës, i popchnął go, ale mężczyzna nie zareagował; był zesztywniały od mrozu i ślepy od śniegu.

Wtedy strażnik zerwał jego więzienny drelich i wszyscy ujrzeli, co Pal Zefi ukrywał pod kurtką: czerwony, wełniany szalik w białe paski. Pośród bieli śniegu, szarości nieba i czerni kamieni, pośród nieruchomych, brunatnych cieni wirowała na wietrze czerwona wstęga.

– Zdejmij to – warknął strażnik.

Ale Pal Zefi odmówił. Sześciu strażników rzuciło się na niego i zaciągnęło do izolatki, a więźniowie bez słowa ruszyli w górę, ku kopalni, w ospałym, miarowym pochodzie.

Tak według więźnia Neima Pashy zaczęła się rewolta w Spaçu: od wełnianego szalika i wsadzenia Pala Zefiego do izolatki, w której spędził kolejne trzy miesiące 1973 roku. Świadkami tych zdarzeń było ponad tysiąc więźniów, ale każdy zapamiętał je trochę inaczej.

Czy rzeczywiście istniał czerwony szalik? Czas zaciera ślady, podpowiada filmowe scenariusze, szuka symboli. Jedno jest pewne: Pal Zefi znalazł się w izolatce i spędził w niej znacznie więcej niż trzydzieści dni, które przewidywał więzienny regulamin. Według Miny Koty, więźnia brygadiera, Pal trafił do izolatki w lutym, kiedy odmówił zejścia pod ziemię i zażądał pracy na powierzchni. A ponieważ wciąż stawiał opór, władze skazywały go na izolację przez kolejne miesiące, na suchy chleb i przeszywający chłód, bo zimą temperatura w nocy spadała do minus dziesięciu stopni, a na ściany izolatki wpełzał lód.

Pal Zefi zamieniał się w wychudłą zjawę z nosem wyostrzonym od głodu i pionowymi bruzdami na twarzy, w której błyszczały niespokojne oczy. Pewnego dnia, gdy strażnik otworzył drzwi, by wnieść mu śniadanie, Pal Zefi popchnął go i pobiegł przed siebie. Na wpół oszalały z gniewu i rozpaczy, chwycił żelazny pręt i ruszył na taras, gdzie odbywały się apele, i zastygł tam jak zwierzę w zasadzce.

– Nie zbliżajcie się do mnie! Nie zbliżajcie się! – krzyczał do strażników.

(Według innej wersji, wbiegając na taras, Pal Zefi zdążył uderzyć w twarz jednego z oficerów i skamieniali więźniowie mogli zobaczyć, jak oficerska czapka szybuje w powietrzu, a potem, pokonana grawitacją, spada przez najdłuższe sekundy w ich życiu).

Co do jednego nie ma wątpliwości: Pal Zefi stał naprzeciwko strażników, a ci rzucili się na niego i powalili na ziemię. Wtedy ciszę rozdarł krzyk:

– Mordują naszego przyjaciela, a my nic robimy?!

I kilkunastu więźniów poderwało się i ruszyło na cerberów.

Obie strony doskonale wiedziały, czym są tortury – po jednej stronie byli kaci, po drugiej ofiary, ich role rozdzielono raz na zawsze: jedni, spętani kablami, zalewali się krwią, tracili z bólu przytomność, nadzieję i oddech, drudzy – uderzali deskami, przyduszali butami, razili prądem i wybijali zęby, skrupulatnie, metodycznie i nie bez przyjemności. To nie oni dręczyli – to dręczyła władza, to ona zarządzała cierpieniem. I nagle po raz pierwszy w historii Albanii więźniowie odpłacali strażnikom za lata tortur – ofiary stanęły naprzeciwko katów i wyprowadziły cios.

Strażnicy się rozpierzchli. A więźniowie zostali sami, skrwawieni, wzburzeni, w samym środku więzienia, na placu boju.

Po paru godzinach pojawił się Sulejman Manoku, naczelny szef więziennictwa.

– Idźcie do pracy, tak jak przewidziano – zawołał – a my zajmiemy się tą sprawą. To, co zrobiliście, jest niedopuszczalne. Państwo myśli o was. Chce waszego dobra.

Część więźniów posłuchała, część stała nieruchomo. A gdy strażnicy przyszli po Pala Zefiego, ten po prostu powlókł się za nimi, chociaż koledzy próbowali go zatrzymać, wiedząc, że czeka go śmierć.

Po chwili strażnicy przyszli znowu.

– Gdzie jest człowiek, który krzyczał, że mordują waszego przyjaciela?

Odpowiedziała im cisza.

– Jeśli macie odwagę, chodźcie tu po niego – rzucił ktoś z tłumu.

I wtedy więźniowie znowu zostali sami i po raz pierwszy poczuli się wolni. I uwierzyli w swoją wolność, bo raz po raz ktoś krzyczał: „Precz z dyktaturą!", „Enver won!", „Strażnicy, nie strzelajcie!". Główny plac więzienia wypełnił się ludźmi.

Młody więzień Dervish Bejko był człowiekiem roztropnym, więc zazwyczaj pilnował, by powściągać emocje. Ale teraz jego usta zaciskały się z przejęcia, gdy trzymał na ramionach przyjaciela Skëndera Daję, dwudziestolatka o spokojnej, lecz stanowczej twarzy.

– Jesteśmy niewinni! – krzyczał Skënder.

Słuchali go wszyscy: więźniowie zgromadzeni wokół i strażnicy stłoczeni w budynku naprzeciwko.

– Uwięziliście nas niesprawiedliwie! Sprawiliście, że nasze matki przywdziały żałobę. Zabiliście mojego ojca, którego bezpodstawnie oskarżyliście o udział w zamachu na sowiecką ambasadę! Nazwaliście nas wrogami, ale my nie jesteśmy wrogami! Kochamy nasz kraj tak samo jak wy. Pracujemy w kopalni jak niewolnicy. Puśćcie nas wolno!

– Precz z komunizmem! – krzyknął ktoś.

– Jesteśmy niewinni! – zawołał kto inny.

– Zbrodniarze!

Nienawiść, która przepełniała więźniów, wylała się im z gardeł.

Niemal wszyscy znaleźli się tutaj, bo powiedzieli coś, co ich zgubiło, bo ośmielili się narzekać, bo próbowali uciec, bo malowali nie tak, jak życzył sobie dyktator, bo wiersze pisali zbyt pesymistyczne, bo powiedzieli na głos: „Komunizm jest klęską Albanii". Tego dnia każdy mógł krzyczeć, co chciał.

A kiedy skończyły się przemówienia, więźniowie ruszyli do gablot, w których wywieszano nazwiska dzielnych przodowników i żałosnych bumelantów, do ściany propagandy *fletë-rrufe*, na której karząca ręka partii oddzielała dobrych od złych. Posypało się szkło, plakaty i portrety stanęły w ogniu. Ktoś napisał: „Precz z komunizmem", ktoś inny – „Dość".

Ale byli też tacy, którzy położyli się w łóżkach i znieruchomieli pod kocami, żeby potem móc powiedzieć władzy: „To nie my!". Nikt się do nich nie zbliżał.

Co robi człowiek, kiedy jest wolny? Co robi człowiek, któremu w każdej chwili można zabrać wolność?

– Nie jesteśmy wrogami ludu! – krzyczeli więźniowie. – Kochamy nasz kraj!

Kto pierwszy zawołał, żeby wywiesić flagę Albanii? Po latach nie sposób tego ustalić, bo co najmniej pięciu więźniów w różnych wywiadach przypisało sobie ten pomysł, za każdym razem podając inny skład „grupy flagi".

Jedno jest pewne: ktoś znalazł czerwony koc, ktoś inny – pięciolitrową butelkę czarnego tuszu do wypisywania propagandowych haseł, ktoś posłał po Mersina Vlashiego, młodego malarza z Burrel, który najlepiej nadawał się do tego, by namalować orła. Staruszek z Mirdity, dzielny Ndrec Çoku, mieszał zeschły tusz z wodą i łypał na więźniów wesołym okiem.

– To budyń dla Envera Hoxhy – chichotał.

Mersin namalował orła, wielkiego, silnego, czarnego orła o dwóch głowach, a kiedy flaga zawisła, tam, po drugiej stronie, zapanowała kompletna cisza. Dopiero po chwili rozdarł ją huk karabinu – to żołnierz z naprzeciwka zaczął strzelać. Chybił.

Więźniowie zgromadzili się wokół flagi. Jeden z nich, Bedri Çoku z Fier, przemówił:

– Przyjaciele, to jest flaga wolności! To jest prawdziwa flaga Albanii, przez wieki skąpana w albańskiej krwi!

Neimowi Pashy łamie się głos, gdy wspomina tamtą chwilę:

– Do tej pory słyszeliśmy ciągle: „Zdradziliście swój kraj, zdradziliście swoje rodziny, nie macie prawa mówić, że jesteście Albańczykami". Ten gest miał dla nas wielkie znaczenie, bo przez chwilę dawał nam złudzenie, że jesteśmy wolni. Na fladze nie było gwiazdy, międzynarodowego symbolu komunizmu. Rewolta przestała być wulgarną przepychanką, stała się aktem politycznym. Mussolini umieścił na albańskiej fladze dwa topory, komuniści wymienili topory na gwiazdę. A nasza flaga była prawdziwie nasza, albańska. Ktokolwiek narzuca narodowi obce symbole, tłamsi go i ciemięży. Odpowiedzieliśmy godnie na wszystkie obelgi, którymi obrzucała nas władza, ale zapłaciliśmy za to wysoką cenę.

Według jednego z więźniów flaga wisiała przez dwie godziny, bo zdjęli ją ci, którzy bali się zemsty. Ale inni twierdzą, że przeżyła dwa dni i dwie noce rewolty.

Dookoła więzienia wyrósł las ciemnych postaci. Żołnierze, oficerowie, policjanci, śledczy, sędziowie, prokuratorzy – kolejne kręgi władzy, a dalej – ostatni krąg: ludzie z okolicy, którzy patrzyli w milczeniu. I jeszcze oddział do zadań specjalnych, który rozmieszczał wokół obozu broń chemiczną. Łącznie – cztery tysiące osób przeciwko sześciuset zbuntowanym więźniom.

Już 21 maja wieczorem odcięto dopływ wody, więźniowie nie chcieli szturmować magazynów z żywnością, ale po kątach odbywały się narady: co robić? Czy powinniśmy negocjować? Czy mamy się poddać?

23 maja wcześnie rano szef krajowej policji Kasëm Kaçi przemówił z megafonów:

– Kto chce iść do pracy, niech wyjdzie na główny plac. Kto nie chce iść do pracy, może zostać w obozie.

Każdy postępował zgodnie z własną wolą, każdy po kolei podejmował decyzję zgodnie ze swoim sumieniem. Tym właśnie była wolność – możliwością decydowania o własnym życiu lub własnej śmierci. Na wychodzących czekali na placu strażnicy z ciężkimi łańcuchami. Wiązano buntowników w pary i kazano im siadać na ziemi, jeden obok drugiego, w milczeniu.

A potem żołnierze przypuścili szturm i ciszę rozdarły krzyki tych, którzy zostali w środku. Władza masakrowała z dziką, bezwzględną furią, władza wreszcie brała odwet, z powrotem ustalała, kto jest ofiarą, a kto katem.

Po półgodzinie krzyki ucichły. Do środka wbiegło kilkunastu strażników z noszami. Wychodzili bardzo powoli, by nic nie uszło niczyjej uwadze. Zmasakrowane ciała, nosze, które w jednej chwili przesiąkły krwią, krew, która kapała na ziemię. Słodkawy odór cierpienia.

Kiedy więźniowie wrócili do środka, żaden przedmiot nie znajdował się na swoim miejscu. Znowu przyjechał wiceminister Feçor Shehu, który dzień wcześniej wdał się w sprzeczkę z jednym z więźniów, Hajrim Pashą. Teraz stojąc przed tłumem mężczyzn w łańcuchach, zapytał tylko:

– Gdzie jest Hajri Pasha?

Usłyszał: strażnicy powlekli go do komendantury. Skowyt Hajriego niósł się po całym obozie.

Natychmiast rozpoczęto śledztwo. Stu dwudziestu więźniów przewieziono do Tirany.

– Czy brałeś udział w rewolcie?

– Nie.

– Kto zorganizował rewoltę?

– Nie wiem.

– Kto wzniósł flagę?

– Nie wiem.

Na salę sądową więźniów wleczono, bo nie byli w stanie iść o własnych siłach. Czterech rozstrzelano tego samego dnia, 23 maja.

Skëndera Daję, który wygłosił płomienną mowę i odważył się krzyczeć: „Jesteśmy niewinni!".

Dervisha Bejkę, który trzymał go na swoich barkach, a potem sam zabrał głos i mówił o wolności.

Hajriego Pashę, który ośmielił się wdać w dyskusję z Feçorem Shehu.

I Pala Zefiego, od którego wszystko się zaczęło.

Sześćdziesięciu sześciu buntowników skazano na dodatkowe dziesięć do dwudziestu pięciu lat więzienia.

Mersin Vlashi, dwudziestosześcioletni malarz, który namalował orła na czerwonym kocu, a nie namalował gwiazdy, spędził w więzieniu kolejne dwadzieścia pięć lat. Zmarł w 2009 roku, ale poza wzmiankami o chwalebnym epizodzie z flagą internet nic nie wie o jego twórczości, życiu ani śmierci.

Mehmet Shehu, premier i minister obrony, który zdecydował, że w wąskiej szczelinie wśród gór powstanie więzienie i obóz pracy, zastrzelił się w 1981 roku po oskarżeniu o zdradę stanu.

Feçor Shehu, który tak zajadle tłumił rebelię w Spaçu, dziesięć lat później został rozstrzelany na rozkaz Envera Hoxhy.

Kasëm Kaçi, szef policji współodpowiedzialny za masakrę, w 2017 roku miał zostać udekorowany przez ówczesnego ministra spraw wewnętrznych Saimira Tahiriego orderem za dekady imponującej pracy na rzecz kraju. Ale na uroczystej gali odmówił przyjęcia odznaczenia, tłumacząc: „Postkomunistyczna Albania doceniła tych, którzy walczyli z dyktaturą, dlatego nie ma potrzeby, żeby nagradzano mnie i moich kolegów, którzy służyliśmy dyktaturze i według rozkazów dyktatora tłumiliśmy rewoltę w Spaçu". Nie ma potrzeby. Tak powiedział.

Aż przyleci ptaszek

Jestem zmęczony chorobą... Codziennie kupuję kolejną dobę życia, ale przychodzi taka chwila, kiedy każdy nowy dzień już tylko męczy i kiedy mówi się do Boga: „Dość". A jednak żyje się dalej i walczy dalej. Dlaczego tak mocno czepiamy się życia? Widzisz ślad na moim czole? To bicie. Spędziłem w więzieniu dwadzieścia jeden lat i cztery dni, ciągle dźwigam ten czas tu, na plecach.

Nazywam się Neim Pasha, kiedy mnie aresztowali, miałem dziewiętnaście lat... Cóż ja wiedziałem? Nie zdawałem sobie sprawy, że błoto tak bardzo oblepia świat, że przywiera do każdej rzeczy. Kiedy człowiek jest młody, chce poznać wszystko, wszystkiego posmakować, ale niczego nie wie i niczego nie rozumie. W szkole recytowałem czarno-białe wiersze o miłości do ojczyzny i o wrogach narodu. Kiedy sam trafiłem do więzienia jako najgorszy wróg, kiedy po raz pierwszy przeszedłem przez tortury, nadal nie rozumiałem, czym jest polityka, czym jest władza, partia. O niczym nie miałem pojęcia.

Dopiero w więzieniu znienawidziłem system. Dopiero w więzieniu nauczyłem się: niech przeklęty będzie ten, kto pierwszy włożył kij w ziemię, zakreślił wokół niego krąg i powiedział: „To jest moje". Niech przeklęty będzie ten, kto mówi: „Ktokolwiek wejdzie w mój krąg, tego zabiję".

Dojrzewałem w więzieniu dzięki książkom i ludziom, którzy wiedzieli więcej ode mnie. Ekstremalne warunki wyostrzają zmysły; staje przed tobą człowiek i natychmiast wiesz, kim jest. Przyjaciele z więzienia byli dla mnie wielką pociechą i wsparciem, ich dobroć trzymała mnie przy życiu. Dzięki sobie nawzajem przetrwaliśmy. Dobrze, że do mnie przyszłaś. Pisarze są przewodnikami: pokazują cudze ścieżki, żeby inni mogli zrozumieć siebie.

Miałem trzynaście lat, gdy umarła moja matka. Została po niej wielka pustka, nie tylko dlatego, że matka jest niezastąpiona; śmierć zmienia wszystko, wyrywa ranę w sercu dziecka. Przez całe dorosłe życie towarzyszyła mi myśl, że utrata matki była przyczyną nieszczęść, które mnie spotkały.

Ojciec był surowy i zapracowany, więc tę wielką miłość, z którą zostałem, przelałem na mojego wujka, brata matki. Kiedy miał paręnaście lat, przez ich wieś przechodziła brygada Hysniego Kapy, wówczas jednego z partyzanckich dowódców, a potem trzeciego najważniejszego człowieka w państwie, po Enverze i Mehmecie Shehu. Wujek wyrwał się w stronę Kapy i zawołał: „Weźcie mnie ze sobą!", ale żołnierze go pogonili: „Idź ty, gówniarzu! Ledwieś od ziemi odrósł!". A jednak wujek się zawziął i szedł za nimi, póki nie przyjęli go do siebie. Po wojnie został w Szkodrze komendantem oddziału i tam wpadł w pułapkę: oskarżono go o kolaborację z jugosłowiańskim wywiadem i skazano na śmierć. Gdyby koledzy się za nim nie wstawili, skończyłby z kulą w piersi. Dostał dożywocie.

Nie wiedziałem, że miłość do wujka oznacza dla mnie niebezpieczeństwo. Nie wiedziałem, że w Albanii skazańcy cierpieli nie tylko przez lata więzienia, ale przez całe życie, bo reżim śledził każdy ich krok, próbował wywęszyć każdą słabość. Nie wiedziałem, że system działa, bo zło zatacza coraz szersze kręgi, dopóki nie dotknie każdego.

Nawet przez chwilę nie zastanawiałem się, czy życie w Albanii jest dobre, czy złe.

W latach pięćdziesiątych partia co miesiąc dawała nam po worku kukurydzy, dzięki której mogliśmy przeżyć. Zanosiliśmy ją do młyna i dostawaliśmy trzy, czasem cztery kilo mąki. Potem piekliśmy z niej chleb. Cieszyliśmy się wszyscy, kiedy wkładaliśmy do ust ciepłe kromki.

Na początku partia mówiła: „Wkrótce będziecie jedli złotymi łyżkami" i myśmy w to wierzyli.

Potem Hoxha krzyczał do tłumu: „Będziemy jeść trawę, ale nie ugniemy się pod naciskami obcych mocarstw", a więc jedliśmy trawę. Dzieci szły w las i rwały dzikie zioła, matki mieszały je z mąką kukurydzianą i piekły z tego placki. Drewnianymi łyżkami jedliśmy zupę-wodę, przegryzaliśmy plackami z trawy...

Byłem prostym chłopakiem ze wsi, nie myślałem o ucieczce z kraju, nie zadawałem pytań. Zatrudniono mnie w kopalni węgla w Memaliaj, więc tam pracowałem. Tak jak wszyscy dookoła umiałem żyć bez nadziei i bez marzeń.

*

Jak by się potoczyło moje życie, gdybym tamtego dnia nie poszedł do dziadka? Spotkało się nas siedmiu: trzech braci mojej matki, dwóch jej szwagrów, mój młodszy kuzyn i ja. Wujkowie powiedzieli, że chcą uciec przez granicę do Grecji, ustalili datę: 15 maja. Rozeszliśmy się do domów, każdy z sekretem wiszącym u szyi jak kamień.

Wyznaczonego dnia podszedł do mnie w pracy kolega i wyszeptał:

– Policja pyta o ciebie.

Zaprowadzili mnie na komendę. Stałem przed człowiekiem, o którym wiedziałem, że jest wszechmocny.

– Twoi wujowie zostali aresztowani – powiedział. – Mów, jaki był plan.

Mówiłem: „Nie wiem" przy pierwszym ciosie, mówiłem: „Nie wiem" przy kolejnym, dławiłem się krwią i powtarzałem: „Nie wiem", a potem już nie byłem w stanie mówić. W głowie kłębiła mi się myśl: „System wkradł się między nas. Kto doniósł?".

Dostałem zakaz opuszczania miasta, ale pozwolili mi wrócić do hotelu robotniczego. Mieszkał tam mężczyzna, który wiele lat spędził w więzieniu, mądry i cichy człowiek. Zebrałem się na odwagę i powiedziałem mu, co się stało.

– Dam ci radę – powiedział. – Nigdy nie pytaj nikogo o radę, z nikim nie rozmawiaj, nikomu o niczym nie mów. Przeznaczenie i tak wykona swoją robotę, więc zamilcz i nie pogarszaj swojej sytuacji.

Aresztowali mnie 4 czerwca 1966 roku. Wtedy też dowiedziałem się, że 15 maja uciekło z Albanii dwóch moich wujków. W kraju została reszta – i cała rodzina, która miała ponieść karę.

W miłości mówi serce, w mądrości rozum, a w cierpieniu ciało. Ciało krzyczy cierpieniem. Torturowali mnie nieludzko, ale na każde pytanie odpowiadałem: „Nie wiem". W sądzie stanąłem oko w oko z żoną wujka, która była świadkiem oskarżenia. Czy mogłem mieć jej to za złe? Miała maleńkie dziecko, została sama, musiała się ratować. Kobietę łatwiej złamać niż mężczyznę, jak by potem żyła?

– Wyszłam z domu, żeby gotować na zewnątrz – mówiła ciotka, patrząc przed siebie, w pustkę. – Kiedy uchyliłam okno, żeby wziąć sól z parapetu, usłyszałam, jak Neim mówi: „Chodźmy, bo policja nas aresztuje".

Tamtego dnia padało, ona nie gotowała na zewnątrz, siedziała obok nas. Wszystko, co mówiła, zostało wcześniej przygotowane, nic nie było prawdą. Ciotka miała kamienną twarz i puste oczy, odgrywała swoją rolę jak marionetka pociągana za sznurki. Ja miałem w oczach łzy.

Skazano mnie na dwanaście lat więzienia. Wujek dostał sześć lat, szwagier mamy trzy lata, drugi został internowany. Mojego kuzyna, trzynastolatka, zostawili w spokoju.

Nigdy nie będę się zastanawiał, kto na nas doniósł.

Do aresztu wzięli mnie z kopalni, ale nie pozwolili mi się nawet umyć, ani tam, ani przed procesem. Kiedy trafiłem do więzienia w Tiranie, marzyłem tylko o jednym: żeby zeskrobać z siebie smród bólu i strachu.

Pierwszy człowiek, którego spotkałem w więzieniu, pochodził jak ja z Tepeleny.

– Mam nadzieję, że dopisze ci szczęście i nie będziesz siedział tu długo – tak mi powiedział.

Dostałem od niego mydło i ręcznik, umyłem się w zimnej wodzie, przeprałem bieliznę. W celi było dwudziestu więźniów, przywitali mnie dobrym słowem i papierosem. Zasnąłem natychmiast, jakbym był kamieniem wrzuconym do studni.

Rano więźniów budził wrzask: „Wstawać, wstawać!", ale ja nic nie słyszałem, nic nie widziałem, nic nie czułem, zapadłem w letarg podobny do śpiączki. Strażnik krzyczał nade mną, walił mnie w twarz i mną potrząsał, a ja nie byłem w stanie się poruszyć, nie mogłem otworzyć oczu. Nieprzytomnego przewieźli mnie do szpitala.

Dostałem serię zastrzyków, krew ledwie płynęła w ciele, ale powoli, dzień po dniu wracały mi wzrok, świadomość, pamięć. W końcu znowu przestąpiłem próg więzienia, jeszcze raz bliższy śmierci niż życia, i znów pierwszego spotkałem tego człowieka, który wtedy podarował mi mydło. Przyniósł mi jogurt, który zrobił z więziennego mleka.

– Pierdolony Hoxha, niech go piekło pochłonie! – wyrzekał pod nosem, widząc, że nie mam nawet siły jeść. – Co on z nami robi, skurwysyn przeklęty!

Jakbym się otrząsnął. To na naszego wodza można powiedzieć złe słowo...? Byłem zbyt młody, by wiedzieć, czym różni się miłość do partii od nienawiści do Hoxhy.

Powoli wracały mi siły, spojrzenie nabierało ostrości i zaczynałem rozumieć, że wokół cierpią niewinni. W tej samej celi siedział z nami weteran wojenny z Kosowa, który w walce stracił obie nogi. Usychał w łóżku od dwunastu lat i prawie w ogóle się nie ruszał. Można by powiedzieć, że wegetuje, ale był człowiekiem tak samo jak my. Mówił:

– Nie wiem, kiedy jest lato ani kiedy jest zima, ale każdego dnia czekam, aż przyleci do nas ptaszek i usiądzie na parapecie. To moja jedyna radość. Jeśli ptaszek się spóźnia, zaraz zaczynam się martwić... Moje serce bije tylko dla niego.

Każdy z nas potrzebował myśli, która trzymałaby go przy życiu, ale wtedy jeszcze nie zdawałem sobie z tego sprawy. Dwudzieste urodziny obchodziłem w więzieniu w Laçu, gdzie trzymałem sztamę z trzema chłopakami w moim wieku. Pierwszym był Naum Kondakçi, brat słynnej piosenkarki Liljany, który studiował w ZSRR, dopóki się nie okazało, że ruscy nie są dość komunistyczni. Władze kazały mu wrócić, ale on wiedział, że się tu udusi. Ktoś doniósł, że młody Kondakçi wygląda na Zachód. Wyrok. Drugim był Murad Martha z Librazhdu, dobry kompan i straszny zapaleniec, pod sercem miał płomień. I trzeci, Sazan Haderi z Gjirokastry, siostrzeniec wysoko postawionego oficjela Shefqeta Peçiego, z nim znałem się najlepiej.

6 grudnia 1966 roku nie poszliśmy do pracy, bo zacinał deszcz. Siedziałem z Sazanem na korytarzu, a on raz po raz wychodził przed budynek i gapił się na chmury. Zadzierał głowę, stał tak przez chwilę i wracał.

– Ten cholerny deszcz nie chce przestać padać.

– Martwi cię to? – zapytałem.

– Zaraz przyjdzie moja żona z córką. Jak mnie aresztowali, to Alma miała sześć miesięcy...

Oczy wypełniły mu się łzami. Zrobiło mi się go żal.

– Nie przejmuj się, jak dziewczyny przyjdą, to strażnicy cię zawołają.

– Wiem... Po prostu chciałbym, żeby pogoda była ładna.

I wtedy usłyszeliśmy dziwny łomot. Sazan się poderwał. Ruszyłem za nim, nie mając pojęcia, co się dzieje, a on nagle odwrócił się i popchnął mnie z całej siły do metrowego wykopu ciągnącego się przed więzieniem. Kiedy udało mi się wygrzebać, zobaczyłem, jak Sazan wskakuje na tył ciężarówki, pada i znika mi z oczu, a potem samochód rusza z piskiem, rozwala bramę więzienia i już, nie ma ich. Oniemiałem. Salwy karabinów pruły powietrze, obóz huczał od krzyków i strzałów. Zaraz zwołali apel: brakuje Nauma, Sazana, Murada. Stałem w strugach deszczu, deszcz zmywał mi łzy, a ja marzyłem, żeby im się udało.

Byli pełni odwagi, ale zabrakło im szczęścia. Kilka kilometrów za więzieniem, na głównej drodze z Tirany do Szkodry, kierowca autobusu usłyszał huk karabinów i zatarasował drogę pędzącej ciężarówce. Trzech moich przyjaciół wybiegło z samochodu i rozpłynęło się w lesie. W więzieniu krople bębniły o szyby, a na zewnątrz deszcz chłodził ich czoła i rozmywał ślady.

O północy przywlekli do obozu Murada i Sazana związanych drutem kolczastym. Obudzili nas, ustawili w rzędzie i rzucili nam pod nogi skrwawiony łup.

– Spójrzcie! – krzyczał naczelnik więzienia. – Tak wyglądają zdrajcy ojczyzny! Oto oni, leżą przed wami! Zapamiętajcie sobie ten widok.

Rano przed zwyczajowym sygnałem pobudki przyjaciel z pryczy wyszedł do łazienki, a gdy wrócił, miał obcą twarz.

– Przywlekli ciało.

Na korytarzu, tam gdzie codziennie stały wózki z jedzeniem, rzucili martwego Neuma. Żebyśmy zobaczyli. I żebyśmy zawsze o tym pamiętali, ilekroć będziemy ustawiać się w kolejce i czekać na jedzenie. Żebyśmy jedząc, zawsze mieli go przed oczami.

Po raz pierwszy w życiu zobaczyłem ciało zamordowanego człowieka. Martwą twarz człowieka, który był mi drogi.

Gdy zobaczyłem jego zmasakrowane stopy, zdjąłem ręcznik, który miałem zarzucony na ramiona, i obwiązałem je nim delikatnie. Ale potem mój wzrok przeniósł się na brzuch rozorany kulami. Zdjąłem ręcznik ze stóp, zebrałem wyprute wnętrzności, włożyłem je do środka i nakryłem. Godzinę później naczelnik wezwał mnie do siebie.

– Kim był dla ciebie Neum?

– Kolegą z celi.

– Kuzynem?

– Nie.

– To czemuś to zrobił?

– Było mi żal.

Naczelnik wpatrywał się we mnie.

– Zabierzcie go.

Zaprowadzili mnie do izolatki, rzucili na ziemię, chwycili kloce drewna. Jeszcze wtedy nie widziałem, że będę bity tak często, że w końcu stracę rachubę, który to raz...

Wtedy, zamknięty w betonowej klatce dwa metry na metr dwadzieścia, zdałem sobie sprawę, że życie w więzieniu to nie tylko izolacja – to także niekończące się cierpienie, tortury i śmierć tych, którzy byli ci najbliżsi, i bezradność gorsza od śmierci.

Przeszedłem przez więzienia w Tiranie, Laçu, Elbasanie, Reps, ale największy ból czekał na mnie w Spaçu. Tam ukształtowałem się jako świadomy człowiek i tam przygniótł mnie drugi wyrok. Za udział w rewolcie skazano mnie ponownie, na szesnaście lat.

Rewolta w Spaçu to było coś, co nie wydarzyło się w Albanii nigdy wcześniej, coś nie do pomyślenia. Ludzie trafiali do więzienia, bo powiedzieli, że chleb im nie smakuje, a tutaj nagle kilkuset więźniów ośmieliło się wystąpić przeciwko władzy. Rebelia w realiach najstraszniejszego terroru. Władza musiała zrozumieć, jak to możliwe, że ktoś na chwilę wyślizgnął się z jej kleszczy.

Przyznałem się do udziału w buncie, bo nie mogłem znieść bicia. Torturowali mnie z rozmysłem, strategicznie; kata torturowanie tak bardzo nie męczy, a jak się zmęczy, to może odpocząć. Bitemu ból nie daje ani chwili wytchnienia. Władza przypatrywała się mojemu cierpieniu i wyciągała wnioski. Wiele razy podczas przesłuchań myślałem, że umieram. Ale nie umarłem.

Komunizm był pięknym gmachem, który składał się z mrocznych, przegniłych pokoi. Tak mówili więźniowie, starzy i nowi, bo ciągle przywożono kolejnych, zwłaszcza ludzi nomenklatury skazanych z powodu nabrzmiewającej paranoi Hoxhy. Oni dobrze rozumieli, czym jest komunizm i dlaczego stali się ofiarami. W Tepelenie skazano na więzienie dwieście sześćdziesiąt osób, w tym aż siedemdziesięciu dawnych bohaterów wojennych, partyzantów, dumę Albanii. Wydawało im się, że skoro narażali życie dla kraju, mają prawo krytykować partię, bo walczyli o raj na ziemi, a muszą żyć w piekle.

Ale w systemie totalitarnym nikt nie ma prawa mówić prawdy. Nikogo nie chronią jakiekolwiek zasługi. Ten system żywił się krwią Albańczyków, był potworem głodnym krwi, dlatego nieustannie polował na ludzi. A ponieważ z roku na rok był coraz słabszy, potrzebował tej krwi coraz więcej i więcej i wysysał ją z coraz młodszych. Starsi, którzy przeciwstawili się reżimowi na samym początku, od razu zostali rozstrzelani albo po prostu zniknęli.

Jaką krzywdę mogłem wyrządzić systemowi ja, dziewiętnastolatek, który usłyszał, że jego krewni chcą uciec? System chciał krwi, by przetrwać, potrzebował naszego strachu.

Kiedy po wydarzeniach w Spaçu zaciągnęli mnie do pokoju przesłuchań, zobaczyłem przez okno żołnierzy grających w siatkówkę, ich zdrowe, sprężyste ciała, kolorowe koszulki, usłyszałem wesołe głosy. Strażnicy dostrzegli, że patrzę przez okno; trzasnęły skrzydła. Dostałem w twarz.

Dopiero po kilku dniach śledczy zorientowali się, że byłem w drużynie odpowiedzialnej za wywieszenie flagi, i wtedy wybuchła ich furia. Kiedy mdlałem, cucili mnie wodą, ale wtedy ból ożywał na nowo i znów mdlałem. Dlatego niewiele pamiętam. Nie miałem zegarka, w sali tortur nie było czasu. Dopiero później uświadomiłem sobie, że pierwszego dnia katowali mnie przez osiem godzin. Przed północą nie byłem już w stanie ani chodzić, ani mówić. Dwóch policjantów powlekło moje ciało do celi.

Przesłuchujących było czterech: przychodzili, bili, krzyczeli, a potem wychodzili do następnego pokoju, by torturować innych. Zewsząd dochodziły krzyki, niosły się po korytarzu, wydostawały przez zamknięte okna. W pewnym momencie w pokoju zostałem tylko ja, sekretarka i czwarty z przesłuchujących, facet z Tepeleny.

Kiedy na niego spojrzałem, podszedł do mnie i bez słowa poluzował mi kajdanki. Pewnie myślał, że przyniesie mi ulgę, ale nie wiedział, że gdy dopływ krwi jest ograniczony, a potem krew znowu zaczyna krążyć, pojawia się ból tak straszny, że można zemdleć.

– Zaraz się dowiemy, co masz do powiedzenia. Pisz – zwrócił się do sekretarki. – 28 maja, ja, śledczy z Ministerstwa Spraw Wewnętrznych, Skënder Qerimi...

Urwał. Siedział na krześle z pochyloną głową. Nagle podniósł ją i spojrzeliśmy sobie w oczy. Wiedziałem, że mam kuzyna, który pracuje w Ministerstwie Spraw Wewnętrznych, ale nigdy go nie spotkałem. Znałem tylko jego imię i nazwisko. Skënder Qerimi.

On pytał, ja odpowiadałem, maszyna do pisania stukała miarowo. „Krew z krwi", myślałem. Zabrali mnie do celi.

Kilka dni później Skënder posłał po mnie.

– Nie żal ci siebie? – zapytał.

– To ty zrobiłeś ze mnie wroga – powiedziałem.

Podsunął mi jedzenie, ale pokręciłem głową.

– Mnie też nienawidzisz? – żachnął się.

Siedzieliśmy w milczeniu. Obaj zwiesiliśmy głowy. Ja i mój kuzyn, wróg ludu i pupilek ludu.

– Jeśli zdołam cię ocalić – powiedział – twoje szczęście, ale jeśli nie zdołam, nie będzie w tym mojej winy.

Kilka dni później wezwano mnie na kolejne przesłuchanie. Siedział przede mną śledczy z Gjirokastry.

– Wstań – powiedział. – Podejdź.

I z całej siły uderzył mnie w głowę, tak mocno, że upadłem na ziemię i zalałem się krwią.

– A teraz – powiedział bardzo z siebie zadowolony – podziękuj naszemu ukochanemu przywódcy, który postanowił, że daruje wam wszystkim życie, chociaż powinniście być rozstrzelani jak psy.

Kilka dni później znów zaprowadzono mnie do sali przesłuchań. Na stole leżała kartka papieru i długopis, a wokół stali mężczyźni. Kiedy usiadłem, po kolei ściskali mi dłoń. Patrzyłem na ich ogolone, uśmiechnięte twarze, które raz zbliżały się w moją stronę, a raz oddalały.

– ...jesteś taki młody... rodzina na ciebie czeka... oni nigdy nie byli wrogami ojczyzny... rodzina prawdziwych patriotów... wszystko o tobie wiemy... twój dziadek zginął pod Joaniną...

– Gdzie jest towarzysz Ylli? – zapytał ktoś.

– W drugim pokoju. Zaraz przyjdzie – odpowiedział inny głos.

Wszedł towarzysz Ylli, co po albańsku znaczy „gwiazda", piękny jak propaganda oficer śledczy w sprawie rewolty w Spaçu. Wszyscy wstali i zasalutowali. Ylli uśmiechnął się pod nosem. Miał trzydzieści lat, gładką cerę, pachniał wodą kolońską. Komunistyczna gwiazda w ciemnoczerwonym garniturze i białej koszuli.

– Ty jesteś Neim? – zwrócił się do mnie. – Słyszeliśmy, że dobry z ciebie chłopak. Damy ci szansę, a ty będziesz nam mówił, kto jest wrogiem partii.

Moje ciało pamiętało wszystkie tortury. Byłem tak strasznie zmęczony. Tak bardzo chciałem spokoju. Dlatego po chwili zapytałem:

– Chcecie, żebym szpiegował w Spaçu czy na terenie kraju?

– W Spaçu – powiedział Ylli.

Spędziłem tam siedem lat. Siedem lat, w czasie których stałem się dorosłym człowiekiem. Znałem wszystkich więźniów, a oni znali mnie.

– Zmieniłeś moją rodzinę we wrogów ludu – powiedziałem – a teraz chcesz, żebym został szmatą?

Wiedziałem, że chcieli ukarać w ten sposób nie tylko mnie, ale wszystkich więźniów, bo pokazaliby, że władza potrafi zniszczyć każdego.

Posiedzenie sądu odbyło się 20 czerwca. W oświadczeniu, które przedstawiono sędziemu, nie zacytowano moich słów. Tyle Skënder mógł dla mnie zrobić. Ale moje zeznanie zaczyna się od zdania: „Wziąłem udział w rewolcie w Spaçu, czego żałuję". Tyle ja mogłem zrobić dla siebie. Miałem dwadzieścia siedem lat.

Po odsiedzeniu wyroku wielu wracało do więzienia. Wystarczyły dwa, trzy miesiące. Pytaliśmy ich: „Dlaczego znów tu trafiłeś?". Odpowiadali: „Rodzina odwróciła się ode mnie".

Drżałem, gdy słyszałem te słowa, bo najbardziej ze wszystkiego bałem się powrotu do życia pod okiem Sigurimi, powrotu do bliskich, którzy będą mieli do mnie żal za te wszystkie lata, za ból, który spadł na nich z mojej winy. Zostawiłem po drugiej stronie ojca i trzech braci. Każdy z nich musiał codziennie mierzyć się z cierpieniem, którego ja byłem sprawcą.

Bałem się, że wrócę do więzienia, i bałem się wyjść na zewnątrz. Drżałem przed światem. Miałem dziewiętnaście lat, gdy poszedłem siedzieć, i czterdzieści, gdy wychodziłem, nie znałem prawdziwego życia i nie wiedziałem, co mnie czeka. Wiedziałem, że więźniowie wychodzili na wolność i popełniali samobójstwo. Topili się, wieszali byle gdzie. Jeśli nie mieli do kogo i do czego wrócić, w realiach komunizmu ich życie traciło sens.

Dobrotliwa partia odjęła mi lata od wyroku i oto 8 czerwca 1987 roku stanąłem przed bramą więzienia jako człowiek wolny. Patrzyłem na świat i nie mogłem w niego uwierzyć. Wokół było tyle przestrzeni, niekończącej się przestrzeni... Miałem w sobie tak wiele bólu, łamano mnie na tak wiele sposobów, a świat wokół trwał, drzewa owocowały, kwiaty kwitły, wzgórza się zieleniły. Tyle cierpienia zrodziło się wśród takiego piękna.

Kilkadziesiąt metrów od bramy płynął strumień. Włożyłem dłoń do wody i poczułem chłód w palcach. A gdy się wyprostowałem i wszedłem na most, zobaczyłem naczelnika więzienia. Za plecami miałem bramę, przed sobą resztę życia, a na środku drogi stał on. Spojrzał na mnie i wyciągnął rękę. Pomyślałem: „Cóż za ludzki gest. Znowu jestem człowiekiem" i także wyciągnąłem rękę, ale on zamiast ją pochwycić, złapał mnie za ramiona i siłą odwrócił w stronę więzienia.

– Spójrz! – syknął. – Przypatrz się uważnie.

Przyszło mi do głowy, że ten człowiek chce mnie znowu aresztować. Tylu ludzi wracało do więzienia!

– Zapamiętaj ten widok. Jeśli tutaj wrócisz, obiecuję ci, że cię zakatujemy. Zrobimy tak, żebyś cierpiał bardziej niż Taras Agolli.

Wszyscyśmy wiedzieli, co spotkało Tarasa Agollego: tortury celowane. Po powrocie do więzienia strażnicy katowali go przez trzy miesiące pod okiem doświadczonego lekarza. Ilekroć Taras był na granicy życia, tortury ustawały. Trafiał do szpitala, dostawał leki i czekano cierpliwie, aż nabierze sił. Kiedy znowu mógł ustać na nogach, tortury zaczynały się od nowa. I tak bez końca.

Naczelnik zostawił mnie samego na moście. Z takim obrazem opuszczałem więzienie.

Kiedy przestąpiłem próg domu, bracia i ojciec po prostu mnie przytulili, jakbym znów był chłopcem, który dwadzieścia jeden lat temu wyszedł z domu do pracy. Odkąd wróciłem, bez wielu słów, bez żadnych deklaracji, utworzyli wokół mnie tarczę ochronną, żeby nic więcej nie mogło mi się stać. Nie musiałem ani nic mówić, ani się skarżyć, oni wiedzieli wszystko. Nigdy w żaden sposób nie dali mi odczuć, że mają do mnie żal.

Ale i tak było mi ciężko. Przez trzy miesiące nie mogłem znaleźć pracy, a w komunistycznej Albanii pasożyty lądowały w więzieniu. Wiele razy szedłem do kopalni, którą znałem tak dobrze, prosząc, by mnie znowu przyjęli, ale za każdym razem słyszałem: „Nie". Kara miała nigdy się nie skończyć.

Kiedy kolejny raz usłyszałem: „Nie", uświadomiłem sobie, że władza zrobi wszystko, by mnie zniszczyć. Jeden z braci był wtedy ze mną.

– Przytul mnie po raz ostatni, bo to mój koniec – powiedziałem.

I coś we mnie pękło. Jakbym nie miał nic do stracenia, jakbym już wszystko stracił. A może w tamtej chwili po prostu straciłem rozum? Dotarło do mnie: w więzieniu czy poza nim – już nigdy nie będę wolny. Władza zawsze będzie mnie trzymać w kajdankach. I na przekór temu, w jakimś przedziwnym akcie rozpaczy, zacząłem krzyczeć. Szedłem przed siebie i krzyczałem:

– Zdechnijcie! Nienawidzę was! Idźcie do diabła!

Wykrzykiwałem ból gromadzony przez dwadzieścia lat.

Brat najpierw oniemiał, ale zaraz doskoczył do mnie i zasłonił mi usta. Jego palce wbiły się w moje wargi. Przyciągnął mnie do siebie.

– Zamilcz – wyszeptał.

Cały drżałem.

– Jeśli nie żal ci siebie, zlituj się nad nami!

Przywarłem do niego, dygocząc, a on trzymał mnie w objęciach bez jednego słowa, dopóki się nie uspokoiłem. Dopóki nie wyciszyło się moje ciało. To był najstraszniejszy moment. Ze wszystkich lat tamten moment był najstraszniejszy.

A jednak życie wtoczyło się na swoje tory i sunęło po nich, dzień za dniem. Znalazłem pracę, potem poznałem przyszłą żonę, urodziła się trójka naszych dzieci. Rodzice dali mi życie, ja dałem życie, stałem się ojcem. Nigdy nie zapomnę bratu, że mnie ocalił. W jakimś przedziwnym odruchu człowieczeństwa dał mi wtedy więcej niż ktokolwiek inny przez całe moje życie.

Ale w nowych czasach ledwie wiązaliśmy koniec z końcem, dzieci rosły, pracy nie było, znajomy powiedział, że ma dla mnie robotę. Miałem zostać strażnikiem więziennym, ja... Myślałem o swoim życiu, myślałem o swoich dzieciach i czułem, że los znowu nie daje mi żadnego wyboru. Najstraszliwszy był moment, gdy założyłem mundur. Wszystko wróciło.

Wydawało mi się, że udało nam się zastąpić straszny, wadliwy system systemem nowym i lepszym, że jeśli Bóg nie potrafił wymierzyć kary ludziom, którzy krzywdzili innych, to wymierzy im ją państwo, nowa, demokratyczna Albania.

Żeby zaleczyć rany, wstąpiłem do stowarzyszenia byłych więźniów politycznych. Początkowo działałem w nim bardzo aktywnie, ale szybko zrozumiałem, że nikomu nie zależy ani na tym, żeby kogokolwiek ukarać, ani na tym, żeby zadośćuczynić za nasze cierpienia. Dostaliśmy jakieś drobne sumy, poklepano nas po plecach, coś tam obiecano i odprawiono do domów.

A przedstawiciele starego systemu nigdy nie zostali ukarani, nie odpowiedzieli za swoje czyny ci, którzy rozlali tyle krwi. Tak wielu ludzi cierpiało każdego dnia, tak wielu umarło z pustym żołądkiem, tak wielu zginęło podczas ciężkiej pracy, za którą nikt im nie płacił. Mieli nadzieję, że gdy wreszcie upadnie system, który ich okłamał, nowy i lepszy potępi zbrodnie starego. Że Albania w końcu będzie demokratyczna.

Ale tak się nie stało. System się nie zmienił, zmieniła się tylko jego forma. U władzy są ci sami ludzie co dawniej, mówią tylko nowym językiem. Nie ma prawdziwej demokracji.

Młodzi powinni się uczyć o zbrodniach komunizmu, ale skoro nikogo nie ukarano, jaka nauka płynie dla nich z przeszłości? Czasem opowiadam w szkołach, jak to było w więzieniu, ale dzieciaki tylko kręcą głowami: „Nie, to niemożliwe". W dzisiejszych czasach ludzie idą do więzienia tylko, jeśli popełnią wielkie przestępstwo, dlatego młodzi nie potrafią pojąć, że ktoś mógł zostać skazany bez winy. A państwo zamiast potępić stary system, zajmuje się wyłącznie tym, jak się wzbogacić.

Szaleje korupcja, nie ma żadnych zasad, a bez zasad nie ma prawdziwej wolności. Moja córka miała świetne wyniki w liceum, ale żeby skończyła studia, i tak musiałem płacić łapówki. Dzieci bogatych rodziców studiują za granicą, opłacają uniwersytet skradzionymi pieniędzmi ojców. Więc gdzie jest wolność? Gdzie równość? Gdzie prawda? Gdzie jest marzenie o demokracji?

Jesteśmy rozczarowani i zmęczeni. Staliśmy się żebrakami pogrążonymi w cierpieniu. Od upadku komunizmu minęło dwadzieścia sześć lat, przyjęto ustawy, które obiecywały rekompensaty za lata przepracowane w więzieniach, ale pieniędzy nigdy nam nie wypłacono. Znajdą się, jak już wszyscy umrzemy.

W nowej Albanii nie liczy się prawda. Na co ona komu? Nie można jej sprzedać ani kupić. Ludzie przestali mieć nadzieję, że prawda przyniesie wyzwolenie, że oczyści Albanię. Świat nadal przykryty jest błotem.

Nie chcę zabierać tego błota do grobu.

Neim Pasha zmarł 9 marca 2018 roku.

Jak pomniejszano małego geniusza

– Dobrze, zgadza się... A dwanaście razy dwadzieścia dziewięć?

Chłopczyk dotknął palcem nosa, podrapał się, otworzył szeroko oczy, a potem pojaśniał.

– Trzysta czterdzieści... i ten... osiem.

W tym czasie nauczyciel nerwowo mnożył liczby na kartce. Zaraz, zaraz... I... Taaak... Hm...

– Dobrze... Siadaj – wyjąkał i sam usiadł, a potem przez dłuższy czas nie powiedział ani słowa.

Młody mężczyzna, który osunął się na krzesło przygnieciony ciężarem swojego odkrycia, nazywał się Gjeto Vocaj. Chłopczyk, w którego się wpatrywał, niedawno skończył sześć lat i miał na imię Nika. Kiedy spoglądali na siebie tego ranka 1962 roku w zimnym, skromnym budynku szkoły w dalekiej wiosce Palaj na północy Albanii, żaden nie wiedział, że los właśnie połączył ich ze sobą na zawsze.

I że Gjetowi przyniesie wiele radości pomimo bólu, a Nice chwilę sławy, później zaś rozczarowanie i zwątpienie. I że w osiemdziesiątej wiośnie życia Gjeto będzie opowiadał historię geniusza z regionu Dukagjini, siedząc w samym centrum Szkodry na tarasie eleganckiej restauracji należącej do tego właśnie ongiś cudownego dziecka, dziś – jego sześćdziesięciodwuletniego przyjaciela.

Oto mały Nika Marashi: okrągła twarz, zadarty nosek i błyszczące oczy; w swoich jedynych spodniach, uszytych przez mamę, pozuje do zdjęcia z ukochanym nauczycielem. Jest ruchliwy i ciekawski, więc gdy ktoś mówi, że w górach widział w oddali migające tajemnicze światła, przez półtorej godziny wraz z innymi mieszkańcami wsi mozolnie wdrapuje się na sam szczyt, by zobaczyć, cóż to takiego. Patrzy przed siebie i dopiero po chwili słyszy, że tam, w dole, migocze w Szkodrze albański postęp, nowy system już na zawsze rozproszy średniowieczną ciemność. Ale do Palaj komunistyczne światło jeszcze nie dotarło. Nie ma radia ani telefonów, niemal nie używa się pieniędzy, nie ma nawet szkoły. Dzieciaki, jak tylko trochę podrosną, goni się do wypasania krów i kóz, i biada, jeśli któremuś zagubi się choć jedna.

Nika też musiałby łazić za kozami, gdyby nie to, że w 1962 roku także do Palaj wreszcie zapukał komunizm i w wiosce pojawił się nauczyciel. Wszystkie dzieci od lat sześciu do dziesięciu gromadzą się teraz w jednej klasie i niepewnie popatrują na dwudziestokilkulatka, który dopiero co skończył studia i też rozgląda się niepewnie.

To najmłodsze, które nie może usiedzieć, to Nika, ale Gjeto jeszcze nie zwraca na niego uwagi.

Dopiero po kilku tygodniach zorientuje się, że w wiosce, w której nikt nie widział samochodu, urodził się chłopiec z maszyną do liczenia w głowie.

*

„I wy poznajcie małego Nikę" – zaczął Gjeto artykuł o filigranowym chłopcu, który wyrastał ponad wszystkie znane mu dzieci. Tekst, wydrukowany na łamach czasopisma „Nauczyciel", krążył z rąk do rąk od Vermosh po Sarandę, aż ktoś z nomenklatury uznał za stosowne położyć gazetę na biurku ukochanego przywódcy. Ten poprawił okulary i zagłębił się w lekturze.

Do chłopca wysłano delegację, która oceniła: rzeczywiście, geniusz! Problemy logiczne rozwiązuje z namysłem małego filozofa. Cóż z nim zrobić, by go nie zmarnować?

Młody nauczyciel idzie przez niekończące się korytarze siedziby Komitetu Centralnego, idzie strwożony i drżący w towarzystwie milczącego sekretarza i Ramiza Alii. Drzwi obite atłasową tkaniną, wdech, dłoń na klamce, wydech...

I oto jest – towarzysz Enver Hoxha, skromny i niezłomny, pragmatyczny w serdeczności i okrucieństwie. Jak przystało na władcę absolutnego w ubogim socjalistycznym królestwie, siedzi na podium przy stole zawalonym papierami, otoczony regałami pełnymi książek, i na widok gości układa usta w uśmiechu znanym wszystkim mieszkańcom kraju, uśmiechu władcy, który potrafi pochwalić, a potem zabić.

– A czy ten mały geniusz zna już nazwiska wszystkich członków Biura Politycznego? – dopytuje wódz.

Odpowiedź ściera mu uśmiech z twarzy.

– Zanim zaczniecie go uczyć, że Ziemia kręci się dookoła Słońca, upewnijcie się, że wie, czym jest marksizm-leninizm!

Najniezwyklejszy uczeń Albanii ma zostać objęty specjalnym programem: nauka na świeżym powietrzu, zakres materiału bogaty, choć elastyczny, dostosowany do zdolności chłopca, lecz bez oglądania się na jego wiek. System chce z małego geniusza zrobić wybitnego naukowca, ale żeby chłopiec nie poczuł się wyjątkowy, zostanie wraz z dziesięciorgiem rodzeństwa w swojej zapadłej wsi.

– Zarozumiałość jest chorobą, która gubi każdego – oznajmia ukochany przywódca, a zgromadzeni w gabinecie nabożnie kiwają głowami.

Gjeto ma niezwłocznie zostać osobistym nauczycielem chłopca i pracować z nim jak najdłużej.

Sigurimi ma niezwłocznie założyć Gjetowi teczkę i mieć na młodego nauczyciela szczególne baczenie. System czeka: jedno nieostrożne spotkanie, kilka słów do niewłaściwej osoby, jeden zbieg okoliczności i machina do miażdżenia zostanie wprawiona w ruch.

Tymczasem wszyscy w regionie już wiedzą, że ich ziemia wydała geniusza. Ktokolwiek go spotka, szczypie go w policzki i wymyśla jakieś obliczenia, żeby sprawdzić, czy mały rzeczywiście jest tak wyjątkowy, jak mówią. Nika lubi te zagadki, matematyka wydaje mu się prosta i oczywista, a cokolwiek usłyszy, zaraz zapamiętuje i łatwo kojarzy fakty.

– Jak to się dzieje? – pytają go ludzie.

– No tak, po prostu – wzrusza ramionami Nika.

Do odpytywania też przywykł. Co kilka tygodni jeździ na jakieś testy, a to w Tiranie, a to w Szkodrze;

oczekiwania wobec niego stale rosną. Niech mały geniusz pokaże swoją genialność!

Starszy pan, który kiedyś był tym cudownym dzieckiem, a dziś pije ze mną kawę, uśmiecha się gorzko do swoich wspomnień.

– Aktor odgrywa swoją rolę, schodzi ze sceny i wraca do normalnego życia. Sportowiec schodzi z boiska i mało kto potrafi skojarzyć, że ten właśnie człowiek wygrał jakieś ważne zawody. A ja musiałem ciągle spełniać wymagania innych, ciągle grać rolę geniusza i rozwiązywać kolejne zadania, żeby udowodnić, że naprawdę jestem tak zdolny, jak mówili. Matematyka, którą tak kochałem, stała się dla mnie męczarnią. Czasem ludzie przed wejściem do fabryki śpiewali o tym, jak wspaniale iść do pracy, bo potem mieli fajrant i wracali do domu, a mnie się wydawało, że moja praca – bycie wielkim talentem – nigdy się nie kończy.

Ale warunki pracy genialny uczeń i jego nauczyciel mają jak nikt inny w Albanii. Jeżdżą do Durrës, gdzie leżąc na plaży, Nika rozwiązuje zadania, które wymyśla mu Gjeto. Nad Jeziorem Szkoderskim, wyciągnięci na kocach, dyskutują o geometrii i pojęciu nieskończoności. Po jakimś czasie obaj zostają przeniesieni do Szkodry i tam też szybko stają się sławni. Ilekroć ktoś spotka Nikę na ulicy, mówi: „O, uczeń Gjeta!". Ilekroć ktoś widzi Gjeta, woła: „Ach, jesteś nauczycielem Niki!".

– Gjeto był dla mnie przyjacielem, nauczycielem i ojcem – uśmiecha się Nika. – Bywały chwile, że czułem, jakbyśmy byli jednym, jak bliźnięta syjamskie. Leżąc w łóżkach, do trzeciej nad ranem rozmawialiśmy nie tylko o matematyce, ale też o Stalinie, polityce Hoxhy, wolności. Ufaliśmy sobie bezgranicznie. Gjeto jest wyjątkowym człowiekiem, w tamtych czasach mało kto miał tyle serca.

Serce mocno Gjetowi bije, gdy ściska na pożegnanie dłoń przyjaciela z pracy, który jeszcze tego samego dnia ma rzucić się do rzeki Buny z nadzieją, że nurt nie odbierze mu życia, lecz poniesie go do nowego, do Jugosławii. Żaden z nich nie wie, czy ucieczka się uda ani jak to ostatnie spotkanie wpłynie na ich życie. Gjeto po prostu życzy przyjacielowi powodzenia.

Mija siedem lat, huczą klaksony, drży chodnik ponad tunelem metra, gdzieś w oddali wyje syrena, a w małej, zapyziałej kawiarni na Manhattanie przekrzykują się albańscy emigranci, niespiesznie rozlewając do kieliszków raki. Tak, panowie, któż by przewiedział, że nam się powiedzie... Nam, którzy uciekliśmy, nim podniesiono most zwodzony i zamknięto bramy twierdzy, nam, którzy podstępem pokonaliśmy mur... My, ocaleni, najwięksi szczęściarze na Manhattanie. Toast za tych, co uciekli z Albanii! Niech zdycha Enver!

Niech zdycha!

A potem wspominki: ten uciekł przez Peshkopi, tamten lasem przedarł się do Grecji... Ktoś na samodzielnie zmajstrowanej tratwie przepłynął z Himary na Korfu... Lista cudów!

– A ja – mówi jeden – uciekłem przez Bunę do Ulcinja i nikt, zupełnie nikt o tym nie wiedział, z wyjątkiem mojego jedynego przyjaciela, wspaniałego człowieka Gjeta Vocaja, który nigdy mnie nie zawiódł! Tak jak z wami siedzę, tak z nim siedziałem ostatniego dnia przed ucieczką, a potem uścisnąłem mu dłoń... Niech żyje!

– Niech żyje! – wołają i podnoszą kieliszki, i uśmiechają się, wszyscy uśmiechają się do swojego szczęścia, i tylko jeden uśmiecha się do szczegółu.

Imię, nazwisko, miejsce, data spotkania, przebieg, w końcu z czegoś trzeba żyć...

Nika Marashi, mały albański geniusz, zostaje uczniem liceum i błyszczy niczym najjaśniejsza gwiazda komunistycznej edukacji. Piękna, owszem, ale nauczyciele nie bardzo wiedzą, co z nią zrobić. Gdzieś na świecie podobno powstają jakieś komputery, ale w Albanii mało kto umie je sobie wyobrazić. Nika coraz częściej spędza wieczory, czytając książki; matematyka staje się dla niego nudą i utrapieniem, dlatego unika jej, jak może. Szkoła ma swój rytm, mózg Niki pracuje na innej częstotliwości. System daje mu wszystko, co ma, ale w komunistycznej Albanii to i tak za mało.

Zgodnie z oczekiwaniami Nika idzie jednak na studia matematyczne do Tirany, tyle że ledwie wiąże koniec z końcem: wprawdzie dzięki stypendium ma jedzenie i dach nad głową, ale o mydle i ubraniach może tylko pomarzyć. Niby jest uprzywilejowany, lecz zarówno w sierpniu, jak i w styczniu nosi tę samą parę spodni i coraz częściej zrywa się z wykładów, żeby pójść na zajęcia teatralne do Instytutu Kultury. Prowadzący docenia zarówno wyobraźnię Niki, jak i ekspresję pewnej młodej dziewczyny z Fier, Lili. Od tej dziewczyny Nika nie może oderwać wzroku.

*

Imię do imienia, nazwisko do nazwiska, przez lata Sigurimi cierpliwie i metodycznie zbiera kamienie, które zawiesi Gjetowi na szyi, zanim wrzuci go do wody.

– Co mamy?

– Gjeto Vocaj, z rodziny zdeklasowanej, pracował jako nauczyciel w wioskach na północy. Dziadek był członkiem Balli Kombëtar i został rozstrzelany, rodzinę internowano w Tepelenie, dom ich spalono. Zdradzieckie pomioty! I ktoś taki stał przed naszym przywódcą…

– Nie doniósł na skurwysyna, co uciekł w 1971 roku, siedem lat temu! Siedział ptaszek na gałęzi i ćwierkał, siedział i pasł się na naszym ziarnie, jeszcze go żeśmy po drodze do Szkodry wysłali… Tak żeśmy go nagrodzili za nauczanie tego gnojka z Dukagjini!

– Zeznań z Ameryki nie możemy użyć, bo wsypiemy szpiega. To co mamy?

– Mamy szwagra, wuja, najlepszego przyjaciela, dwóch kolegów z pracy, profesora, który go uczył… Nie podobało mu się, że po studiach trafił na prowincję… Słuchał Radia Watykańskiego i Głosu Ameryki… Powtarzał, że na Zachodzie jest lepiej… Że Albania się nie rozwija, że nawet nie ma gdzie sera kupić…

– Dobrze. Na dziesięć lat będzie w sam raz.

Po zajęciach Nika czasem zagaduje Lili i nie ma wątpliwości, że patrzy na kobietę swojego życia, choć zupełnie inną niż on: spokojną, rozsądną, skrupulatną. Dlatego nie może uwierzyć, gdy na pytanie, czy wyjdzie za niego za mąż, Lili poważnie kiwa głową.

Tylko że on pochodzi z katolickiej północy, a ona jest muzułmanką z południa. Rodzice Niki jeszcze przełknęliby jakoś to rozczarowanie, ale ojciec Lili, dumny mieszkaniec Fier, nawet nie chce o tym słyszeć: jego córka nie poślubi jakiegoś oberwańca z gór, dzikusa bez kultury.

Ale Nika ma już plan: porwie ukochaną! Wtedy zgodnie z albańską tradycją rodzice nie będą mieli nic do gadania. Rozważna Lili uznaje ten pomysł za romantyczny, a przede wszystkim skuteczny.

Jak postanowili, tak robią. Gdy Nika z narzeczoną staje w drzwiach rodzinnego domu, jego ojciec wzdycha, a potem wkłada najlepsze ubranie i jedzie do Fier, do rodziców Lili.

– Mój syn nie powiedział mi, co zamierza, tak samo jak wasza córka ukryła wszystko przed wami. Żadne z nich nie zapytało nas o zdanie.

Ojciec Lili milczy, ale w końcu kiwa głową.

– Wygląda na to, że nie mamy już nic do powiedzenia.

A gdy rok później na świat przychodzi pierwszy syn Lili i Niki, świeżo upieczony dziadek z Fier telepie się przez nieskończone wertepy na znienawidzoną północ, a potem schyla się nad niemowlęciem w kołysce.

– Co ja mam z tobą zrobić? Teraz już muszę być twoim dziadkiem…

Mniej więcej w tym czasie do drzwi Gjeta Vocaja puka nieznajomy. Mężczyzna o przystojnej, choć niewesołej twarzy mówi, że towarzysz proszony jest w trybie natychmiastowym do wydziału spraw wewnętrznych. Czegóż może chcieć władza od przykładnego i cichego obywatela komunistycznej Albanii? Gjeto robi błyskawiczny rachunek sumienia, ale nie znajduje żadnych grzechów. Patrzy przez chwilę w stronę wieszaka w przedpokoju, ale zaraz zmienia zdanie; za oknem świeci słońce.

– Weźmie towarzysz płaszcz – radzi funkcjonariusz Sigurimi.

Gjeto jest z natury optymistą, człowiekiem bez miary pogodnym, który w każdej sytuacji chce widzieć dobre strony. Uznaje, że płaszcz nie będzie mu potrzebny. Kiedy wychodzą przed dom, funkcjonariusz przystaje przed kioskiem i kupuje papierosy. Bez słowa wkłada paczkę do kieszeni na piersi Gjeta.

Przez chwilę patrzą sobie w oczy, a potem obaj odwracają wzrok. Gjeto już wie.

Do pokoju przesłuchań wchodzi świadek Pashko Camaj i Gjeto rozpoznaje go od razu – oto sąsiad pijaczek, który zapukał kiedyś do jego drzwi, żeby pożyczyć talerz dla kuzyna, wyczekiwanego gościa z Jugosławii. Potem wpadł, żeby talerz odnieść, i zagadał się na progu. Innym razem zapytał, jak szanowny sąsiad zdobył taki tapczan, usiadł na tapczanie i podzielił się refleksją, jakie wyborne tapczany robi za miedzą Tito, oni to w ogóle mają życie... I Gjeto zrozumiał: przez usta sąsiada przemawia Sigurimi. Natychmiast odprowadził go do drzwi.

Jeszcze wtedy nie wiedział, że na zewnętrznej stronie futryny okna przyklejone jest małe urządzenie, które nagrywa wszystkie skargi, utyskiwania i westchnienia, wszystkie zakazane audycje, wszystkie zagraniczne piosenki, wszystkie rozmowy o przyszłości w kraju bez nadziei.

– Człowiek, który tu wszedł, ma na piersi i plecach dwie tabliczki – powiedział Gjeto, wskazując na sąsiada.

– Jakie tabliczki? – zdziwił się śledczy.

– Na plecach ma tabliczkę „Szpieg", a na piersi „Fałszywy świadek".

Pashko aż syknął ze złości. Chwiał się na krześle; kapowanie to ciężki kawałek chleba, więc przed przesłuchaniem golnął sobie dla kurażu.

– Szanowny towarzyszu – zawołał – człowiek, który tam siedzi, ta kanalia Gjeto Vocaj, on, proszę towarzysza, czasem to tak głośno krzyczał w swoim domu na władzę, że ja przez ścianę słyszałem! Że Enver Hoxha to łajdak, że nie mamy co jeść, że on już tak dłużej nie może, że jutro ucieknie! Czasem nawet stawał w oknie i to mówił, jakby chciał, żeby ludzie na ulicy słyszeli, on jeszcze innych podburzał!

Śledczy opadł z sił.

– Towarzysz mówił wcześniej co innego. Że przyszedł do domu oskarżonego, bo oskarżony zaprosił towarzysza na kawę, i...

Gjeto przerwał:

– Pan mu podpowiada jak nauczyciel, który chce wyciągnąć słabego ucznia na dwójkę! Nie podpiszę zeznań, które pan podpowiada świadkowi!

Gjetowi założono kajdanki; przesłuchanie było skończone.

Dorosły Nika, świeżo upieczony nauczyciel, rozgląda się po klasie, w której siedzą jego nowi, nieco spłoszeni uczniowie. Oby tylko nie było wśród nich żadnego geniusza...

Razem z Lili zostali skierowani do pracy w Theth, jeszcze dalej na północ niż rodzinna wieś Niki.

– Theth było nieskończenie piękne i to jakoś osładzało nam życie, ale potem przenieśli nas do Pult i tam czuliśmy się już zupełnie odcięci od świata. Tyle że wszyscy męczyli się tak samo, więc nikomu nie zazdrościliśmy. Tylko czasem wspominaliśmy nasz kurs teatralny w Tiranie. To, że poznaliśmy się właśnie tam, wydawało się niemożliwe...

Nocami wychodziłem przed dom i patrzyłem w niebo. Wokół były ciemność i cisza, jakbyśmy żyli w absolutnej pustce. Zastanawiałem się, czy czeka nas tutaj przepisowe pięć lat nauczycielskiego stażu, czy władza pokaże pazury i tak jak niektórzy dostaniemy dziesięć.

W ciasnej więziennej celi cisza zamienia się w huk. Mężczyzna, który patrzy na Gjeta, ma chude ciało i okrągłą twarz. Słowa raz płyną z jego ust jak rzeka po burzy, raz sączą się jak wysychający potok.

– Nie dziwi cię, że ja zawsze mam papierosy, a ty nie dostałeś ani jednej paczki od rodziny?

– Nie – kręci głową Gjeto.

Dwie szczupłe, pochylone sylwetki zwieszają głowy.

– Codziennie odejmują mi pięć dni od wyroku. Jeśli dowiem się czegoś ciekawego, obetną mi wyrok o połowę... Tak to jest... Przepraszam...

– Tak to jest – powtarza Gjeto.

– Czytałem twoje akta. Twój szwagier donosił, wujek, przyjaciel... Co za pieprzony kraj.

Gjeto pochyla głowę. A więc tak działa system? Naprawdę jest taki bezwzględny? Naprawdę jest taki skuteczny? Naprawdę jest taki nieludzki? Przyjaciół zamienia w zdrajców, a szpiegów w pocieszycieli?

W kawiarni w centrum Szkodry duży Nika kiwa głową.

– Gjeto był człowiekiem z innego świata, nawet w komunistycznej Albanii nikt nie mógł powiedzieć na niego złego słowa. Gdy rozeszła się wieść o jego aresztowaniu, pojechałem do Szkodry i widziałem, że choć ludzie starali się trzymać język za zębami, wielu się burzyło. Bo za co niby Gjeto trafił do aresztu? O historii z przyjacielem, który uciekł, nikt nie miał pojęcia, więc tym bardziej nie można było tego pojąć.

Procesy wrogów ludu zawsze odbywały się przy pełnych salach, żeby obywatele mogli sobie popatrzeć na nieomylność systemu, ale akt oskarżenia Gjeta sklecono tak marnie, że władza postanowiła cieszyć się swoją skutecznością we własnym gronie. Szkoderska publiczność czasami wykazywała się nadzwyczajną odwagą i kiedy kłamstwo przekraczało poziom, do którego wszyscy przywykli, stawała w obronie oskarżonych. Ale nim proces się rozpoczął, Gjeto usłyszał łomotanie do drzwi.

W progu sali sądowej stanęła kobieta o rozpłomienionych oczach i poszarzałej twarzy, drobna, jakby skurczona, o zapadniętych policzkach.

„Kolejny fałszywy świadek?" – zdążył pomyśleć Gjeto i wtedy usłyszał donośny, dźwięczny głos:

– Mam prawo tu być!

To była żona Gjeta, której nie widział od sześciu miesięcy. Pogodna i krzepka Liliana, która teraz wyglądała jak szkielet obleczony skórą i tylko głos pozostał ten sam, znajomy, mocny głos w zupełnie obcym ciele. Po latach Gjeto wspominał, że widok żony był dla niego znacznie większym ciosem niż przesłuchanie i proces razem wzięte. Co cierpienie zrobiło z ukochaną Lilianą...

Kiedy skończył przemawiać kolejny świadek – sąsiadka z tego samego budynku – Liliana poprosiła o głos.

– Ta kobieta bez godności, z którą nikt z nas nigdy nie rozmawiał, jest członkiem partii. Jakie odznaczenie przewidzieliście dla niej za składanie fałszywych zeznań?

– Towarzyszka wyjdzie stąd w kajdankach! – zawołał prokurator.

Ale Liliana wpadła w amok i zamiast zamilknąć, wyciągnęła ręce.

– Proszę, zakładajcie kajdanki, nie bójcie się. Skoro skazujecie mojego męża dzięki kłamstwom, ze mną poradzicie sobie łatwo, ale wstyd pozostanie z wami!

Pod Gjetem ugięły się nogi. Liliana oszalała... Co będzie z dziećmi? Patrzył, jak strażnik wyprowadza żonę, a na salę wchodzi ze zwieszoną głową kolejny świadek – jego przyjaciel.

– Nie mówił nigdy źle o partii... Ale powiedział, że zesłanie go na wieś było niesprawiedliwie.

Sędzia odchrząknął.

– Dziękuję. Widzę, że oskarżony jest przeciwko polityce partii. To nam wystarczy.

Siedem lat za agitację i propagandę – orzekł sąd ku rozczarowaniu prokuratora, który żądał dziewięciu. „Tylko siedem lat!" – ucieszył się Gjeto, który nie na darmo był optymistą. Jego najlepszy przyjaciel, zwiesiwszy głowę, stał w ławie jak rozpacz i budził litość, nie gniew. Wezwana do sądu dzielnicowa Belkize Mjeda miała odwagę powiedzieć, że Gjeto Vocaj jest najszlachetniejszym człowiekiem, jakiego zna. I nie aresztowali Liliany...

Dorosły Nika podnosi palec.

– Zbiorowa wina to była istota albańskiego komunizmu. Cokolwiek zrobiłeś złego, musieli cierpieć wszyscy twoi bliscy. Od lat nie utrzymywałeś kontaktu z bratem, ale jeśli akurat jemu zachciało się uciec z kraju, zsyłali cię do wioski gdzieś na skraju świata. Tak wyglądała komunistyczna sprawiedliwość. Kiedy Gjeto trafił za kratki, do drzwi Liliany także zapukała władza. Wraz z dziećmi internowano ją we wsi Pistull pod Szkodrą i kazano pracować w kooperatywie. Ledwie starczało im na chleb. Tak żyło się w komunistycznej Albanii. Nie mogło być inaczej.

Mężczyzn pod plandeką powiązano drutem, a potem założono im kajdanki tak ciasne, że nieopatrzny ruch jednego wywoływał u drugiego ból. Wrzynały się w skórę nawet, gdy ciężarówka podskakiwała na wertepach.

– Cholerny albański złom te kajdanki! – jęknął jeden z więźniów.

– Ty patrz! A mnie nie boli.

– Bo ty masz niemieckie, luksusowe!

– Kto ma niemieckie kajdanki, ten sowiecki szpieg!

Mężczyźni ryknęli śmiechem.

– Nie rechoczcie tak, bo mnie boli! – jęknął ktoś ze środka.

Jechali stłoczeni, kajdanki kaleczyły im nadgarstki do krwi, pod niską plandeką brakowało powietrza, a jednak Gjeto śmiał się tak, że aż bolał go brzuch. Kiedy pochylali głowy, byli tylko więźniami, kiedy się śmiali, na powrót stawali się ludźmi.

Dziurawymi wstęgami dróg ciężarówka wiozła ich do Spaça. Tam złamane kręgosłupy wrogów naprostuje się niewolniczą pracą i torturami.

Maleńkie postacie w szarych drelichach krążyły po szarej ziemi pośród szarych gór zamykających obóz w ciasnej obręczy.

Przed rewoltą warunki w Spaçu były nieludzkie. Dopiero po niej wprowadzono jeden dzień wolny od pracy, a strażnicy przestali torturować więźniów, którym brakowało sił, żeby wyrobić normę. Ale zmarłych wciąż chowano na wzgórzu obok obozu, jakby system chciał pokazać, że nawet śmierć nie zmaże ich winy. Matki i ojcowie dowiadywali się o śmierci synów dopiero po przyjeździe na widzenie, umęczeni i obładowani. Strażnicy wzruszali ramionami.

– Jednego wroga ludu mniej!

A wielki przywódca powtarzał owieczkom:

– Żadnych ustępstw, żadnej łaski dla wroga i żadnego strachu przed błędami. Nikt, kto okazuje wrogość wrogowi ludu, nie popełnia błędu.

Gjeto Vocaj spędził w Spaçu tylko trzy miesiące, bo jego brat cioteczny był jednym z więziennych oficerów. Władza uznała to wspaniałomyślnie za konflikt interesów, a Gjeto dziękował losowi. Trzy miesiące spędzone w Spaçu były jak trzy lata w każdym innym więzieniu.

– Gdy aresztowali Gjeta, przeżyłem dramat, jakby zabrali mi ojca – wspomina Nika. – Więzienie to była tragedia, ale myśląc o Gjecie, zastanawiałem się czasem, czy nasze życie jest lepsze. Po ciężkiej, umęczającej pracy wracaliśmy do domów, które też były jak więzienia. Budowano tak nisko, że wystarczyło podnieść rękę, by dotknąć sufitu. Wszystko po to, żebyśmy nie mieli poczucia przestrzeni i nie mogli zaczerpnąć oddechu. Mieliśmy być zamknięci i słabi. System nieustannie próbował nas pomniejszać, nas, nasze domy i nasze życie.

Z daleka więzienie w Ballsh wyglądało równie nędznie, jak to w Spaçu, i więźniowie wydawali się tak samo wychudzeni – ale nikt nie oczekiwał niewolniczej pracy, a osadzeni mogli czytać i robić, co chcieli, nawet uczyć się języków. Tu lądowała wierchuszka, zasilając szeregi „oddziału rewizjonistów", złożonego z dawnych ambasadorów, ministrów, oficerów i dyplomatów – elity systemu, która utraciła stołki i wolność głównie z powodu postępującej paranoi Hoxhy. Do więzienia trafił osobisty krawiec Mehmeta Shehu – za szycie zdradzieckich płaszczy, i fotograf dyktatora, który dniem i nocą retuszował jego twarz na oficjalnych fotografiach, by zawsze wydawała się łagodna i promienna.

Wyrok spadał na ludzi jak kamienna lawina, tak nagle i nieoczekiwanie, że wielu nie mogło w niego uwierzyć. „Czerwoni paszowie" gromadzili się w więzieniu na wspólne czytanie dzieł Hoxhy i podczas dyskusji utwierdzali się w przekonaniu o jego nieomylności, jakby wcale nie byli za kratkami. Wielu uważało, że całe to aresztowanie to wielka próba, przed którą postawił ich mądry przywódca, i że lada moment wyjdą na wolność.

Kiedy ukochany Towarzysz Komendant pojawiał się na ekranie telewizora, wielu paszów siąkało nosami.

– Jakże ja tęsknię za tym wielkim człowiekiem! – wzruszał się Dashnor Mamaqi, do niedawna redaktor naczelny „Zëri i Popullit".

I żeby dowieść swej ideowej przenikliwości, wystosował do najdroższego wodza oficjalne pismo z delikatną sugestią, by walkę klasową prowadzić także w więzieniu.

„Przecież my nie jesteśmy równi – przekonywał. – Tu, w Ballsh, otaczają nas wrogowie ludu, z którymi powinniśmy jak najszybciej się rozprawić. Również w więzieniu, tak jak i na wolności, należy toczyć walkę klas. Bardzo proszę o sugestie i plan działań".

Niestety, żadne sugestie nie nadeszły, a bez rozkazów dyktatora nic nie można było zrobić.

– Tak, weź mydło, które podał ci zdrajca ojczyzny, ale wiedz, że nie ma takiego mydła, które zmazałoby twój wstyd i twoją krew na rękach.

Wszyscy więźniowie zamilkli, a mężczyzna, do którego skierowane były te słowa, stał niemy, jak wyciosany w kamieniu, ze zwieszoną głową.

Im większe sukcesy obwieszczała władza, tym więcej wrogów ludu trzeba było reedukować i tym częściej dawni prokuratorzy, sędziowie i policjanci stawali twarzą w twarz z ludźmi, których wcześniej wysłali do piekła. Przy porannym myciu ofiara patrzyła w lustro, śledząc odbicie swojego upadłego kata. Wrogów ludu przybywało i warunki życia w Ballsh coraz bardziej przypominały poczekalnię w piekle – więźniowie spali na podłodze jeden obok drugiego i gdy zdawało się, że w celi nie ma już miejsca dla nikogo, w drzwiach pojawiał się kolejny.

W końcu z powodu przepełnienia więzień, to znaczy dzięki nieskończonej łasce Towarzysza Komendanta, w 1982 roku ogłoszono wielką amnestię dla wszystkich z wyrokami poniżej dziesięciu lat. Dla Gjeta Vocaja też.

Niesie się po wiosce Koman, że oto wśród ludzi uczciwych znalazł się wyjątkowo niebezpieczny zdrajca. Wróg ludu, wroga żona i dwóch wrogich synów spędzili trzy dni i trzy noce pod gołym niebem, czekając na pojawienie się przewodniczącego wsi, który siedział w domu, czekając, aż ustanie deszcz. Pierwszej nocy Gjeto ujrzał w ciemnościach zbliżające się pospiesznie sylwetki – to ludzie ze wsi przynieśli im chleb.

Jak się okazało, internowanemu na pięć lat zdrajcy władza mogła zaoferować tylko szałas dla kóz, bez okien, bez drzwi i bez elektryczności, bo na cóż kozom i zdrajcom elektryczność? Ale tuż za szałasem leżało piękne jezioro pełne ryb, a nad jeziorem rosły drzewa, których gałęzie uginały się pod ciężarem owoców.

Szybko okazało się też, że choć uprawa warzyw jest zabroniona, lokalna władza także czuje głód. Gjeto posadził fasolę i cebulę, a ryby złowione w jeziorze wymieniał na chleb i ser. To doprowadzało do białej gorączki miejscowego szpiega, który raz po raz uprzejmie donosił władzy. Jednak ilekroć policja miała zjawić się na kontrolę, Gjeto wiedział o tym od miejscowych i chował sprzęt do łowienia w bezpieczne miejsce.

„Błędne informacje" – orzekała władza.

Szpieg był równie gorliwy, jak głupi, a że zawsze kręcił się w pobliżu i chętnie wdawał w rozmowy, Gjeto zaczepił go pewnego razu.

– Proszę cię, przyjacielu, nie wydaj mnie, ale dziś w nocy pojadę bez pozwolenia do Szkodry. Jesteś jedyną osobą, której ufam…

Szpieg kiwał głową jak pijany dzięcioł. W środku nocy Gjeta obudził łomot do drzwi.

„Błędne informacje" – zanotowała policja, plując wyzwiskami na prawo i lewo.

Tymczasem w północnej wiosce Pult, gdzie władza umieściła Nikę i Lili wraz z dwoma synami, ludzie czasem szeptali o pszenicznym chlebie. Żeby zjeść choć jedną ciepłą kromkę. W sklepie był tylko ten twardy kukurydziany, który wydawał się zrobiony z kamienia.

Dziś, siedząc na dizajnerskim krześle i pijąc kawę, Nika kręci głową.

– W domu żartowaliśmy, że gdy przyjdą Jugosłowianie, schronimy się w bunkrach i obłożymy kromkami chleba, bo są tak twarde, że będą świetną osłoną przed kulami. Jako małżeństwo nauczycieli zarabialiśmy więcej niż inni, a i tak nie mieliśmy niczego. Jako obywatele dumnego, wspaniałego kraju myśleliśmy, że jesteśmy pępkiem świata, a nie obchodziliśmy nikogo. Propaganda głosiła, że Albania jest twierdzą z granitu, ale ten granit kruszył się z każdym dniem.

Wszystkich, którzy złożyli zeznania na ołtarzu Sigurimi, nie podejrzewając, że szpiedzy także donoszą na szpiegów, Gjeto Vocaj zaprosił na promocję swojej autobiografii *Fatalne spotkanie z dyktatorem*. Książkę zostawił także w ulubionej kawiarni śledczego, który tak profesjonalnie go przesłuchiwał. Nie zapomniał o dedykacji: „Sprawdź, czy nie zrobiłem błędów".

Na spotkaniu autorskim był również Nika. Po upadku dyktatury skończył prawo, został agentem nieruchomości i doradcą prawnym, a teraz zajmuje się księgowością. No i sfinansował tę restaurację, w której spotkałam się z Gjetem po raz pierwszy, ale zaznacza, że to interes jego syna.

– Mówienie o sobie jest strasznie nudne – śmieje się, gdy dopytuję o dzieje genialnego chłopca. – Jeśli jacyś dziennikarze chcą się ze mną spotkać, umawiam się z nimi tylko ze względu na Gjeta. A tak w ogóle może nas pani obejrzeć na YouTubie. Naprawdę! Wyobraża sobie pani, jak się zmienił świat? Przecież ja pochodzę ze wsi, która jeszcze w latach pięćdziesiątych nie znała ani szkół, ani prądu. Tyle mam z komunizmu, że teraz wszelkie życiowe przeszkody wydają mi się niczym w porównaniu z tym, co było. Gdybym urodził się w dzisiejszych czasach, nie zdawałbym sobie sprawy, jak silną istotą może być człowiek.

Kiedyś Nika półtorej godziny wspinał się na szczyt góry, by zobaczyć światła zelektryfikowanej Szkodry. Teraz ja w sekundę wpisuję w wyszukiwarkę YouTube'a jego nazwisko. Oglądam dwóch starszych panów uśmiechających się do kamery: dobrego nauczyciela i jego genialnego ucznia, którzy kiedyś mówili o sobie, że są jednym, a teraz mówią po prostu, że są przyjaciółmi.

Złamane drzewo

– Możecie mnie zabić tu i teraz, bo ja żadnych papierów nie podpiszę.

Tak im powiedział.

A komendant policji popatrzył mu prosto w twarz i się uśmiechnął.

– Posłuchaj. Będziesz żył i będziesz mnie błagał, żebym pozwolił ci podpisać te papiery.

Policyjniak patrzył na niego z góry, bo Anastas siedział przed nim na krześle, ale gdyby Anastas stanął, to ten komendancki pokurcz musiałby wysoko zadzierać głowę. Bo Anastas miał ze dwa metry wzrostu i jakieś sto dziesięć kilo go było, facet wielki jak trzystuletni dąb, rzadko się tacy zdarzają. I jak się na niego patrzyło, to biła od niego szlachetność i spokój dębu. Więc nic dziwnego, że był lokalnym przywódcą Arumunów, ludności romańskojęzycznej zamieszkującej południe Albanii. Każdy mógł do niego przyjść, jak miał sprawę, i wszyscy się go słuchali, bo były w nim prawda i czystość. Był jak woda z górskiego potoku. Pijesz ją i wiesz, że nie może cię zatruć.

Takiego czystego potrzebowało go Sigurimi. Chcieli mieć w kieszeni dobrego człowieka, który miał władzę i nie musiał jej nikomu narzucać. Nie musiał nikogo zamykać w piwnicy, żeby go słuchano. Nie musiał na każdym wzgórzu układać napisów z kamieni, jaki jest wspaniały. Nie musiał nikogo zastraszać ani zabijać, żeby go szanowali.

Wezwali go i powiedzieli:

– Będziesz dla nas donosił.

Ale on powiedział, że nie podpisze, i zrozumieli, że siedzi przed nimi człowiek, który prędzej umrze, niż zostanie szpiegiem. Skoro honor znaczył dla niego więcej niż życie, czyj honor należało podeptać, by było to gorsze niż śmierć?

Przyprowadzili jego córkę. Dwudziestodwuletnią. Piękną, tak jak czasem rodzą się dziewczyny piękniejsze niż wzgórza. Była w pokoju obok, kiedy komendant zdarł z niej sukienkę. Uderzył w twarz, rozciął wargę. Potem bił w głowę, w skronie. Zalała się krwią. Krzyczała. Ojciec słyszał ten krzyk, ale nie wiedział, kto krzyczy. Bił komendant, trzymali dwaj policjanci, lekarz się przyglądał. Po chwili lekarz uniósł dłoń i powiedział:

– Już.

Przyprowadzili mu córkę w samej tylko bieliźnie, w krótkiej, białej koszulce, całej skrwawionej. Tyle krwi miała na twarzy, że trudno ją było rozpoznać.

– Tato – szlochała. – Co ja im zrobiłam, co ja im zrobiłam? Pomóż mi...

Bo chwilę temu była w domu, w kuchni, odciągnęli ją od garnków. Jak to tak możliwe, że jesteś dwudziestoletnią dziewczyną, młodą i piękną, że krzątasz się po domu i nagle stoisz przed biurkiem mężczyzny, który patrzy na ciebie, a potem bije bez słowa w twarz i zdziera z ciebie ubranie? Jak to można zrozumieć? Ona płakała tak strasznie, bo nic nie rozumiała.

Komendant uderzył ją znowu, przy ojcu. Ojciec patrzył na córkę. Lekarz patrzył na krew. Policjanci patrzyli na nagość dziewczyny. Komendant patrzył na tego, dla którego zaaranżowano cały ten spektakl.

– Jeśli nie podpiszesz, to przy tobie, na twoich oczach wszyscy po kolei ją zerżniemy.

W Albanii dla kobiety gwałt jest gorszy niż śmierć. To tak, jakby umierać codziennie do końca życia. I ojciec o tym wiedział. Dla jego córki skończyłoby się życie. Ludzie nigdy by tego nie zapomnieli, a takich rzeczy nie dało się ukryć. On to wiedział, dlatego zawył. Wyglądał, jakby stracił rozum. Zgiął się wpół i wył.

Zdarli z niej nawet koszulkę. Obaj policjanci po prostu nie mogli się doczekać, byli gotowi. Rzucili się na nią. Wtedy ojciec krzyknął:

– Błagam cię, daj mi papier, wszystko podpiszę.

Tak to wtedy było. Gdybyś się zastanawiała, dlaczego tak wielu ludzi szpiegowało, to masz odpowiedź. Zawsze znalazł się sposób, żeby złamać nawet najlepszy charakter. Zniszczyć ciebie samego to było dla nich za mało. Chcieli zniszczyć to, co kochałeś najbardziej. Drita, jest w domu coś dobrego? Przynieś jej miodu! Miód taki dobry mamy, z okolicznych łąk. Smakuje ci? W ogóle nie jesz. Jedz, to dobry miód, u nas tak się go robi, że ma kryształki jak kamyczki.

Ale ta historia dobrze się skończyła, chyba mogę tak powiedzieć. Dziewczyna była półprzytomna, potwornie pobita, ale gdy ją wypuścili, powiedziała o wszystkim chłopakowi. A on był z wioski przy granicy i uparł się, że uciekną. Granica to był płot z drutem kolczastym, czasem podwójnym, czasem pod napięciem, i wieża strażnicza przy wieży. Wszystko jak na dłoni. Ale on znał tę ziemię lepiej od tamtych z wieży, znał każdą ścieżkę, każdy pagórek, i od dawna o tym myślał. I tydzień później w nocy uciekli. Nie pytaj mnie jak, bo nie wiem. Może im się udało, bo już nie mieli nic do stracenia i rozpacz przeniosła ich przez granicę? Oni uciekali przed czymś straszniejszym niż śmierć. Tak sobie myślę, że wtedy łatwiej jest uciec.

Ojca za karę zesłali do Spaça, bo tam było najgorzej, i tam opowiedział mi tę historię. Już nie musiał kłamać, już nie musiał szpiegować, już mu tam nic nie mogli zrobić. Siedział w więzieniu i był wolny. Mógł sobie żyć w tym naszym cierpieniu powszednim, mógł sobie w spokoju umrzeć, bo wiedział, że córka jest daleko i nawet władza nie ma rąk tak długich, by mogły ją dosięgnąć.

Jedz miód, nie smakuje ci? Widzisz, wszystko się dobrze skończyło.

Pustka i pełnia

Daleko, bardzo daleko, w Nënmavriq, jednej z wiosek rozsianych między wysokimi górami północy, wznosił się kościół kamienny i stary, surowy i skromny, który w środku miał tylko jeden skarb: średniowieczną koronę wysadzaną klejnotami. Wieczorami do kościoła przychodziła młoda nauczycielka Dhurata Mulleti i siadywała w ławce. Pewnego razu ksiądz zatrzymał ją i zapytał:

– Dlaczego tu przychodzisz? Przecież jesteś muzułmanką.

Dhurata milczała, aż nagle wyrzuciła z siebie:

– Wieczorami światło odbija się od klejnotów w koronie i tworzy na ścianie tęczę... To najpiękniejsza rzecz, jaką widziałam w życiu. Czasem wyobrażam sobie, że noszę tę koronę na głowie...

– Bluźnisz, dziecko – uciął ksiądz. Ale nie nakrzyczał na nią ani nie wyrzucił jej z kościoła.

To był początek 1967 roku, wkrótce zaczęły się czystki wśród duchownych i do kościoła przyszli funkcjonariusze Sigurimi. Początkowo ksiądz protestował, ale gdy zrozumiał, że nie ma już żadnej nadziei, nakazał wezwać Dhuratę.

Sigurimi zapukało do drzwi dziewczyny.

– Ksiądz prosi – powiedzieli.

„Doniósł im, że chciałabym być królową!" – pomyślała. Weszła do kościoła, drżąc. Ksiądz spojrzał na nią z bezbrzeżnym zmęczeniem, a potem powiedział:

– Zabierają wszystko. Proszę, załóż na chwilę koronę. Nie wiedząc o tym, byłaś zwiastunem naszego losu.

Dhurata miała długie, jasne włosy. Gdy nałożyła koronę, wyglądała tak pięknie, że nawet funkcjonariusze Sigurimi się uśmiechnęli. Ale potem znowu skamienieli i nie patrząc na nikogo, ładowali na ciężarówkę drewniane krzyże, obrazy i świeczniki, wszystko, co tylko mogli zabrać. Wzięli także koronę, a księdza zaciągnęli do samochodu. Kościół wypełnił się pustką.

– Chyba nie wypada, żebym z panią rozmawiała w takim fartuszku – uśmiecha się siostra Roza, głaszcząc błękitny nylon sukienki.

Patrzę w jej spokojną, babciną twarz, w oczy brązowe wokół źrenicy, z błękitną obwódką tęczówki. Już po chwili siostra Roza pokazuje mi zdjęcie grupowe z 1942 roku, przedstawiające nowicjuszki ze zgromadzenia franciszkanek: w najniższym rzędzie, wśród najmłodszych, przysiadła ona, jedenastoletnia Gjina, bo tak miała na imię, zanim złożyła śluby. W drugim rzędzie ręce na podołku trzyma Maria Tuci, czternastoletnia, skupiona, niemal chmurna. Powaga jej spojrzenia wyróżnia ją z tłumu dziewcząt. Spośród nich to właśnie Maria będzie cierpieć najwięcej i to ona zostanie drugą po Matce Teresie błogosławioną kobietą w historii Albanii

– Miałam ledwie dziesięć lat, gdy wstąpiłam do szkoły zgromadzenia franciszkanek – uśmiecha się siostra Roza. – Powtarzano mi, że jestem za młoda, że nie dorosłam, by być tak blisko Boga, ale miałam poczucie, że On daje mi siłę. Siedziałam w ławce, słuchałam nauczycieli, śpiewałam pieśni i nie wyobrażałam sobie, że mogłabym być gdzie indziej, czułam, że jestem pełna Boga. A potem przyszli komuniści i od razu zamknęli katolickie szkoły, starli na proch wszystko...

Nie mam słów, żeby o tym mówić. Wszyscy wspaniali ludzie, których znałam, byli niszczeni albo zabijani. Ci najmądrzejsi, najjaśniejsi... Słuchałam ich na mszy z otwartym sercem, a potem raz po raz przychodziły wieści: ojcowie Daniel Dajani, Gjon Shllaku i Giovanni Fausti rozstrzelani w Szkodrze pod murem cmentarza w 1946 roku, biskup Frano Gjini umęczony i rozstrzelany, ojciec Deda zadręczony na śmierć... Za każdym razem pękało mi serce, bo zabierali nam najlepszych duchownych, tych, których się bali, bo mogliby stawiać opór.

I nie zabijali ich ot tak, po prostu. Torturowali ich przed śmiercią straszliwie, jakby wzmacniali się od tego cierpienia, podtapiali ich w studzience ściekowej, nie pozwalali chodzić do toalety, głodzili... Kości pękały jak suche gałązki...

Opowiem ci o Marii Tuci, jak ją ujrzałam wtedy... W szkole Maria zawsze miała dla mnie dobre słowo, była spokojna, inteligentna, silnego ducha. Straciłam z nią kontakt, gdy w 1946 roku franciszkanie wysłali ją do szkoły w okręgu Mirdita, żeby uczyła dzieci. Kiedy zamordowano lokalnego sekretarza partii Bardhoka

Bibę, ona, jej brat i trzysta innych osób trafili do więzienia. Była taka młoda, miała dwadzieścia dwa lata... Podobno śledczy Hilmi Seiti powiedział jej na pierwszym przesłuchaniu: „Sprawię, że nikt cię nie rozpozna".

Wpychali Marię do wielkiego wora, a wraz z nią wrzucali do środka dzikie koty i tłukli kijami w wór ze wszystkich sił, tak że zwierzęta szalały z bólu i pazurami orały jej ciało. W końcu Maria była tak wyniszczona, że trafiła do szpitala z zapaleniem płuc. Gdy pojechałam ją odwiedzić i weszłam na salę, nie mogłam jej dojrzeć. Dopiero gdy usłyszałam krzyk: „Gjina, Gjina!", przystanęłam w pół kroku. Ta postać na łóżku w kącie sali... Kości obleczone skórą i kawałek kości zamiast nosa... „Boże Przenajświętszy – myślałam – co oni jej robili, że tak wygląda?" A przecież wcześniej była normalną, zdrową, piękną kobietą... Była z nas wszystkich najładniejsza... I była silniejsza niż my wszyscy, bo zaraz powiedziała: „Gjino, mam zapalenie płuc, a podają mi tylko penicylinę, proszę, postaraj się dla mnie o leki". „Oczywiście – odpowiedziałam – załatwię wszystko, co trzeba", bo robiłam już wtedy kurs pielęgniarski, ale widziałam po jej szyi i przedramionach, że jest bardzo źle, tak straszliwie musieli ją bić i głodzić. Tylko oczy pozostały te same.

„Muszę stąd wyjść", wyszeptała, a ja przytaknęłam.

Umarła tydzień później, nim zdążyłam zdobyć leki. Podobno przed śmiercią powiedziała komuś ze swojej rodziny, że odchodzi wolna.

W porównaniu z Marią nie cierpiałam ani chwili. Nim wyszłam z domu, stawałam na chwilę przed drzwiami i powtarzałam bezgłośnie: „Boże bezgrzeszny, chroń mnie przed wszelkim złem". A zła nie brakowało, zło było wszędzie.

W połowie lat sześćdziesiątych Enver Hoxha postanawia rozprawić się z Bogiem raz na zawsze. Wiara odciąga Albańczyków od jedynej słusznej ideologii, dlatego system wypowiada wojnę wszystkim religiom. Odkąd Hoxha przejął władzę, zaczynają się prześladowania imamów, duchownych prawosławnych i bektaszyckich babów, ale najokrutniejszy los spotyka księży katolickich, mordowanych za „szpiegostwo na rzecz Watykanu, działalność antypaństwową i zdradę ojczyzny". Władza nienawidzi wszystkiego, co zachodnie, a katolicyzm w Albanii zawsze wspierany był przez Włochy i dawne Austro-Węgry, czyli imperialistów. Duchowni giną rozstrzelani, utopieni w szambie, zmasakrowani, uduszeni. Wielu traci życie w obozach pracy.

Ale nawet tyle cierpienia to wciąż za mało. W lutym 1967 roku Towarzysz Komendant apeluje do młodzieży, by wytoczyła wojnę „przesądom religijnym": „Dość obskurantyzmu i mistycyzmu! – grzmi wódz. – Socjalizm buduje się znojem, nie modlitwami".

Gazety w całej Albanii próbują przekonać nowego socjalistycznego człowieka, że religia jest główną przeszkodą w dalszym rozwoju kraju, bastionem konserwatyzmu, wrogiem emancypacji kobiet i „fałszem w służbie obcych sił". Brudną robotę reżim chce wykonać rękami młodych.

Wkrótce najlepiej uformowani ideologicznie z zapałem przystępują do plądrowania kościołów i niszczenia kaplic. Pierwsi ruszają z kilofami studenci z Durrës, potem dołączają młodzi z Lezhy, akcja odbywa się w atmosferze propagandowych pikników. Szczególnie gorliwi są ci ze złą biografią, bo pragną pokazać, że należy im się druga szansa. Mieszkańcy wsi rujnują lokalne kościoły, a władza dwoi się i troi, by przekonać społeczeństwo o słuszności nowego planu: któż by wierzył w Adama i Ewę, skoro wiemy, jak wyglądał neandertalczyk? Po cóż nam wiara, jeśli mamy naukę? Czy Albania naprawdę potrzebuje tych spasionych darmozjadów, którzy tylko wyciągają pieniądze od ciężko pracujących ludzi? Dość z przesądami! Potrzebujemy budynków o większej użyteczności!

– Patrzyłam, jak moja ukochana katedra w Szkodrze zamienia się w wielką halę sportową, a tłum wiwatuje – wspomina siostra Roza. – Na moich oczach burzono kościoły, cerkwie i meczety i zamieniano je w magazyny, teatry, kina i domy kultury. Wcześniej mogliśmy przynajmniej raz w tygodniu spotkać się w kościele, czytać Pismo Święte, razem śpiewać. W 1967 roku wszystko to nam odebrano. Ale mimo strachu codziennie przed jedzeniem robiliśmy znak krzyża, choć wiedziałam, że jeden ze znanych mi księży trafił do więzienia, bo jego bratankowie donieśli, że się modli. Nadal obchodziliśmy Boże Narodzenie, ale tego dnia nie wolno nam było nawet przyrządzić mięsa, bo szpiedzy zaraz donieśliby władzy. Tuż przed świętami zamykało się sklepy, na wypadek gdyby ktoś miał do wykorzystania talon na mięso lub jajka. Dlatego 25 grudnia zbieraliśmy się w kręgu, ciaśniuteńkim, tylko rodzice i nas pięcioro, i niemal bezgłośnie śpiewaliśmy kolędy. Brat, który wcześniej grał w kościele na flecie, teraz dmuchał tak leciuchno, że ledwie było go słychać. Mieliśmy wielkie szczęście, że mogliśmy sobie ufać.

Skoro Boga już nie ma, byli kapłani muszą wreszcie zająć się czymś pożytecznym, orzeka władza i kieruje ich do ciężkiej pracy w kooperatywach. Najbardziej oporni i najlepiej wykształceni trafiają do więzień, przede wszystkim do Spaça i Burrel. Reżim wciąż przelewa krew: w 1971 roku ksiądz Shtjefën Kurti, więziony wcześniej przez siedemnaście lat, zostaje rozstrzelany za to, że ochrzcił w tajemnicy dziecko; czterej inni księża giną przed plutonem egzekucyjnym jako antykomuniści i wrogowie ludu.

W dni świąteczne władza wymyślała dla obywateli zadania specjalnie, na przykład pracę przy budowie kanału albo brukowaniu nowej ulicy, tak by ludzie wracali do domu zupełnie wyczerpani. Mieszkańców Szkodry w okresie Bożego Narodzenia wysyła się do czyszczenia szamba. Ateizm triumfuje – władza jest tak zadowolona z postępów, że w 1973 roku otwiera w dawnym kolegium franciszkanów w Szkodrze Muzeum Ateizmu wzorowane na podobnych placówkach powstałych w Związku Radzieckim.

Trwa tropienie wierzących, którzy ośmielają się praktykować w domu. Zakamuflowani agenci Sigurimi wpadają do sąsiadów z wizytą, by wywęszyć ślady aktywności religijnej i złożyć stosowne donosy. W 1983 roku w Mirdicie ktoś wydaje władzy staruszkę, która uczy wnuki pacierza; kobieta umiera w trakcie tortur.

Wielu pomaga reżimowi na własną rękę – w tej kwestii szczególnie użyteczni okazują się nauczyciele.

– Uwaga! – woła pani. – Teraz będzie trudne pytanie, kto dobrze odpowie, dostanie nagrodę. Co to jest?

I rysuje na tablicy dwie przecinające się linie. Dzieci siedzą spłoszone, nikt nie wie. W końcu jakiś maluch nie wytrzymuje i woła triumfująco:

– Krzyż.

Nauczycielka kiwa głową.

– Świetnie – chwali. – Poproś mamę i tatę, żeby przyszli jutro do szkoły. Chciałabym im coś powiedzieć.

– Wiedziałam, że na strychach i pod deskami podłóg ludzie wciąż ukrywają Pismo Święte, ikony, Koran, gromadzą się na cmentarzach, w prywatnych mieszkaniach i w górskich dolinach, by odprawiać nabożeństwa, przywożą duchownym jedzenie do więzień, przechowują w ukryciu naczynia i szaty liturgiczne. Sama zakopywałam w lesie znalezione różańce i modlitewniki.

Udało mi się skończyć szkołę pielęgniarską i odtąd jeździłam od wioski do wioski, doglądając i lecząc dzieci. Skoro nie mogłam żyć dla Boga, żyłam dla innych i każdego dnia dawałam im, ile tylko mogłam. To był mój akt oporu wobec władzy. Kiedyś wzięłam na plecy jednego chłopczyka, bo widziałam, że przez gorączkę już traci oddech, zaniosłam go do najbliższego szpitala i tak go uratowałam. Mimo wszystko miałam dobre życie, czułam się potrzebna, a ludzie odpowiadali mi dobrocią. Jako zakonnica w oczach władzy byłabym złem, jako pielęgniarka byłam szlachetna i użyteczna, co roku nagradzano mnie dyplomami.

Nigdy nie wyszłam za mąż, jakżeż? Całe życie czułam się siostrą zakonną, tyle że w świeckim ubraniu. Komunizm był systemem czasowników, nie idei – jedliśmy, pracowaliśmy, umieraliśmy, nic więcej. Narzucono nam filozofię marksizmu-leninizmu, ale ona była pusta, my wszyscy jako ludzie komunizmu byliśmy puści. A teraz? Teraz życie jest piękne, wiara jest piękna. W 1991 roku wróciłam do zakonu i wreszcie jestem wśród sióstr, które poznałam w latach czterdziestych. Wszystkie przez całe życie czułyśmy się zakonnicami. Dziś Albańczycy może i nie chodzą do kościoła, ale przynajmniej są wolni. Nie ma nic piękniejszego niż wolność.

Maria Tuci patrzy na nas z portretu: spokojna twarz o regularnych rysach i skupionym spojrzeniu. Kiedy żegnam się z siostrą Rozą, siostra Teresa, która do tej pory tylko się nam przysłuchiwała, proponuje, że zaprowadzi mnie do grobu błogosławionej Marii.

– Tyle cierpienia – mówi, gdy stoimy przy niedużym, białym sarkofagu. – Dziś żyjemy tylko po to, żeby żyć. Trudno uwierzyć, że jeszcze kilkadziesiąt lat temu reżim mógł torturować młodą dziewczynę, kaleczyć, głodzić, oszpecić nie do poznania, tylko dlatego, że była wierząca, tylko dlatego, że nazwano ją wrogiem. Dziś młodzi są wolni i słabi. Kiedyś musieli być silni, żeby z godnością umrzeć.

Kręgi

Czym jest przeznaczenie? Ta rzeka zdarzeń, która płynie przez nasze życie?

Wyobraź sobie: życie jest rzeką złożoną z dwóch strumieni, które łączą się ze sobą. Pierwszy to los, wszystko, co dzieje się za sprawą Boga lub fatum, wielkich sił potężniejszych od ciebie. Jesteśmy wobec nich bezbronni. Ty urodziłaś się w Polsce, ja w Albanii, w takich, a nie innych czasach, nic od nas nie zależało.

Ale jest też drugi strumień, nazwę go determinacją – wszystkie te wydarzenia, na które mamy wpływ, które kształtujemy za pośrednictwem naszej woli. To, co chcemy zrobić, kim chcemy się stać. Każdy chciałby, aby te dwa strumienie utworzyły jeden nurt, aby ślepy los odpowiadał na nasze predyspozycje i pragnienia. Urodziłem się w nieszczęsnej Albanii, dobry Boże, czemu nie we Francji! Urodziłaś się w Polsce, dlaczego nie w Niemczech? To nasz los, nie możemy przed nim uciec, ale możemy stawić mu opór. Możemy nie dać mu nami rządzić.

Nazywam się Fatos Lubonja i zawsze wiedziałem, że chcę zostać pisarzem, lata w zamknięciu wykorzystywałem na myślenie i czytanie; nie mogę powiedzieć, że straciłem ten czas. Nawet gdy przewalasz tony kamieni w kopalni, to jest to doświadczenie, które cię kształtuje. Taki był mój los: siedemnaście lat więzienia. Musiałem je zaakceptować i nadać im sens. To dotyczy każdego, nieważne, co nas spotyka: choroba czy więzienie, utrata czy klęska. W każdych okolicznościach powinniśmy nadawać znaczenie i sens swojemu losowi, wychodzić mu naprzeciw, konfrontować się z nim. Nie łamać się pod ciężarem życia.

Krąg pierwszy. Gruzowisko

W więzieniu chodziłem do pracy na trzy zmiany, pchałem wielkie, ciężkie wagony tuż obok strażników, którzy w każdej chwili mogli mnie zniszczyć. Każdego dnia życie było walką o przetrwanie, bo pracowałem w kopalni przy pogłębianiu tuneli. Wierciłem w ścianach otwory, nie za duże, nie za małe. Potem wkładano w nie dynamit, podpalano lont. Eksplozja rozsadzała świat wokół. Czuliśmy te wstrząsy w naszych ciałach. Później musiałem czyścić tunel, usuwać skały i robić nowe dziury. Zmiana po zmianie, dzień po dniu.

Każdy dzień coś ci zabiera. Żyjesz w stanie wzmożonej czujności, ze świadomością niebezpieczeństwa. Dwukrotnie omal nie straciłem życia. Raz sam nie wiedzieć czemu po prostu wyszedłem z tunelu, a trzydzieści sekund później wstrząs, wielki huk... Ja, żywy, patrzę na gruzowisko przede mną, które mogło być moim grobem. Za drugim razem popełniłem błąd i gigantyczny blok skalny spadł mi na głowę. Gdyby nie kask, zginąłbym na miejscu.

Krąg drugi. Izolacja

I były jeszcze tortury. Najstraszniejsze chwile, kiedy zamykano cię w izolatce. Po drugim wyroku spędziłem tam cztery miesiące, ponieważ odmówiłem pracy. Po prostu poczułem, że praca będzie oznaczała mój koniec, fizyczny koniec. Moje ciało się wyczerpie. Te pierwsze siedem lat byłem w stanie znieść. Ale kiedy po drugim wyroku dostałem następne szesnaście lat, wiedziałem już, że praca mnie zabije. Wiedziałem, że muszę się przeciwstawić. Nie było w tym żadnej antykomunistycznej ideologii, to nie był bunt przeciwko systemowi. To była czysta pragmatyka przetrwania, ja po prostu chciałem siebie ocalić. Chciałem, żeby przenieśli mnie do innego więzienia, gdzie mógłbym czytać i pisać.

Czasem tak jest w życiu: musisz podjąć decyzję i ponieść ryzyko. Ale mój opór mógł się stać przykładem dla innych, więc musiałem zostać ukarany. Pierwszy miesiąc: izolatka. Wypuszczono mnie, ale po kilku dniach moje imię wróciło na listę brygadzistów, co znaczyło, że muszę rano wstać i iść do pracy. Nie poszedłem. Przyszli po mnie, powiedzieli:

– Idź na górę do oficera.

Odmówiłem. A więc znowu izolatka. Zażądałem prokuratora dla okręgu Mirdita. W końcu nigdzie, w żadnym kodeksie nie było napisane, że więźniowie polityczni muszą pracować.

Krąg trzeci. Głód

– Dopóki nie pojawi się prokurator, ogłaszam strajk głodowy – powiedziałem.

Chciałem po prostu, żeby mnie przenieśli. Głód pamiętam jako ból, świdrujący ból. Dzień za dniem, czas głodu. Po trzynastu dniach jeszcze byłem przytomny, nie czułem się dobrze, ale jeszcze miałem w sobie jakieś siły. Czternastego dnia przyjechał prokurator.

– Jeśli nie chcesz iść do pracy, to umrzesz tutaj – powiedział.

– Ale przecież nie dostałem kary śmierci... Dlaczego skazujecie mnie na śmierć? Przenieście mnie do innego więzienia.

Odmówili.

Krąg czwarty. Zimno

Więc kolejny miesiąc izolatki, głodowych racji i skrajnego zimna. Bo musisz wiedzieć, że to była zima, a w izolatce miało się prawo tylko do bawełnianego podkoszulka, cienkiej bawełnianej kurtki, kalesonów i spodni. W środku zimy, tylko tyle. Bardzo mało. I dwa koce od dziewiątej wieczorem do piątej rano. Czegośmy nie robili, żeby schować te koce przed strażnikami, żeby ukryć je gdzieś w celi! Niewiarygodne. Wszystko, co człowiek robi, żeby przetrwać... Spaliśmy na drewnianych platformach i ilekroć strażnicy wchodzili do celi, musieliśmy podnosić klapy tych platform i pokazywać, że nie ma nic w środku. Niektórzy strażnicy sprawdzali dokładnie, inni po prostu rzucali okiem i przed tymi można było ukryć koc. Niektórzy więźniowie mieli taką sprytną taktykę: chowali koc w kącie tuż za drzwiami, a cele były maleńkie, więc gdy strażnik otwierał drzwi, nie miał pojęcia, że koc jest za drzwiami, a nie w skrzyni. Takie sztuczki, żeby tylko mieć koc w ciągu dnia.

W trakcie trzeciego miesiąca w izolatce zażądano ode mnie, żebym się rozebrał. Odmówiłem.

– Nie ma takiego prawa, które pozwalałoby na rozbieranie więźniów – powiedziałem.

– Na górę.

Całym sobą czułem, że teraz muszę stawić opór. Są czasem takie momenty w życiu, najbardziej ekstremalne, najbardziej heroiczne, kiedy myślisz, że za wszelką cenę musisz być silny. A potem... Potem przychodzą momenty, kiedy bardzo się boisz.

Przez półtorej godziny strażnik wyzywał mnie i straszył. Patrzyłem z bliska na jego twarz, na jego wściekłość. Ale podjąłem decyzję: muszę stawić opór. Odmawiałem. A potem strażnik zapytał innego strażnika, który właśnie wszedł:

– Przyniosłeś ręcznik?

W chwilach skrajnego stresu mózg pracuje inaczej, staje się bombą, która tyka, kamerą, która rejestruje wszystko, maszyną pracującą na pełnych obrotach. W mojej głowie jak w wirze kręciło się pytanie: „Przyniosłeś ręcznik? Jaki ręcznik? Co oznacza »ręcznik«?".

Trzech strażników stanęło przede mną.

– Teraz się rozbierz – powiedział jeden.

Po tylu tygodniach izolatki moje ciało było zapałką, którą każdy mógł złamać. Nie byłbym w stanie z nimi walczyć.

– Nie rozbiorę się – powiedziałem.

W jednej chwili rzucili się na mnie i wykręcili mi ręce. Zerwali ze mnie kurtkę i podkoszulek. Wtedy zorientowali się, że pod spodem miałem jeszcze jedną warstwę materiału, specjalną ciepłą koszulkę z bawełnianą podpinką, którą zrobił dla mnie mój przyjaciel.

– Patrzcie go, jaki cwany! Co on tutaj ma?

Rzuciłem się, żeby im to odebrać, ale przewrócili mnie na ziemię.

– Kryminaliści! – krzyczałem.

I wtedy zrozumiałem, po co był im ręcznik. Wcisnęli go w moje usta, żebym nie mógł krzyczeć.

Krąg piąty. Ból

Założyli mi kajdanki i zostawili samego. A potem przyszedł strażnik i poprowadził mnie na zewnątrz, poza więzienie. Szliśmy ścieżką w górę, ku kopalni, aż w którymś momencie kazał mi się zatrzymać, wyjął czarną pałkę i zaczął mnie bić, krzycząc. Krzyk i cios. Mój Boże. Krzyk i cios. Stałem półnagi w kajdankach i przyjmowałem uderzenia.

Potem poprowadził mnie dalej. Pomyślałem: „Nie pójdę tam. Nie będę pracował". Weszliśmy do tunelu.

– Będziesz pracował?

– Nie.

I wtedy dostał szału, coś w niego wstąpiło i zaczął mnie bić zupełnie bez opamiętania, całe moje ciało sczerniało od ciosów. A w końcu zaczął mnie uderzać w głowę, raz i drugi, z całej siły.

„Umieram", pomyślałem. Mój mózg wysyłał alarm: „On mnie zaraz zabije".

Ale nie mogłem się złamać. Coś się we mnie zacięło.

Mózg pracował nieustannie, próbując znaleźć rozwiązanie. Może zadziałał instynkt, doświadczenie, wola przetrwania, a może po tylu latach w więzieniu wiedziałem rzeczy, z których nie zdawałem sobie sprawy. Wydobyłem z siebie dziwny, niski głos.

– To ty umrzesz – powiedziałem tak, jakby coś przemawiało z głębi mnie.

Pamiętałem, że strażnik ma na imię Pjeter, więc pewnie jest z katolickiej rodziny.

– Pjeter, co ty wyprawiasz?

Na te słowa strażnik stracił głowę, a ręka z pałką zawisła w powietrzu. Stało się coś, czego się nie spodziewał. Dotąd on był katem, ja ofiarą, wszystko było jasne. Teraz nagle ja w dziwny sposób wyłamałem się ze schematu.

– Dlaczego nie chcesz pracować?! – krzyczał.

– Ponieważ znalazłeś się w tej organizacji, Pjeter – grałem dalej, grzmiąc głębokim głosem.

Strażnik doszedł do wniosku, że straciłem rozum, ale zupełnie nie wiedział, co z tym fantem zrobić. W końcu powiedział: „Wracamy", a ja cieszyłem się tylko z jednego – że przestał mnie bić w głowę. Bo przecież cały czas byłem w kajdankach i nie mogłem się nawet zasłonić. A gdy zbliżaliśmy się już do więzienia, zapytał mnie o imiona strażników, którzy stali przed bramą.

– Ma buty – powiedziałem z głupia frant, żeby nie miał wątpliwości, że poprzestawiał mi klepki.

Wróciłem do izolatki, a po siedmiu dniach zaproponowano mi, żebym napisał list do rodziny. „To moja ostatnia szansa", pomyślałem. Nakreśliłem równanie matematyczne, w którym głównymi niewiadomymi były imiona moich córek. I wynik – dwa. Przyjechał urzędnik z Ministerstwa Spraw Wewnętrznych, który był odpowiedzialny za więzienne statystyki.

– Jeśli nie pójdziesz do pracy, to umrzesz w celi – powiedział. – Nie zrobimy dla ciebie wyjątku. Wystarczy, że przez ciebie musiałem tu przyjechać.

Straciłem złudzenia.

– W takim razie pójdę pod zasieki.

„Iść pod zasieki" znaczyło popełnić samobójstwo. Jeśli zbliżyłeś się do więziennego ogrodzenia, strażnik miał prawo cię zastrzelić, bo próbowałeś uciec. W ten sposób samobójstwo popełniły w Spaçu dwie albo trzy osoby. Urzędnik wyjechał.

Krąg szósty. Rozpacz

Dopiero niedawno przeczytałem w swoich aktach, że już po drugim miesiącu w izolatce naczelnik więzienia chciał mnie przenieść do innego obozu, ale ministerstwo nie wyraziło zgody. Nie wiem, dlaczego dopiero po czwartym miesiącu pozwolili wreszcie na przeniesienie do Ballsh. Kiedy tam przyjechałem, spotkałem na sali przyjaciela.

– Mój Boże, jak to dobrze, że do nas trafiłeś! – powiedział. – Tu jest jak w raju!

Miałem dwadzieścia siedem lat. W Spaçu spędziłem cztery. I tylko dlatego, że byłem młody, miałem w sobie siłę, żeby przeciwstawić się temu wszystkiemu.

Zawsze chciałem być pisarzem. Za wszelką cenę chciałem pisać, ale wiedziałem, że w Spaçu stanę się wrakiem, że praca zniszczy moje ciało i w końcu mnie zabije.

To, że w Ballsh mogłem czytać i myśleć, całkowicie zmieniło moje życie. Wiedziałem, że pewnego dnia opiszę wszystko, co zdarzyło się w więzieniu. Mogłem zdystansować się od cierpienia. Mogłem próbować zrozumieć, dlaczego tu jestem i co czują ludzie dookoła mnie. Mogłem próbować zrozumieć strażników na tyle, żeby przestać ich nienawidzić, zastanowić się, dlaczego są tacy ograniczeni i tacy brutalni. Przestawałem być tylko swoim strachem. Mogłem próbować szukać w sobie wewnętrznego spokoju. Ale to nie znaczy, że nie było we mnie nienawiści. Nienawidziłem systemu tak bardzo, że do teraz potrafię zrozumieć, dlaczego bojownicy wychodzą na ulicę, żeby wysadzić się w tłumie, rozumiem tę nienawiść. Czasem śniłem o tym, że jestem bombą, która zamienia więzienie w kupę gruzu. Czasem myślałem: „Powinniśmy wszyscy popełnić zbiorowe samobójstwo, to jedyny sposób, żeby ktoś nas usłyszał". To były fantazje z rozpaczy, bo tak naprawdę każdy z nas chciał przeżyć, każdy chciał się ocalić.

Krąg siódmy. Śmierć

Przez te cztery miesiące, kiedy trzymano mnie w izolatce, nie myślałem o śmierci. Kiedy żołnierz idzie na wojnę, nie myśli o tym, że zginie w walce, idzie z myślą, że przeżyje. Kiedy wchodzisz na pokład samolotu, wiesz, że niektóre samoloty spadają i wszyscy pasażerowie giną, ale nie skupiasz się na tym. Po prostu trzymasz się myśli, że wszystko będzie dobrze. W izolatce towarzyszy ci strach przed śmiercią, ale przede wszystkim myślisz o tym, że musisz przeżyć. Kiedy zdecydowałem się na strajk głodowy, opuścił mnie jakikolwiek lęk, przestałem bać się śmierci. W tamtej chwili czułem, że mogę wszystko, że jestem od wszystkich silniejszy. Ale taka myśl nie trwa długo. Strach wraca.

Był ze mną w celi ksiądz, późniejszy arcybiskup Frano Ilia, oskarżony o szpiegostwo na rzecz Watykanu. Dostał karę śmierci, ale zaproponowano mu, że jeśli przyzna się do zarzutów, zamienią mu ją na dożywocie. Zgodził się. Pewnego dnia zapytałem go:

– Frano, ja nie wierzę, że cokolwiek istnieje po śmierci, ale ty jesteś człowiekiem religijnym, wierzysz w życie wieczne, dlaczego się zgodziłeś? Mogłeś powiedzieć: „Nie, to nieprawda" i od razu poszedłbyś do nieba.

A on odpowiedział:

– Nawet Jezus Chrystus przed ukrzyżowaniem poszedł do ogrójca i błagał swojego Ojca, by oszczędził mu cierpienia.

Nie był gotowy zostać męczennikiem, tak jak Jezus nie był gotowy cierpieć. Ciało za wszelką cenę chce uciec przed cierpieniem. Ciało chce żyć.

Krąg ósmy. Cienie

Ludzie, którzy mnie torturowali, są dzisiaj cieniami w mojej głowie. Pewnego razu spotkałem jednego z nich na ulicy podczas demonstracji.

– Fatos! – zawołał. – Poznajesz mnie? To ja, Gjergj!

Oczywiście, że go poznałem, to był strażnik, który kopał wyjątkowo brutalnie, bezwzględny człowiek.

Teraz wspierał nas w protestach przeciwko rządom Salego Berishy. Chciałbym kiedyś usiąść naprzeciwko tych, którzy mnie torturowali, i zapytać ich: „Kim wtedy byliście? Czy byliście ludźmi?". Ale wiem, że oni nie są zdolni do refleksji. Tylko niewielu z nich naprawdę rozumie, co robiło innym. Reszta uważa się po prostu za narzędzia w rękach systemu i dlatego nie czują żadnej odpowiedzialności za swoje czyny.

Spotkałem też kiedyś jednego z trzech sędziów, którzy wydali mój drugi wyrok i w 1979 roku skazali na śmierć trzech moich przyjaciół: Fadila Kokomaniego, Vangjela Lezhę i Xhelala Koprenckę. Wchodząc do kawiarni, chciałem przepuścić w drzwiach starszego mężczyznę, on z kolei przystanął, żeby przepuścić mnie, a potem spojrzał mi w twarz i zapytał:

– Poznaje mnie pan? Czy możemy wypić kawę?

I wtedy zrozumiałem, kto przede mną stoi. Usiedliśmy przy stoliku.

Ten człowiek zadecydował o losie moim i moich przyjaciół. Może zastanawiasz się, dlaczego nie przywaliłem mu w twarz? Chyba chciałem go po prostu zrozumieć. Ale nie umiałem na niego spojrzeć. Po prostu siedziałem i słuchałem jego głosu.

– Tak – mówił – podpisałem te wyroki skazujące... Podpisałem i wiem, że to było złe. Ale czy miałem jakieś wyjście? Znalazłbym się w więzieniu, tak samo jak pan. Przypomina pan sobie, gdy Vangjel Lezho poprosił o okulary, żeby przeczytać swoją obronę, i dałem mu własne?

Spojrzałem mu w twarz, jak wiele lat temu. Kiedy ciążą na tobie oskarżenia i wchodzisz na salę sądową, od razu lustrujesz twarze sędziów, szukasz w nich śladów dobroci, empatii, odrobiny człowieczeństwa, szukasz dla siebie nadziei. Teraz przyszło mi do głowy, że może nie jest tak złym człowiekiem, jak wcześniej myślałem.

– Zdawał pan sobie sprawę, że zarzuty są sfabrykowane – zapytałem – czy naprawdę pan wierzył, że wszystko to prawda?

– Nie... Przecież to było oczywiste... Wiedzieliśmy, że zarzuty są sfabrykowane.

Wiedzieli. A więc mogli powiedzieć: „Nie, nie podpiszę wyroku śmierci". Mogli powiedzieć: „Kocham partię, kocham prawo, które ustanawia, ale nie zgadzam się na kłamstwo". Ale nie powiedzieli. Podpisali wszystko.

Teraz, kiedy o tym myślę... Ile mieli wolności? Czy twoja świadomość jest wolna? Wszyscy byli jak dzieci, których życie leży w rękach dorosłych, w rękach partii. Nie mogli dorosnąć, nie mogli być wolni. W jakiś sposób ich to usprawiedliwia... Ale przecież każdy podejmował w tamtym czasie jakieś decyzje. Każdy miał margines wolności, każdy miał wybór. Ci, którzy decydowali o życiu innych, też mogli postąpić niegodnie lub postąpić słusznie.

Kiedy byłem w więzieniu, zastanawiałem się czasem, dlaczego mój ojciec nie zrobił nic, żeby mi pomóc, w końcu był wpływowym komunistą. Dlaczego nikt z otoczenia Envera nie sprzeciwił się regularnym czystkom? Nikt nigdy nie zatrzymał Hoxhy przed niczym. Nikt nigdy nie stawił mu oporu.

Krąg dziewiąty. Koniec

W książce *W siedemnastym roku* opisałem sytuację więźnia, który siedzi w izolatce z wykręconymi ramionami i kneblem w ustach i czeka do wieczora, aż odepną mu łańcuchy i będzie mógł przykryć się kocem i spać do piątej nad ranem. Takie cierpienie trwało kilka, kilkanaście dni, w trakcie których myślałeś tylko: „Boże, kiedy ten dzień się skończy, kiedy wreszcie zasnę bez kajdan...". Potem, gdy kara się kończyła, zostawałeś w izolatce jeszcze na trzydzieści dni i myślałeś: „Boże, kiedy wreszcie przeniosą mnie do normalnej celi...". Później trafiałeś do normalnej celi i myślałeś tylko: „Boże, kiedy wreszcie wypuszczą mnie na wolność".

Wszystko to dało się znieść. Piekło ma wiele kręgów.

Program budowy sieci bunkrów, schronów i tuneli ruszył na początku lat 70. i trwał do 1984 roku. Według różnych danych zbudowano od 173 tysięcy do pół miliona bunkrów

Część czwarta

Kamień na granicy

Forma przetrwalnikowa

Bibika Kokalari, chemiczka, kuzynka pisarki Musine Kokalari:

– Kiedy szłam ulicą i widziałam, że z naprzeciwka jedzie czarny samochód z oficjelem w środku, pochylałam głowę i potrząsałam nią leciutko, żeby pozbyć się wszystkich myśli, żeby moja głowa wypełniła się pustką. Oni są tak potężni – roiło mi się – że na pewno zbudowali już aparat do czytania w myślach. Skoro podsłuchują tak wiele domów, skoro przejęli kontrolę nad wszystkim, musieli też dostać się do naszych umysłów. Teraz jeżdżą po ulicach i aparatami sczytują nasze myśli, a jutro ktoś zapuka do moich drzwi. „Myśl pustką, pustką, pustką", powtarzałam sobie, potrząsając głową.

Janina Çina, tłumaczka:

– „Nie ufaj własnej koszuli", tak powiadali. Znaczy się: nie ufaj sobie, nie ufaj własnej skórze, nie ufaj mężowi ani żonie. Ja na przykład nie rozmawiałam z mężem o tym, co robi w pracy. Lepiej było nie wiedzieć. Myślałam: „Jak mnie wezmą na tortury, lepiej mieć w głowie pustkę".

*

„Nie może być gorzej" – powiesz w domu na głos, usłyszy cię ściana, dziesięć zapieczętowanych lat. Za podburzanie ściany przeciwko systemowi.

Nie tylko nie mogłeś mówić źle, nie mogłeś nawet myśleć źle. Bo gdybyś pomyślał źle, to prędzej czy później powiedziałbyś to na głos. Choćby i do ściany. A ściana miała uszy, język i dobrą pamięć. Niejeden znajdował pod stołem pluskwy, a za oknem kable, które prowadziły do ucha władzy. Jedno słowo i kajdanki na rękach, kilka albo kilkanaście lat w plecy, ciosy czarną pałką w celu wyprostowania albo połamania kręgosłupa. Tego, który nadaje ci pion, i tego, na którym rozciąga się dusza.

Tak mówili jedni.

Ale drudzy mówili, że żyło im się znośnie.

Bo jedni umierali w więzieniu i cierpieli głód, a drudzy brali ślub i witali na świecie dzieci.

Jedni wychodzili z więzienia, drudzy wchodzili w dorosłość.

– Czym jest wolność?– pytali jedni.

– Na co ci to wiedzieć? – odpowiadali drudzy.

Świat wokół jest zwyczajny, codziennie żyje się, po prostu, kto wolnością łamałby sobie głowę i sumienie? Byli tacy, którzy mieli pralki, którzy nie myśleli, jak jest ciężko, którzy cieszyli się, że przyszedł postęp. Przeżyli ten czas. Trudno było ich dostrzec. Nie triumfowali i nie czuli strachu. Nie cierpieli. Każdy miał poletko państwa do uprawy. Każdy miał maleńką porcję władzy i trzymał się jej kurczowo.

Jeśli trzeba było cierpieć, ludzie cierpieli. Jeśli trzeba było patrzeć, przyglądali się cierpieniu. Niektórzy zamykali oczy. Inni je mrużyli.

W pewnym momencie wszyscy stawali się sposobami na przetrwanie. Niektórzy zamieniali się w uszy i w języki. Inni zamieniali się w ściany i kamienie. Pod grubą skórą rozciągała się warstwa strachu, pod nią – warstwa wstydu albo otępienia.

Kamień na granicy

Nie wiedziałem, jak wygląda świat poza Albanią, i nie umiałem go sobie wyobrazić. Żyłem w kraju pełnym kłamstw, w którym nie było niczego. O czym mogłeś marzyć? O kawałku mięsa? O dobrych butach? Żeby wystać butelkę mleka dla dziecka? To były ramy naszych marzeń w kraju, którego granice wyznaczał drut kolczasty. Dlatego miałem tylko jedno marzenie: uciec.

Albania była rezerwatem osowiałych zwierząt. Czy zwierzę, które żyje w klatce, marzy o tym, żeby się wydostać? Pragnienie, by się ocalić i odzyskać wolność, to nie jest marzenie, to instynkt. Zwierzę szarpie się w sobie i obserwuje, nie tracąc czujności, bo instynkt pcha je do tego, by się uwolnić. Kiedy wyruszasz w drogę, nie wiesz, czy idziesz ku wolności, czy ku śmierci, ku uldze, czy ku zatraceniu. Nie myślisz o tym, czy zginiesz, myślisz: „Tylko to mnie może ocalić". Gdybyś wiedział, co cię czeka, być może nigdy nie wyszedłbyś z domu.

Urodziłem się w greckiej wiosce Derviçan, ledwie dwanaście kilometrów w prostej linii od granicy – i tę granicę zawsze miałem pod skórą. Widziałem, jak o zmierzchu różowieją wzgórza na horyzoncie, i myślałem: „Po drugiej stronie są inne wioski, inne rzeki, inne domy".

A nasze albańskie życie było surowe i proste jak woskowa świeca. Nic nie należało do nas, wszystko zależało od państwa. Kiedy podrosłem, rodzice wysłali mnie do Gjirokastry, żebym uczył się na stolarza. I tam, w warsztacie, poznałem czterech chłopaków, jak ja głodnych życia, ciekawskich. Rozmawialiśmy ze sobą o wszystkim, o innych światach też.

– Podobno za granicą każdy ma telewizor... I samochód!

– No coś ty?!

Nie mogliśmy sobie tego wyobrazić. Łapaliśmy strzępki, które wirowały w powietrzu: że ktoś był w Jugosławii i coś tam zobaczył, że ktoś słuchał reklam w greckim radiu i w ogóle nie wiedział, o co w nich chodzi. Propaganda krzyczała: „Obrona granic to obowiązek nad obowiązkami!", a cała Albania była opasana drutem kolczastym, tu wyższym, tam niższym, tu pojedynczym, tam podwójnym. Nikt z nas nie miał paszportu, paszport był zaszczytem, który należał się nielicznym: partyjniakom, sportowcom albo członkom zespołów ludowych. I to tylko tym, co do których była stuprocentowa pewność, że z nim natychmiast nie uciekną.

A ten, kto uciekł, musiał żyć ze świadomością, że zostawił za sobą cierpienie. Rodziny zdrajców były karane jak zdrajcy. Zazwyczaj internowano ich w najbardziej odległych i zacofanych rejonach, gdzie każdy dzień był walką o przetrwanie, żeby cudze cierpienie stało się lekcją dla innych.

Czasem granica była śmiercią, bo strażnik miał prawo strzelić do każdego na linii wzroku, ale czasem nawet śmierć nie była ostateczną karą. W latach osiemdziesiątych strażnicy przywiązali do haka ciężarówki ciało zastrzelonego piętnastolatka i wlekli go po żwirowej drodze aż do jego rodzinnej wioski. To, co porzucili pod największym dębem we wsi, było już tylko strzępem. Władza zamieniła wesołego piętnastolatka w krwawy strzęp, po co? Żebyśmy wszyscy się bali? Żebyśmy nigdy nie zapomnieli?

A jednak ludzie rzucali kości na stół. Opowiadaliśmy sobie, jak w 1956 roku pewna rodzina nomadów tak po prostu przekroczyła granicę, popędzając wielkie stado owiec, i schroniła się w Grecji, bo strażnikom nie przyszło do głowy, że nawet durni pasterze mają tyle rozumu, by uciec.

– To chyba nie jest takie trudne... – zastanawialiśmy się między sobą.

Czy zwierzę, które pragnie się oswobodzić, jest takie odważne, czy takie głupie? Czy zwierzę, które żyjąc w klatce, zostanie włożone do jeszcze mniejszej klatki, pomyśli przez chwilę: „Ukradziono mi życie"?

Czterech nas było, wydawało mi się – fajnych chłopaków, a okazało się, że było nas trzech i szpieg. Doniósł kolega, który wcześniej stracił pracę jako nauczyciel i teraz potrzebował połasić się do władzy, żeby gdzieś się zaczepić. Nie znaliśmy go dobrze, ale szybko uznaliśmy za przyjaciela, bo byliśmy durni i ufni, a jemu zawsze było do śmiechu. Żeby tak dostać kij w ręce... Połamał nas jak zapałki, a teraz już nie żyje… Nie żyją moi przyjaciele, nie żyje też Anastas, Judasz. Jego wina poszła z nim do grobu.

System załomotał do drzwi, gdy miałem szesnaście lat. Byłem tylko głupim, naiwnym dzieckiem, które ośmieliło się mieć marzenie i wypowiedziało je na głos. Powinienem był chodzić do szkoły, a poszedłem do więzienia, do najgorszej szkoły życia. Nazwali mnie wrogiem ludu, a ja nie rozumiałem, że w Albanii panuje komunizm, że propaganda ryje ludziom w głowach, że żyjemy w potrzasku. Dopiero w więzieniu, w betonowej celi, zobaczyłem Albanię jako wielką klatkę. Tkwiłem w niej sam. W najczarniejszych godzinach ludzi wokół trzymała przy życiu myśl o rodzinie, a ja przez pięć lat więzienia nie dostałem ani listu, ani paczki, ani jednego słowa.

Miałem dwadzieścia jeden lat, gdy wyszedłem na wolność. Z pierwszej roboty wyrzucili mnie po tygodniu, krzycząc mi w twarz: „Ty zdrajco!". Potem nikt nie chciał mnie zatrudnić, chociaż chodziłem od fabryki do fabryki i gdzie mogłem, prosiłem o pomoc. Byłem jak pies, każdy mógł mnie kopnąć.

Jak człowiek jest młody, nie potrafi zgiąć karku, wydaje mu się, że uniesie na plecach każdy ciężar. Zakochałem się i ożeniłem, ale kiedy żona zaszła w ciążę, zrozumiałem, jak straszne życie nas czeka. Każdego dnia musiałem walczyć z systemem, by przynieść jedzenie do domu. Nawet na wolności byłem jak zwierzę w klatce.

Wracały myśli o ucieczce: przed zaśnięciem i kiedy się budziłem i otwierałem oczy… Śmierć na granicy mnie nie przerażała, czym by się różniła od tej codziennej śmierci za życia? Byłem młodym człowiekiem, a czułem się stary i martwy. Nie chciałem uciec, by zrealizować wielkie marzenia, nie ścigały mnie rojenia ani cudowne plany. Chciałem uciec przed nędzą życia, przed brakiem nadziei, przed upodleniem. Chciałem uciec, bo gnała mnie nadzieja, że po drugiej stronie czeka nas lepsze życie, że nie będę musiał rozmawiać z żoną szeptem, że nie będę musiał kłamać dziecku, że nie będziemy musieli zastanawiać się, skąd wziąć jedzenie. Że ludzie będą traktowali mnie jak człowieka, nie jak wesz.

Kiedy moja żona była w szóstym miesiącu ciąży, namówiłem ją wreszcie, byśmy uciekli. Czas nas ścigał, rósł brzuch pod jej sukienką i rosły nasze kłopoty. Mówiłem: „Nie mamy nic do stracenia", chociaż mieliśmy do stracenia życie. Ale ucieklibyśmy jako rodzina, we dwoje. Ja nie miałem już nikogo, ona wahała się, żal jej było rodziców. W końcu się zgodziła – może dlatego że mnie kochała, a może dlatego że nienawidziła Albanii. Może nie miała już żadnej nadziei.

Wyszliśmy z domu jak gdyby nigdy nic, włożyliśmy do kieszeni tylko parę kromek chleba i poszliśmy przed siebie. W kraju, w którym prawie nie było samochodów, w którym trzeba było się bić, żeby wsiąść do autobusu, rower i własne nogi były jedynymi pewnymi środkami transportu. Całe życie dokądś szedłem. I teraz też szedłem – przed siebie, na spotkanie z własnym losem.

Nie rozmawialiśmy dużo po drodze. Krok po kroku, kilometr po kilometrze zbliżaliśmy się do granicy, jak najdalej od wszystkich punktów kontrolnych.

Ja skupiony, ona coraz bardziej zmęczona. Nic nie mówiąc, trzymała się za brzuch.

Znałem te okolice, wiedziałem, gdzie jest najmniej strażników, gdzie ogrodzenie jest najniższe. Gdy byliśmy już blisko, pognałem do przodu. „Przejść jak najszybciej, jak najszybciej", myślałem. Zostawiłem ją za sobą. Wdrapałem się na ogrodzenie, obtarłem sobie nogi do krwi, ale nic nie czułem. Zeskoczyłem, pobiegłem przed siebie i rzuciłem się w trawę. Ogłuszyła mnie radość. Jeszcze tylko chwila, zaraz przyjdzie ona i będziemy wolni. Zaczniemy wszystko od nowa. Patrzyłem w niebo i przez moment o niczym nie myślałem. Po raz pierwszy od dawna pozwoliłem sobie nie myśleć. Byłem wolny... Tak mi się wydawało.

Słońce schodziło coraz niżej, a ja, ukryty w trawie, czekałem. Myślałem o niej, że pod sercem nosi nasze dziecko, że jest jedynym człowiekiem, którego kocham. Minęła może godzina, a jej ciągle nie było. Co się stało? Patrzyłem przed siebie, na wzgórza, które otaczały mnie ciasno, zabierając perspektywę. Co mam robić? Wrócić po nią czy iść przed siebie, do wolności, do lepszego życia?

Wtedy, w tamtej chwili zdecydowałem. Na jednej szali położyłem życie, na drugiej miłość i wybrałem miłość. Nie wiedziałem jeszcze, co ten wybór znaczy. Nie wiedziałem, że ona też będzie musiała wybrać.

Zawróciłem.

Siedziała na kamieniu ze zwieszoną głową, trzymając się za brzuch. Kiedy mnie zobaczyła, kiedy spojrzałem w jej twarz... Zrozumiałem, ale było za późno. Natychmiast otoczyli mnie strażnicy.

Znaleźli ją o wiele wcześniej, ale kiedy spostrzegli, że jest w ciąży, domyślili się, że nie szła sama. Nie wiedzieli, czy po nią wrócę, ale czekali. Czekali na mnie, tak jak ona na mnie czekała.

Nie wiem, co myślała, siedząc na kamieniu. Czy błagała mnie w myślach, bym wrócił, czy liczyła, że nie będę się oglądał za siebie? Patrzyłem na nią i jej brzuch. Było mi tak strasznie żal.

Wróciłem, bo wiedziałem, że muszę być jej wierny. Jeśli kochasz, to jesteś wierny. I nie wolno ci zdradzić tego, kto cię kocha.

Tam, na kamieniu, widziałem ją po raz ostatni.

Za próbę ucieczki z kraju, czyli za zdradę ojczyzny, skazano mnie na dwadzieścia lat więzienia, moją żonę – tylko na dziesięć, bo była w ciąży. Nie wiem, jak to wszystko wyglądało z jej perspektywy, nie wiem, co myślała. Docierały do mnie tylko strzępy wiadomości: że urodziła w więzieniu, że oddała naszego syna do adopcji, że chce rozwodu.

Byłem zupełnie sam. Gdzieś tam, daleko, w sierocińcu, żył mój syn, dla którego zaryzykowałem wszystko, i on też był sam.

Podpisałem papiery rozwodowe. Skoro taka była jej wola. Potem dowiedziałem się, że zaraz po rozwodzie trafiła do szpitala psychiatrycznego we Wlorze. Nasza rozbita albańska rodzina. Ja w więzieniu, syn w sierocińcu, ona w psychiatryku. Trzy losy jak trzy złamane zapałki.

Nigdy więcej nie szukałem z nią kontaktu. Słyszałem tylko, że gdy wyszła ze szpitala, rodzina wydała ją powtórnie za mąż. Ktoś mi mówił, że nie chciała, ale ją zmusili. Nigdy się nie dowiem, czy to była prawda. Zresztą teraz to już bez znaczenia.

W więzieniu najtrudniej było mi myśleć o synu, a myślałem o nim codziennie. Jaki jest, co robi, czy jest do mnie podobny? Czy postawił już pierwsze kroki, czy powiedział pierwsze słowo, czy narysował pierwszy domek? Czy wie, kim są jego rodzice? Czy ma do mnie żal? Czy cierpi? Czy w sierocińcu czuje się zamknięty? Czy myśli o mnie czasem? Czy przyszło mu do głowy, że całe to ryzyko podjęliśmy dla niego? Że zawróciłem z miłości do nich? Że przekraczając granicę, ja też podpisałem na siebie wyrok?

Mijały lata, lata ciężkiej przymusowej pracy, nędznej, beznadziejnej. Dziesięć lat w rafinerii naftowej w Ballsh, potem w kopalni miedzi w Rubiku, później w Laçu... Osuszanie bagien w środkowej Albanii. Straszna praca, przy której ludzie padali jak woły pociągowe. Potem wracaliśmy do cel, zamknięci jak zwierzęta w klatkach. Czułem, że wraz z cierpieniem lęgną się we mnie nienawiść i zło.

Wyszedłem po dwudziestu latach. Nie skrócili mi wyroku ani o jeden dzień. Byłem wolny w kraju liczącym trzy miliony wolnych więźniów. Od nowa musiałem się nauczyć chodzić jak człowiek, myśleć jak człowiek i oddychać jak człowiek, ponieważ chodziłem jak więzień, myślałem jak więzień i oddychałem jak więzień. Przez lata dzień w dzień uczono mnie dyscypliny i strachu, więc cały byłem z dyscypliny i strachu. Miałem wrażenie, że wszyscy wokół wydają mi polecenia. Gdy z kimś rozmawiałem, stałem wyprężony jak struna. Musiałem od nowa uczyć się wolności, na tyle, na ile może być wolny dawny skazaniec w zniewolonym kraju.

Od razu pomyślałem o moim synu. Miał dwadzieścia lat, całe życie przeżył w sierocińcu. Na jakiego człowieka wychowało go państwo, które wsadziło mnie za kratki? Co mu o mnie mówiono? Czy jego wychowawcy zaszczepili mu nienawiść do ojca, wroga ludu? Bardzo chciałem się z nim zobaczyć, bardzo pragnąłem wszystko mu opowiedzieć. Chciałem, żeby mnie zrozumiał i żeby mi wybaczył.

Dowiedziałem się, że studiuje w Elbasanie, i udało mi się nawiązać kontakt z jego kolegami. W końcu umówiliśmy się na spotkanie, danego dnia miałem na niego czekać na dworcu autobusowym w Gjirokastrze. I czekałem. Wpatrywałem się w twarze wszystkich młodych mężczyzn. Szukałem jakiegoś znaku, czekałem na drgnienie w sercu. Ale twarze wokół były puste. Nie rozpoznałem mojego syna.

A on tam był, tamtego dnia na dworcu w Gjirokastrze. Przyjechał. Nawet przeszedł obok mnie. Ale to był rok 1982, wszyscy żyliśmy stłamszeni strachem. Żaden z nas nie miał odwagi po prostu podejść i zapytać: „To ty?".

Dopiero tydzień później udało nam się spotkać w innym miejscu. Rzuciliśmy się sobie w objęcia, tak po prostu. Wtedy nawet taki zwykły, ludzki gest był aktem odwagi. Mój syn zaryzykował, przytulając się do mnie, wroga ludu, byłego więźnia. Ale bardzo chciał mieć ojca. A ja w czterdziestym czwartym roku życia miałem w życiorysie wyłącznie dwadzieścia pięć lat więzienia i syna, nic więcej. Ludzie mówili mu: „Daj spokój, na co ci taki ojciec? Tylko sprowadzi na ciebie nieszczęście". Ale syn nie chciał ich słuchać. Wyrósł na dobrego człowieka. Wyrósł na takiego syna, o jakim zawsze marzyłem.

Tymczasem kraj się sypał i zamierał w bezruchu, brakowało surowców, stawały fabryki, nie było benzyny do maszyn, ale moje życie toczyło się, jakby wpadło wreszcie na właściwe tory. Ożeniłem się ponownie, urodził mi się drugi syn, żyliśmy nędznie, ale nie miałem już żadnych marzeń i żadnych oczekiwań. „Byle tylko nie cierpieć więcej", myślałem.

I wtedy żona trafiła do więzienia. Siedem lat za kradzież radia. Wyrok dla niej, dla mnie i dla naszego syna. Zostaliśmy sami, ja i on. Żeby zdobyć dla niego mleko, stawałem w kolejce o czwartej nad ranem. Stawałem i patrzyłem w ciemność, i czekałem, aż wreszcie wstanie słońce. A kiedy patrzyłem na słońce, nie myślałem o tym, że dziś wzeszło, by świecić dla mnie. Myślałem, że wzeszło, by wypalić mi twarz.

Kiedy tylko system runął, pojechałem do Grecji, w 1991 roku, wraz z synami. Nie spodziewałem się wiele po tym kraju, bo byłem już zmęczonym człowiekiem, czułem lata pracy w każdej kości, ale znowu zaryzykowałem, tym razem dla synów. Po prostu. Dla nich życie w Grecji okazało się wybawieniem – starszy znalazł pracę, młodszy poszedł na studia. Dziś jeden mieszka w Sparcie, a drugi w Kanadzie, nic im nie grozi. Mają dobre życie, są bezpieczni.

A ja jestem tu, w Albanii, na ojczystej ziemi. Nie spotka mnie już ani nic złego, ani nic dobrego. Nie mam żadnych złudzeń. Mogę mówić, ile chcę, że nie ma pracy, nie ma pieniędzy i nie ma perspektyw, i nikt mnie za to nie skarze, czyli jestem wolnym człowiekiem. Kiedy miałem szesnaście lat, wydawało mi się, że zawsze będę latał wysoko, a potem ktoś podciął mi skrzydła. Spadłem i roztrzaskałem się o ziemię. Nigdy więcej nie mogłem się unieść. Teraz nic już na mnie nie czeka.

Spotykam się często w tym barze z kolegami. Rozmawiamy o przeszłości, setki razy wracamy do tych samych wydarzeń, ale są rzeczy, których po prostu nie chcę pamiętać, bo ból mnie oślepia.

Nie wiem, czy kiedykolwiek byłem szczęśliwy. Może wtedy, kiedy patrzyłem na synów. Ale moje życie to były krótkie okresy spokoju przeplatane kolejnymi uderzeniami nieszczęścia. Nie wiem, czemu jednych los oszczędza, a innym zsyła tyle cierpienia. Nie wiem, kto pisze nasze życie, nie wiem, komu tak strasznie drżała ręka, kiedy pisał moje. Robiłem, co mogłem, żeby samemu decydować o sobie, a i tak dwadzieścia pięć lat życia spędziłem w więzieniu. Próbowałem żyć i myśleć jak wolny człowiek, a i tak żyłem jak zwierzę. Gdybym tylko wtedy poszedł przed siebie... Gdybym po nią nie wrócił...

Życie zabiera cię tam, dokąd chce. Gdyby udało mi się uciec... Ale nie zdołałem. Nie udało mi się wymknąć mojemu losowi.

Jest taki wiersz Martina Camaja:

Kiedy umrę niech się stanę kamieniem
Na krańcu mojego kraju
By znaczyć jego granice

Ja stałem się kamieniem za życia tamtego dnia, kiedy przekroczyłem granicę i zawróciłem.

Wolność w wiosce Zogaj

– Nazywam się Xhemal Turishta i całe życie łowiłem ryby.

– A ja jestem Ardiana, jego żona, pół życia w fabryce.

– Tu, w Zogaju, niczego nam nigdy nie brakowało. Jak się porówna z resztą Albanii, to myśmy żyli całkiem względnie. Na pewno nie było tak, żeby ktoś głodował.

– Dodatkowa paczka kawy? Proszę bardzo. Dodatkowy kilogram mięsa? Też się da. Sera więcej niż gdzie indziej i owoców różnych pod dostatkiem.

– Ryb mogłem łowić, ile mi się chciało. We wszystkich wioskach przy granicy ludzie mieli lepiej niż w mieście. Ryby jedli w świątek – piątek, domy stawiali. Żyło się.

– Czy władza chciała, czy nie, i tak nas dopieszczała. Bo gdyby o nas nie dbali, tobyśmy wszyscy stąd uciekli. A ktoś musiał siedzieć na granicy i pilnować reszty, prawda?

– Wyboru specjalnie nie mieliśmy. A jak ci się wydawało, że masz wybór, to byłeś w błędzie. Myśmy dziękowali władzy, że możemy żyć, jak nam każe. Jak ci pozwolili studiować, to już byłeś tak szczęśliwy, że poszedłbyś studiować nawet mieszanie kijem w wodzie, byleby tylko nikt się nie rozmyślił.

– Urodzić się na granicy to był dar od losu. Ale też męka, bo granica kusiła, przyzywała. No i się człowiek napatrzył na cierpienie. To nasze Jezioro Szkoderskie to była wielka nadzieja, ale też wielki cmentarz. A jednak wchodzili ludziska do wody. Wchodzili, mieli przed sobą jezioro po horyzont, ale rzucali się przed siebie. Czy dopłyną, czy ich woda pochłonie... Co to będzie: wolność, śmierć...

– Tych, których złapali, torturowali straszliwie. Strażnicy mogli bić, ile im przyszła ochota, więc męczyli pokazowo, zadręczali człowieka, żeby inni widzieli. Trzech chłopaków od nas próbowało uciec, takich szesnastoletnich, głupich. Wolność im się zamarzyła. Jak ich złapali, to tak pobili... Wielkie bloki kamienne położyli im na plecach, gdy leżeli na podłodze, ciężkie bardzo. To jest okropna tortura, bo nie dość, że cię boli, to jeszcze masz wrażenie, że się dusisz.

– Tylko myśl masz w głowie, że umierasz.

– Gdy zobaczyli takiego, co ucieka, polowali na niego, jakby to był jeleń. Coś się włączało w człowieku, jakieś nieludzkie okrucieństwo. Pamiętam, jak jednego chłopaczka wyczaili. Najpierw krążyli wokół niego, pokrzykiwali, napawali się, a potem staranowali go łodzią, tak że ciało wkręciło się w śrubę. Zmiażdżyli go, rozszarpali. I cieszyli się z tego: „Śmierć wrogom ojczyzny!". Jak strażnik zastrzelił kogoś na granicy, to dostawał dzień wolnego, żeby sobie odpoczął.

– Ale to przecież też byli ludzie, prawda? Oni też mieli czasem ludzkie odruchy, raz strzelali, a raz nie. Kiedyś kobieta szła z córeczką kilkumiesięczną na rękach. Jak ona to zrobiła, ja nie wiem. Pójdzie pani potem klonem, znaczy się przez strefę przygraniczną, to pani zobaczy, że to była niemożliwość przejść. A ona przeszła. Taka kobiecina jak ja, normalna. I dopiero gdy już była po drugiej stronie, to dzieciątko zapłakało i ją złapali. Mąż jej umarł parę dni wcześniej, myślała, biedna, że już nic nie ma do stracenia. Za ucieczkę było co najmniej dziesięć lat, ale ją wypuścili po roku, bo dziecko miała maleńkie.

– Jak ona to zrobiła?

– A bo ja wiem? Myśmy wiele razy rozmawiali, żeby uciec, ale ja się bałam. I nie mogłam tu zostawić chorej matki.

– Całą rodzinę by internowali, gdybyśmy uciekli. Kto uciekał, musiał pamiętać, że nawet jak mu się uda, to zostawi krewnych w cierpieniu.

– Teraz żałuję, żeśmy nie uciekli. Naprawdę. Ale ciągle słyszeliśmy, że Serbowie to potwory, że jak przekroczysz granicę, to zaraz cię zgwałcą. Ten strach nas powstrzymywał, ale teraz codziennie żałuję straconych lat w Albanii.

– Z naszej wioski pięciu uciekło!

– No, udało im się!

– I rozpierzchli się po świecie. Jeden jest w Ameryce, jeden w Australii. Żyje im się.

– I szpiegów mieliśmy! Czasy się zmieniły, a oni ciągle tutaj siedzą. A starali się, oj, starali! Zawsze czujni, przyczajeni. Podchodzili pod okna, nadsłuchiwali, ale choćby nie wiem jak byli ostrożni, to i tak prędzej czy później któryś wpadał. Trójka szpiegów mieszkała w Zogaju. Wiedzieliśmy kto, więc mieliśmy na nich oko.

– Synów nie wolno nam było obrzezać, bo to rytuał religijny, więc zakryliśmy okna kocami i nadsłuchiwali, czy nikt nie idzie. „Byle tylko dziecko nie zapłakało!", myśleliśmy.

– Ja raz powiedziałam w pracy, że lubię jugosłowiańskie piosenki. Taka głupia! Ale mi się upiekło. Musiałam tylko złożyć samokrytykę, że nie wiem, co mi przyszło do głowy, bo przecież nigdy żadnej jugosłowiańskiej piosenki nie słyszałam, a najpiękniejsze pieśni to są nasze, albańskie...

– Jeden facet powiedział kiedyś, że jugosłowiańskie rowery są lepsze od albańskich. Siedem lat! I zostawił żonę, dziecko...

– A Zef Tushi, co dostał pięć lat, bo się poskarżył na chleb?

– A jak kiedyś przyszła ciotka na obiad i wpadła nam do domu policja, bo ciotka przyjechała ze Szkodry do Zogaju bez pozwolenia? Pamiętasz, jak ją siłą odciągali od stołu? Tak jak obiad jadła, tak ją wzięli i zabrali.

– Bo wszyscy ze Szkodry jako przygranicznicy mieli paszporty wewnętrzne. Żeby przekroczyć most na Bunie, musieli iść do specjalnego punktu i podbić paszport. Jak było wesele u nas w wiosce, to goście z sąsiednich wsi też musieli sobie załatwiać pozwolenie.

– A jak wujek z kochanką uciekał, pamiętasz? Miałem wujka księgowego, co zakochał się w kobiecie z Vermosh, która miała męża... „No to – pomyśleli – uciekniemy!" Wzięli ze sobą trochę jedzenia i ruszyli.

Szli przed siebie, szli i szli, wdrapali się na ogrodzenie, zeskoczyli, a potem w nogi. Pobiegli, zasapali się, rzucili się sobie w ramiona, że przeszli przez granicę, i szczęśliwi usiedli, żeby coś zjeść. I wtedy przyszedł strażnik. „Co tu robicie?!", japę drze. Wujek na szczęście nie stracił zimnej krwi. „Jak to co? – mówi. – Przecież widać, że piknik". No i wielkie mieli szczęście, bo za piknik w strefie przygranicznej dostali tylko kilka miesięcy.

– O chłopcach powiedz.

– O chłopcach... Było trzech takich, strażnicy zastrzelili ich, jak próbowali uciec. I ja pomagałem potem nieść zwłoki. Nieduzi chłopcy, chudziutcy. Jak ich nieśliśmy, to jeden się obsunął i jego głowa uderzała o kamienie. Żal mi się zrobiło, chciałem go podciągnąć, ale strażnik wrzasnął: „Stój! Co robisz?". Milczałem. „Nie twój interes, to go zostaw!", krzyknął. Poszliśmy dalej. A ta głowa chłopca dalej uderzała o kamienie... Zostawiała na kamieniach ślady krwi.

– Ale niech pani sobie nie myśli... System miał też dobre strony. Praca dla każdego, szkoły wszędzie, pielęgniarki, położne, dla pracowników fabryki opieka lekarska. Jakbym miała fantazję, tobym mogła nago po ulicy chodzić i nic by mi się nie stało, bo tak było bezpiecznie. A teraz? Przez całe lata człowiek boi się wyjść z domu. Zogaj taki piękny, a nic się tu nie buduje. My nawet prawa do tego domu nie mamy, bo nikt nam nie chce wydać papierów. Człowiek by jakiś interes otworzył, ale bez łapówek się nie da, a bez papierów strach. Żadnych placów zabaw dla dzieci, żadnego boiska dla chłopaków. Nasi włóczą się po ulicach, bo pracę mają przez trzy miesiące w roku, a potem nic.

– Może pani nie wierzyć, ale dla nas życie było lepsze wtedy niż teraz. Z tym całym strachem, z tą nędzą było lepiej. Zatrzymali mnie ostatnio na jeziorze, jak próbowałem przeszmuglować lampy z Czarnogóry. Ja dostałem osiem miesięcy, syn pięć, a siostrzeniec sześć, chociaż obaj niepełnoletni, i tak zaczynają życie. Syn jeszcze miał świeże blizny po otwartym złamaniu nogi, to go w te blizny czerwone kopali. Czym to się różni od komunizmu?

– A przecież coś trzeba robić, nie? Z czegoś trzeba żyć. Pracy innej nie ma, to człowiek kombinuje, jak może. Mamy się utrzymać z zapomogi od państwa, z tych pięciu tysięcy leków? Kiedyś nie mieliśmy telewizora, pralki, lodówki, teraz wszystko mamy, ale każdy dzień to jest walka.

– Co nam po wolności? Możemy narzekać, ile chcemy, a i tak nikt nas nie słucha. Nic niewarta wolność, jak godności nie ma.

Strefa

Odkąd pamiętają, nic się tu nie zmieniło, ziemia ma wciąż rdzawozłoty kolor, pod nogami przemykają jaszczurki, miękki wiatr niesie się od wody. Wprawdzie zniknęły słupy i druty, ale poza tym wszystko jest, jak było. Ziemia pamięta, pamiętają drzewa i kamienie, tylko ludzie robią, co mogą, żeby zapomnieć.

– Patrz – mówi Senad – jaki ostry tłuczeń. Kiedy strażnicy wlekli ciała, głowa chłopaka uderzała o te kamienie. Dlatego ojciec nie mógł tego znieść.

– A tędy biegło ogrodzenie, taki płot z zasiekami, na konstrukcji z betonowych słupów. – Bekim wyciąga dłoń. – Zobacz, jak wysoko piął się po wzgórzu. To jeden z kilku, miał trzy metry wysokości. Jesteśmy dopiero w połowie drogi.

– Tak, jeszcze daleko. Jak ta kobieta uciekła? To było niemożliwe, a przecież przeszła tyle z małym dzieckiem na rękach. Szła w środku zimy, może mróz stępił czujność strażników?

– Burza też stępiała ich czujność, więc ludzie uciekali, gdy deszcz padał największy i wiatr tracił rozum. Pogoda mogła ich zabić, ale mogła też im pomóc, tak samo ciemność. Trzeba było zatonąć w ciemnościach, więc nikt nigdy nie uciekał, gdy przybywało księżyca.

– Do wody wskakiwali cali umazani smołą, żeby nie było widać blasku ciała. Czasem wkładali też łupinę arbuza na głowę, bo była ciemna, zlewała się z czarną tonią wody.

– Nikt nie miał odwagi iść lądem, wszyscy uciekali przez jezioro. Nasz sąsiad zapakował rodzinę na łódź podczas burzy, gdy lało tak, że ledwie widzieli siebie samych w łodzi. Popłynęli – on, jego żona i dzieci, wiatr dął jak wściekły, a jednak udało się im przekroczyć granicę. Byli już bardzo blisko Czarnogóry, kiedy łódź się wywróciła. Wszyscy utonęli, tylko mężczyźnie udało się dotrzeć do brzegu. Komuniści nie mogliby sobie wymarzyć lepszej kary.

– Czasem, gdy ktoś zginął na granicy, policjanci owijali ciało drutem kolczastym i obwozili po ulicach Szkodry, żeby wszyscy zobaczyli, że świat nie należy do odważnych.

– W kwietniu 1990 roku Ramiz Alia obiecał, że skończy się mordowanie ludzi na granicy. Tydzień później strażnicy zabili młodego chłopaka, najwidoczniej trudno im było się odzwyczaić. W czerwcu strzelili w plecy kolejnemu... Stare nawyki!

– Była też taka młoda para, chłopak i dziewczyna, którym rodzice nie pozwoli się pobrać, więc postanowili uciec. Kiedy przekraczali most na Bunie, strażnik zastrzelił ich jedno po drugim. Młody chłopak w mundurze zabił dwoje młodych ludzi, którzy po prostu chcieli być razem. Ale to był już 1991 rok, schyłek systemu... Żeby zatrzeć ślady, żołnierze natychmiast zakopali ich koło mostu. Rok później ich odkopano, zawiniętych w koce, leżących obok siebie...

– A to jest budynek wojskowy, tutaj stacjonowali strażnicy. Uważaj, w środku zawsze jest pełno węży. A tam, za tymi drzewami, jest już Czarnogóra.

– A wiesz, że nikt nie strzegł granicy od drugiej strony? Komu by się chciało uciekać do Albanii? To jakby areszt domowy zamienić dobrowolnie na obóz koncentracyjny.

Każdy rodzi się wolny

Woda była tak przejmująco zimna, że przez pierwsze sekundy nie mógł zaczerpnąć tchu. Strumień igieł popłynął żyłami do serca i przez chwilę mężczyzna miał wrażenie, że jego ciało zamienia się w bryłę lodu, która zaraz pójdzie na dno.

„Nie uda się" – pomyślał.

Ale nie było innej drogi. Czerń wody roztapiająca się w czerni nocy. Dwa ciała oddające ciepło lodowatej rzece.

Próbowali uciekać lądem, wzdłuż rzeki, ale zobaczyli ich w ciemnościach okoliczni wieśniacy i podnieśli krzyk. Sigurimi przyuczyło ludzi do czujności – sami mieli strzec granicy jak myśliwskie psy. W każdej wiosce zastęp ochotników, więc chętnych do wyłapywania nie brakowało.

Zaczynał się kwiecień, dopiero niedawno zniknął śnieg. Ci, którzy chwilę wcześniej ryknęli na alarm, teraz stłoczyli się przy brzegu i patrzyli na nich, zanurzonych w toni, jakby mieli przed sobą martwe ciała. Nikt się nie spodziewał, że wskoczą do wody na pewną śmierć.

Porwał ich nurt Buny, płynącej przez Szkodrę wprost do Adriatyku, i poniósł przed siebie, w ciemność.

Zimowe ubrania i ciężkie buty ściągały ich na dno. Dwa młode i silne ciała przeciwko żywiołowi rzeki. Dwóch mężczyzn opętanych myślą o ucieczce, gotowych na śmierć.

– Gdybym wiedział, co mnie spotka... Gdybym umiał przewidzieć, jak straszny ból mnie czeka, nigdy bym tego nie zrobił – mówi dziś siedemdziesięcioletni Zenel Drangu.

Woda niosła go przez cztery godziny. Niekończąca się walka z obezwładniającym cierpieniem, z igłami lodu wbijającymi się w ciało, ze zmęczeniem i strachem. W Jugosławii, na ziemi obiecanej, dla której naraził życie, spędził trzy dni. W więzieniach komunistycznej Albanii – szesnaście lat.

– Bieda zrównywała wszystkich mieszkańców wsi, jak inni musieliśmy walczyć, by móc włożyć chleb do ust. Raz w tygodniu kilo sera, raz w miesiącu kilo mięsa. Pamiętam twarze dziewiątki mojego rodzeństwa w świetle świec, pamiętam smak pomarańczy i jabłek, które jedliśmy tylko na Nowy Rok. Gdy przychodził Bajram, rodzice kupowali każdemu z nas nowe ubranie – buty, spodnie, koszulę, nowiusieńkie, miękkie. Dziś dzieci mają wszystko, a wtedy dostać raz do roku to nowe, pachnące ubranie to była dla mnie wspaniała rzecz.

Rodzice uczyli nas, że wszyscy jesteśmy tacy sami, katolicy czy muzułmanie, i że cokolwiek się zdarzy, nie wolno oszukiwać ani kraść. Przez całe dzieciństwo pamiętam potyczki z głodem, usypianie głodu, zwodzenie go; zawsze było za mało jedzenia, zawsze głód miał nas na oku.

Skończyłem roczną szkołę dla kierowców, a potem od lat siedemdziesiątych pracowałem w Szkodrze w przedsiębiorstwie transportu drewna. Jeździłem przez Albanię i myśl o ucieczce jeździła razem ze mną, w fotelu obok. Patrzyłem z szoferki na codzienną nędzę, na drogi tak wąskie, że czasem musiałem cofać się dwieście metrów, żeby przepuścić samochód z naprzeciwka, i myślałem, że według propagandy kroczymy naprzód, a przecież widać wyraźnie, że każdego dnia się cofamy. Im bardziej puchła propaganda, tym bardziej kraj się zapadał.

„Żyjecie lepiej niż jakikolwiek inny naród na świecie. Ludzie na Zachodzie muszą spać pod mostami!" – i pokazywali nam zdjęcia z Afryki. Kiedyś albański śpiewak operowy pojechał na *tournée* do Jugosławii. Jego jugosłowiański kolega po fachu woził go po kraju własnym samochodem. „Jak to możliwe, że tam zwykły człowiek ma samochód?", spytał Albańczyk po powrocie. Za to zdziwienie wsadzili go na dziesięć lat do więzienia, żeby miał czas pozastanawiać się nad tym, nie mącąc ludziom w głowach.

W zakładach pracy specjalne komisje sprawdzały, czy obywatel ubiera się odpowiednio, według gustu systemu. Jeśli nie, potrafili zedrzeć z człowieka ubranie na oczach wszystkich. Albo paradowali z nożyczkami, żeby obcinać włosy tym, którzy nosili za długie. Człowiek albański miał wychodzić spod jednej sztancy, z pieczątką Envera Hoxhy na piersi.

Miałem małe, drobne marzenia: błyszcząca nylonowa koszula z Jugosławii, na którą trzeba było pracować cały miesiąc, lśniące buty importowane z Czech. Nie umiałem sobie wyobrazić nic piękniejszego.

Buty zamieniły się w kamienie, ciało w kłodę drewna. W końcu rzeka wyrzuciła ich na brzeg po drugiej stronie, na peryferiach miasteczka Ulcinj.

Pierwszy krok na wolnej ziemi. Ból, który trzyma w kleszczach ciało, i rozrywająca je euforia. Mężczyźni objęli się, oszołomieni. Nie mogli uwierzyć, że żyją, że ciałom udało się to znieść.

Szli w strugach lodowatego deszczu, który chłostał ich wyziębione sylwetki, ale był ich sprzymierzeńcem, bo zacierał ślady. Minęli bagna i trafili na rybaka, jak się okazało – Albańczyka, zwykłego, wysuszonego mężczyznę, który uśmiechnął się, gdy powiedzieli mu, że uciekli.

– Musicie się ogrzać – doradził i zabrał ich do swojego domu.

Dał im ubrania i pozwolił opatulić się kocami. Kiwał głową, gdy opowiadali, że chcą jak najszybciej przedostać się do Włoch, byleby tylko nie wpaść w oczy jugosłowiańskiej policji, która zaraz przekazałaby ich Albańczykom.

– Tak, tak – zgadzał się gorliwie. – Musicie iść jak najszybciej, wtopicie się w tłum w Ulcinju, a jak opuścicie miasto, to już będzie łatwiej.

I wtedy w drzwiach stanął posterunkowy. Za powiadamianie służb i brak skrupułów komunistyczna władza płaciła rybakowi w dinarach.

*

– „Dlaczego uciekliście?", zapytał komendant przez tłumacza. „Bo lepsza jest śmierć niż życie w Albanii", powiedziałem. Myśleli, że wysłał nas rząd, że jesteśmy szpiegami, dlatego pytali nas o wszystko, o granicę, garnizony, stan wojska, ale co myśmy mogli o tym wiedzieć?

Tłumaczem był mały, ruchliwy chłystek, który łypał na mnie z nienawiścią, ilekroć otwierałem usta. „Co byś zrobił, gdyby Jugosławia zaatakowała Albanię?", zapytał mnie potężny, poważny mężczyzna, szef UDB, jugosłowiańskiego odpowiednika Sigurimi. „Nie miałbym nic przeciwko temu, żeby Jugosławia nas podbiła. Życie w Albanii jest tak nędzne, że każdy okupant byłby wybawicielem".

Tłumaczowi odebrało dech. Zamiast przetłumaczyć, spojrzał na mnie i warknął: „Zerżnę twoją matkę!". Powiedziałem mu: „Myślałem, że przesłuchuje mnie UDB, nie Sigurimi, ty skurwysynu". Pięści zawisły w powietrzu. „Za trzy dni, śmieciu, zobaczę się z tobą w Szkodrze", wycedził przez zęby tłumacz.

Jeszcze mieliśmy złudzenia, że nie zdarzy się najgorsze, że nie odeślą nas do kraju. Po trzech dniach wsadzili nas do samochodu, a między nami usiedli dwaj żołnierze. Jeszcze się oszukiwałem. Po kilkudziesięciu minutach samochód zatrzymał się przy innym aucie, z którego wysiadło dwóch wysokich rangą oficjeli ubranych po cywilnemu. Zrozumiałem, że jesteśmy na granicy, więc gdy zbliżyli się do mnie, naplułem im w twarz. „Bydlaki! – krzyczałem w rozpaczy. – Skazujecie nas na śmierć! Nie mamy nawet trzydziestu lat, a będziemy cierpieć do końca życia!"

Było pochmurno, na twarz padał mi drobny deszcz. I Albańczycy, i Jugosłowianie patrzyli ze spokojem, jak się szamoczę. Nie powiedzieli ani słowa. A potem na naszych oczach wymienili się papierosami. Albańczycy dali Jugosłowianom taraboshe, a Jugosłowianie Albańczykom moravy. Najlepsze papierosy w kraju w zamian za nasze życie.

Proces był zwykłą formalnością, pokazówką dla ludzi zgromadzonych na sali. W środku kłębiło się ponad tysiąc osób spragnionych widoku zdrajców, na zewnątrz, przed budynkiem sądu, stał trzy razy większy tłum i wsłuchiwał się w słowa z megafonu.

– Zdegenerowana młodzież, która chce wyjechać do Stanów Zjednoczonych, a potem wrócić i zarażać innych dekadencką ideologią!

– Zdrajcy ojczyzny!

Proces Zenela Drangu był nagrywany, a następnie pokazywany w kinach, ku przestrodze. Obecny na sali przedstawiciel grupy młodzieży w pewnym momencie wstał i zawołał:

– My, młodzi ze Szkodry, żądamy dla tych degeneratów najwyższej kary: stryczka!

Już podczas przesłuchań Zenel zrozumiał, jaki czeka go los. Gdy tylko strażnicy zabrali ich do wojskowych budynków przygranicznych, jeden z mężczyzn powiedział, że idą na rozstrzelanie. Ale wtedy Zenel był tak zrozpaczony i wściekły, że nic do niego nie docierało.

„Lepszy tragiczny koniec niż cierpienie bez końca” – pomyślał i czekał na uderzenie, ale strażnicy ich nie bili; uśmiechali się tylko.

– Dokądkolwiek byście uciekli i tak byśmy was złapali.

Kiedy wjeżdżali do miasta, Zenel spoglądał na każdego człowieka, na każdy budynek, każde drzewo.

– Wiesz, że patrzysz na Szkodrę po raz ostatni? – zapytał dowódca straży.

W pokoju przesłuchań nie pytali nawet o powód ucieczki, jakby to było jasne; interesowało ich tylko, kto wiedział o ich planach.

– Nie przyznałem się, choć wcześniej rozmawiałem o tym z dwoma kolegami – wspomina Zenel – i wyobrażam sobie, jak bardzo się wtedy bali. Dobrze wiedzieli, że Sigurimi stosowało straszne metody, by wydobyć zeznania. Są ludzie, którzy potrafią stawić czoła torturom, są i tacy, którzy powiedzą cokolwiek, bo boją się bólu. Wtedy, walcząc z prądem w Bunie, uświadomiłem sobie, jak silny jest mój duch i jak mocne jest moje ciało. Wiedziałem, że zniosę całe cierpienie, które na mnie czeka.

Sąd ogłosił wyrok: dwadzieścia pięć lat więzienia za zdradę stanu.

– Oszczędziliśmy cię, powinieneś być wdzięczny – syknął strażnik prowadzący Zenela do celi.

– Już lepiej, żebyście mnie zabili.

– Skurwysynu! – wykrzyknął strażnik. – Zegniemy ci kark. Będziesz rył w kopalniach, dopóki tam nie zdechniesz.

– Promienie słońca brązowiły zmarszczki, blizny, bruzdy. Sześćset jednakowych drelichów. Na przywitanie więźniowie mówili: „Nie pytaj, ile dali mi lat, zapytaj, ile już tu siedzę". Stali przede mną znużeni, przygarbieni pięćdziesięciolatkowie, którzy trafili tu jako młodzi chłopcy. Tacy sami jak ja. Zmarnowane życia.

Nie załamałem się, bo zrozumiałem, że ja też przetrwam to cierpienie, tak jak oni je przetrwali. Nie wiedziałem, że jestem w stanie znieść kilka godzin w lodowatej wodzie, kilka tygodni tortur. W kopalni cierpieliśmy każdego dnia, a jednak każdego dnia ustawialiśmy się w rzędzie, by wyjść do pracy.

Dopiero w Spaçu zrozumiałem, jaki silny jest człowiek i jaki okrutny. Nikt im nie kazał, a jednak czasami strażnicy katowali nas poza regulaminem, dla rozrywki, jakby nasz ból sprawiał im przyjemność. Zdarzało się, że trzymali mnie związanego na zewnątrz przez osiem godzin, zimą, gdy temperatura sięgała minus piętnastu stopni. Co jakiś czas przychodzili i podkręcali mi zlodowaciałe kajdanki, które żłobiły rany na nadgarstkach, żebym cierpiał jeszcze bardziej. Albo przywiązywali ciało do słupa, a do zwisających rąk ważące dwadzieścia albo trzydzieści kilo kamienie. Nie musieli tego robić. Ale robili. To byli ludzie wyselekcjonowani do zadawania bólu. Nikt im nie kazał, sami wymyślali sposoby.

Pewnego razu, gdy strażnik tłukł mnie pałką i wziął chwilę oddechu, podniosłem głowę i powiedziałem: „Będę tu do końca życia, więc nie mam nic do stracenia. Uderz mnie jeszcze raz, a znajdę sposób, żeby cię zabić". Patrzyłem, jak odkłada pałkę.

Osiemnaście trzypiętrowych prycz w niewielkim pomieszczeniu. Pięćdziesięciu czterech więźniów wstaje o piątej trzydzieści. Jedni się myją, drudzy nie mają nawet siły włożyć kromki chleba do ust. Jedni codziennie walczą o czystość i godność, drudzy poddali się wszom i znużeniu.

Słomiane materace niezmieniane od dziesięciu lat. Co dwa, czasem co trzy tygodnie strażnicy wywracają je do góry nogami, żeby podręczyć więźniów – szukają nie wiadomo czego. W powietrzu unosi się gęsty smród rozpaczy i słomiany pył.

Czasem na inspekcję przychodzą wysoko postawieni urzędnicy i opowiadają, jakie więźniowie mają szczęście, że żyją w takim wspaniałym, demokratycznym kraju jak Albania. Przecież nawet w celach wrogów ludu są materace i koce, władza traktuje wszystkich z szacunkiem. Czy są jakieś pytania?

Ktoś wstaje:

– Zanim zadam pytanie, chciałbym się dowiedzieć, czy otrzymam odpowiedź i czy nie spotkają mnie żadne konsekwencje.

– Pytaj – zezwala łaskawie naczelnik więzienia.

– Czy wszystko, co się rodzi, musi także umrzeć?

– Tak – kiwa głową urzędnik. – Takie jest prawo natury.

– W takim razie kiedy umrze komunizm?

Nie zdążył zamknąć ust, a już wzięto go pod boki. Nikt więcej o nim nie słyszał.

– „Albo stąd ucieknę, albo mnie zastrzelą", powtarzał mój przyjaciel. Był opętany myślą o ucieczce. Rozumiałem go jak nikt inny.

Pewnego dnia pracowałem razem z kolegą przy zabezpieczaniu nowych korytarzy w niewykorzystywanej jeszcze części kopalni. Nie było z nami strażników. Kolega poszedł w głąb tunelu, a ja zostałem sam i nagle odkryłem, że nieopodal w ścianie znajduje się wnęka. Wszedłem do środka, przeszedłem kilkanaście metrów i zdałem sobie sprawę, że tunel prowadzi do bunkra dla żołnierzy połączonego z kopalnią. To znaczy – na zewnątrz. Nogi się pode mną ugięły.

Ale zaraz wróciłem na miejsce i nikomu o tym nie powiedziałem, nawet koledze, który ze mną pracował. Jednak myśl o tunelu prześladowała mnie odtąd każdego dnia.

I gdy mój przyjaciel po raz kolejny powiedział, że nie zniesie tego dłużej, wziąłem go na bok.

„Słuchaj – powiedziałem. – Kiedy pójdziesz do galerii dwudziestej drugiej, spójrz na sufit i zacznij liczyć. Miniesz pięćdziesiąt drewnianych belek i po prawej zobaczysz kamień. Odsuń go – tam jest wejście do tunelu, który prowadzi na zewnątrz".

Przyjaciel wpatrywał się we mnie, jakby usłyszał bajkę. „Uciekknijmy razem!", zawołał. „Ja już raz próbowałem – powiedziałem – i Jugosłowianie odesłali mnie jak paczkę. Z więzienia możesz uciec tylko w nicość".

Szachy, domino, kości i książki. Czasem więźniowie ze Szkodry i z Korczy grali na gitarach, ale im weselej było w celach, tym częściej zjawiali się strażnicy. Jeśli mieli ochotę, w każdej chwili mogli zabrać gitary.

A gdy więźniowie szli na skargę do naczelnika, ten wołał:

– Natychmiast oddajcie im gitary!

Tyle że chwilę później strażnik mówił z uśmiechem na ustach:

– Nawet o tym nie marzcie.

Służba więzienna odgrywała teatrzyk, żeby pokazać skazanym, że nic od nich nie zależy.

Najgorzej było starszym więźniom. Nie mogli pracować, więc dostawali minimalne racje: siedem gramów cukru, sześć gramów oleju, kawałek chleba. Tak było w regulaminie, ale naczelnicy regularnie kradli.

Właściwie kradli wszyscy: dowództwo, kucharze, strażnicy; to, co trafiało na talerze, było zawsze mniejsze o kawałek okrojony przez złodzieja.

Wokół chochli krążyły muchy, w ryżu i makaronie roiło się od robaków. Teoretycznie więźniom przysługiwało po czterysta gramów mięsa dziennie, ale mięso kradło się najlepiej. Słodycze i owoce widywali tylko w Nowy Rok. Dlatego paczki od rodziny były na wagę złota, a w nich błogosławione dżemy i równie błogosławione papierosy, przesyłki z innego świata, w którym jedni odejmowali sobie od ust, by choć trochę ulżyć drugim.

– Mój przyjaciel zaczął szukać towarzysza. Powiedział jednemu więźniowi, potem kolejnemu, aż wreszcie wiadomość dotarła do naczelnika. Wkrótce zaczął się wokół mnie kręcić młody chłopak, były piłkarz z Tirany. Namawiał mnie, żebym dołączył do kilkuosobowej grupy, która planuje ucieczkę. Powiedziałem mu to samo, co koledze: że próbowałem raz i że moja rodzina dość się już przeze mnie wycierpiała. Ale on nalegał i kusił mnie jak wąż.

„Nie rozumiesz – tłumaczyłem mu – że stąd nie da się uciec? A nawet jak uciekniesz, to wszyscy dookoła ruszą za tobą w pogoń. Najbardziej niewinne dziecko wyda cię za cukierka, jeśli tylko wcześniej nie padniesz z głodu".

Następnego dnia przyszedł z tą samą śpiewką. „Słuchaj – powiedziałem – jeśli nie przestaniesz, to na ciebie doniosę".

Jeszcze wtedy nie wiedziałem, że tego młodego chłopaka, naszego piłkarzyka, przysłał do mnie naczelnik.

Kiedy w Spaçu podnosiłeś głowę, widziałeś nad sobą tylko ciemnoturkusowy skrawek nieba, nic więcej. Ze wszystkich stron więźniów otaczały strome ściany skał. Mehmet Shehu celowo wybrał to miejsce. Wiedział, że góry zamkną więźniów w jeszcze mniejszej klatce.

– Idealne dla politycznych – stwierdził, obserwując teren z pokładu helikoptera.

Ktoś, kto uciekł w zimie, musiał przedzierać się przez dwumetrowe zaspy i chronić przed czyimkolwiek wzrokiem jak osaczone zwierzę. Brązowe drelichy kontrastowały z bielą śniegu, ogolone głowy ściągały wzrok dobrych obywateli.

A jednak więźniowie próbowali. Wśród nich Dalip Gaba z Wlory, wysoki funkcjonariusz Sigurimi, który trafił do Spaça po kolejnej fali czystek. Pewnej nocy w środku zimy owinął się w prześcieradło i podszedł do ogrodzenia. Cały teren tonął w świetle reflektorów, ale Dalip, zawinięty w biel, zlewał się ze śniegiem. Choć budka strażnicza znajdowała się bardzo blisko, strażnik go nie zauważył. W spokoju, metodycznie Dalip przeciął podwójny rząd drutów w ogrodzeniu.

Śnieg był wrogiem, ale potrafił też być sprzymierzeńcem. Kiedy leżał, bezlitośnie znaczył trop, kiedy sypał, cicho zacierał ślady. Po tygodniu pogoni złapali Dalipa, bohaterskie, wycieńczone zwierzę okryte prześcieradłem, półżywe z głodu i ze zmęczenia.

Przez dwadzieścia lat siedział w więzieniu inny człowiek, Ahmet Hoxha z Kolonii koło Gjirokastry, który trafił do Spaça jako osiemnastolatek. Kapusie nie spuszczali z niego oka, bo wcześniej dwukrotnie próbował uciec, a jednak pewnego dnia wraz z Salim, policjantem z Dibry, zdołał przejść przez jeden z wojskowych tuneli i wydostać się na zewnątrz.

Legenda głosi, że Ahmeta Hoxhę złapano kilkaset metrów od granicy z Jugosławią, kiedy zdołał już przedostać się przez Czarny Drin, kiedy był o krok od wolności. Ale brat Ahmeta twierdzi, że policja namierzyła go za Gjirokastrą, ledwie kilka kilometrów od rodzinnego domu, w którym chciał się ukryć.

Trzydzieści osiem lat życia, dwadzieścia lat więzienia, pięć dni wolności. Za kolejną próbę ucieczki Ahmet został rozstrzelany. Choć miał do tego prawo, nie poprosił władzy o darowanie mu życia.

Reżim nie skąpił więźniom cierpienia, ale ostrożnie szafował śmiercią, bo potrzebował niewolników, którzy co dwadzieścia cztery godziny napełnialiby urobkiem dziewięćset wagonów. Jako obywatele byli nikim, ale jako tania siła robocza byli dla władzy wszystkim.

Ilekroć więzień przekroczył normę, system odejmował mu pięć dni od wyroku, ale przy tak dużym wysiłku ciało wyczerpywało się z dnia na dzień, dlatego każdy starał się unikać pracy.

Już podczas II wojny światowej włoscy geolodzy prowadzili prace na terenie kopalni w Spaçu. Wydobywali tu głównie miedź, ale także piryt i złoto, ponieważ niewielka kopalnia obfitowała w złoża różnych metali. Brakowało dróg i samochodów, więc cały urobek transportowały muły.

Gdy przyszedł komunizm, rolę mułów przejęli więźniowie. Jeden dwutonowy wagon ciągnęły dwie osoby, czasem tylko jedna. Normy musiały być wyrobione za wszelką cenę, ale nikt ich nie weryfikował, nakaz szedł z góry. Naczelnik więzienia dostawał polecenie od dowództwa w Kukës, dowództwo słuchało wytycznych Ministerstwa Spraw Wewnętrznych, minister potakiwał bez słowa Enverowi Hoxhy. Każde z ogniw tego łańcucha chciało wypaść jak najlepiej i każde zakłamywało dane, by zadowolić przełożonego. Wszyscy zapewniali się nawzajem o terminowym wyrobieniu norm i znacznym przekroczeniu planów.

Czasem naczelnik ubrany w roboczy drelich wołał:

– Wypełniajcie wagony tym!

A gdy więźniowie odpowiadali, że przecież mają przed sobą błoto, nie miedź, wrzeszczał:

– Nie dyskutować! Do roboty!

Bywało, że kopalnia zabierała życie. Pewnego razu na jednego z więźniów spadła lawina pirytu, która zasypała go i udusiła. Rodzina nie mogła odzyskać jego ciała, bo strażnicy pochowali go po cichu na wzgórzu obok więzienia. Nawet martwy pozostawał więźniem. Do dziś wzgórze kryje niezidentyfikowane ciała.

– Miałem najlepszego przyjaciela, Ahmeta Izbiu, który kruszył się na moich oczach, a gdy dowiedział się o śmierci matki, zupełnie się załamał. Starałem się zawsze mieć go na oku, bo wiedziałem, że jest z nim źle. Pewnego dnia Ahmet wykorzystał moment, kiedy odpoczywaliśmy na dziedzińcu po wyjątkowo ciężkiej zmianie. Po prostu wstał i zaczął iść w stronę ogrodzenia. Zerwałem się i natychmiast pobiegłem do strażnika. Błagałem go, żeby pozwolił mi złapać Ahmeta, krzyczałem mu w twarz, choć rozmowy ze strażnikami były zakazane, ale on wpatrywał się we mnie, jakbym był powietrzem. Patrzył przeze mnie gdzieś daleko, a potem po prostu się odwrócił, podniósł karabin do oka i pociągnął za spust.

Ahmet padł pod ogrodzeniem od jednego strzału.

Uciec ze Spaça można było tylko w nicość.

Nikt nie wie, czy po śmierci czekają nas niebo, czyściec i piekło, czy zostaniemy ukarani za zło i nagrodzeni za dobro, ale my, więźniowie, o jednym możemy zapewnić – człowiek potrafi stworzyć drugiemu człowiekowi piekło na ziemi. Wiele lat po wyjściu z więzienia pojechałem do Auschwitz i usłyszałem o Polakach, których Niemcy mordowali za to, że pomagali Żydom w ucieczce z obozu. Stanąłem przy jednym z baraków i się rozpłakałem.

Potrzebowałem dwóch lat od wyjścia z więzienia, żeby nauczyć się rozróżniać twarze, bo wcześniej wszyscy ludzie wydawali mi się tacy sami. Pewnego dnia pojechałem z moim bratem do Tirany. To był 1988 rok. Przechodziłem przez plac Skanderbega, wpatrując się w złoty pomnik Hoxhy górujący nad nami, i nagle się zatrzymałem. „Czy to możliwe, że naprawdę jestem wolny? – zapytałem brata, bezradny jak dziecko. – Naprawdę nie pojawi się nikt, żeby krzyknąć za moimi plecami: »Stój! Dokąd idziesz?!«".

Nawet kanarek, który rodzi się w klatce, marzy o wolności. Ludziom wydaje się, że ptaszek śpiewa, ale on płacze. Każde stworzenie rodzi się wolne i powinno wolne pozostać.

Podobno w demokratycznej Albanii wszyscy jesteśmy wolni, ale ci, którzy nas krzywdzili, uniknęli kary. Demokracja nie przyniosła sprawiedliwości, a Sali Berisha nie zrobił nic, by ukarać winnych. A przecież powinniśmy jako naród osądzić Envera Hoxhę, zmierzyć się z tym, co nam zrobił. Czy ktoś, kto dla jednych jest mordercą, może być dla innych bohaterem?

Ile razy umierał Enver

A więc odszedł Czerwony Faraon, ten, który miał nigdy nie umrzeć. Ten, do którego wszyscy mówili: „Zabierz lata, które mi zostały, i dodaj je do swoich". Nieśmiertelny za życia i nieśmiertelny po śmierci.

W ostatnich miesiącach przypominał figurę woskową: wyczerpany cukrzycą, spuchnięty, z twarzą pokrytą grubą warstwą pudru, z niewidzącymi oczami, coraz słabszy, coraz bardziej paranoiczny, coraz dotkliwiej oderwany od rzeczywistości. Kto miał okazję przyjrzeć mu się na początku 1985 roku, przeczuwał, że jego dni są już policzone, ale nikt nie śmiał powiedzieć tego na głos.

11 kwietnia 1985 roku z samego rana wydano komunikat do wszystkich działaczy: „Pomimo gigantycznych i nieskończonych wysiłków partii i Komitetu Centralnego Towarzysz Enver Hoxha zmarł".

Dzieci myślały, że odszedł ich najdroższy wujek, ten, który zawsze się o nie troszczył. Młodzi myśleli, że umarł ich psychopatyczny ojciec, ten, który ciągle nadzorował i karał. Starsi, którzy pamiętali, jak rozkręcała się propaganda, myśleli, że zniknął największy oszust w historii Albanii.

Co zrobić, kiedy znika Bóg, który miał nigdy nie umrzeć?

11 kwietnia mały Alban Hajdinaj spędzał ranek w szkolnej ławce w Mallakastrze. Dorosły Alban jest artystą, siedzi ze mną przy stoliku w barze Iliria i uśmiecha się do swoich wspomnień.

– Pamiętam wszystko bardzo dobrze – mówi – bo to był dzień, w którym wydarzyło się coś strasznego i coś zdumiewającego. On umarł.

Już od dłuższego czasu stan dyktatora był ściśle strzeżoną tajemnicą, więc od miesięcy nie pokazywano go publicznie. Wielu ludzi nie zdawało sobie sprawy, jak bardzo Hoxha jest chory. Kiedy umarł, wołali: „Jak to? Przecież to niemożliwe!". Zwłaszcza dla nas, dzieci, to było nie do pojęcia.

Wydawało mi się, że to będzie dzień jak co dzień. Skończyła się pierwsza lekcja, czekaliśmy, aż przyjdzie do nas kolejna nauczycielka. Ktoś rzucał papierkami, ktoś wrzeszczał, ktoś kogoś tarmosił. Minęło pół godziny, przerwa dawno się skończyła, aż wreszcie nauczycielka weszła, ale twarz miała kredowobiałą i natychmiast zrozumieliśmy, że coś się stało.

A ona stanęła na środku klasy, wzięła oddech jak aktorka na scenie i wyszeptała: „Zdarzyła się rzecz straszna. Towarzysz Hoxha nie żyje..." – i w jednej chwili wybuchnęła płaczem.

I wtedy niczym walące się kostki domina jedno po drugim dzieci zaczęły płakać, ja też. Płakaliśmy nie dlatego, że tak bardzo kochaliśmy naszego przywódcę; płakaliśmy, bo stało się coś zupełnie nieoczekiwanego i ten szok wywołał w nas wielkie napięcie.

W tamtych czasach szkołę podstawową musiał skończyć każdy, choćby nie wiadomo co. I był z nami taki nieszczęśnik, który od lat kiblował w piątej klasie, starszy od nas i wielki jak niedźwiedź. Policja siłą przyprowadzała go do szkoły.

I tamtego dnia on też wybuchnął płaczem: ryczał straszliwie tym swoim męskim, donośnym głosem, zagłuszając nasze cienkie, dziecięce szlochy, ryczał jak raniony zwierz, który wydaje ostatnie tchnienie. Wszyscy odwróciliśmy się, żeby na niego spojrzeć. To, że ten wielki, ciemny mężczyzna może tak płakać, było równie zaskakujące jak to, że umarł Hoxha. Patrzyliśmy na niego oniemiali.

I wtedy ktoś parsknął śmiechem i zaraz cała klasa zatrzęsła się od śmiechu. Spłoszona nauczycielka uciekła, ale po chwili wróciła i powiedziała: „Idźcie do domu, w takim dniu powinniście być z rodzicami".

Wyszedłem na ulicę, ale wszyscy wokół wydawali się oszołomieni i przerażeni. Szedłem do domu i jak każde dziecko zastanawiałem się: co teraz będzie? W końcu Enver Hoxha był niezłomnym obrońcą, który chronił nas przed całym złem tego świata. Póki Enver stał na straży Albanii, żaden wróg nie mógł nas tknąć. Uczono nas, że to on walczył podczas II wojny światowej ze wszystkimi wrogami Albanii, a później przeciwstawił się Jugosławii i Związkowi Radzieckiemu. Myślałem więc: „Co zrobimy, gdy zacznie się inwazja? Jak się obronimy?".

Wszedłem do domu i zaskoczony zobaczyłem, że dziadkowie siedzą w fotelach i w ogóle nie wydają się strapieni. Po prostu dwójka starszych ludzi pijących kawę jak każdego dnia. „Dziadku, babciu! – zawołałem. – Towarzysz Enver nie żyje!" „Tak, tak. – Pokiwali głowami. – Wiemy".

Patrzyłem na nich zszokowany. „Dziadku – powiedziałem – przecież umarł Enver!” „Każdy z nas kiedyś umrze. Cóż w tym dziwnego?”

Oniemiałem. To był dzień wielkich niespodzianek. W moich oczach Enver był nadczłowiekiem. W oczach moich dziadków był kimś zupełnie innym. Nie mieli co do niego żadnych złudzeń. Pranie mózgów nie działało na ludzi, którzy pamiętali czasy II wojny światowej i dojście komunistów do władzy. Oni wiedzieli, jak było naprawdę, tylko nie mogli o tym mówić. Na ich oczach propaganda wymazywała historię, którą pamiętali, i zastępowała ją nową, starannie uformowaną przeszłością. Wszystko z myślą o albańskich dzieciach, które już jako dorośli będą wierzyć władzy bezgranicznie, tak jak ja.

Mój ojciec był znacznie bardziej zindoktrynowany niż dziadek. Gdy miał dziewięć lat, zamieszkał w internacie w Tiranie i stał się modelowym uczniem albańskiego komunizmu. Teraz ma siedemdziesiąt lat i już się nie zmieni. Ciągle głosuje na Partię Socjalistyczną, nie potrafi myśleć krytycznie. Ale dziadek należał jeszcze do starego świata.

„Co teraz będzie?”, zapytałem go wtedy. „Nic. – Wzruszył ramionami. – Życie będzie toczyć się dalej”.

W każdym albańskim domu ta scena wyglądała inaczej.

Ilva Daci, która dziś jest notariuszką, miała wtedy sześć lat i pamięta łzy płynące po policzkach przedszkolanki.

– Dzieci! – wołała zrozpaczona pani. – Idźcie do domu, wujek Enver nie żyje!

Ilva krzyknęła już od progu: „Mamo, tato, wujek Enver nie żyje!", ale rodziców nie było, a babcia nie chciała jej uwierzyć.

– Dziecko! – krzyknęła. – Zamilcz natychmiast, za te słowa ojciec dostanie dziesięć lat!

Przerażona Ilva schowała się w ogrodzie i dopiero wieczorem, gdy siedzieli przed telewizorem, zobaczyła, że ojciec wpatruje się w ekran z błogim uśmiechem, a mama i babcia zalewają się łzami.

– Co płaczecie, głupie? – Walnął dłonią w kolano. – Dobrze, że go już nie ma!

– Spotkaliśmy się we czterech w kawiarni w Gjirokastrze – opowiada Fredi Muci, inżynier, wtedy trzydziestolatek. – Bieda już była okropna. Kawę podawali, ale nic do niej, więc przyszliśmy z kawałkiem własnego sera, położyliśmy go na stole, pijemy.

„Dobrze, że ser jest, mogłoby nie być", powiedział jeden kolega. Drugi westchnął: „Umarł nasz drogi Enver". Pokiwaliśmy głowami. Ludzie dookoła siedzieli zgnębieni, ale czujni. Wszyscy na siebie podpatrywali, wszyscy trochę strwożeni, każdy coś chciał powiedzieć, ale władza mogła wycenić jedno zdanie na kilka lat więzienia. Więc siedzieliśmy jak te kamienie. Cisza. Pojedyncze westchnienia.

„Złożyli do trumny Envera", ktoś zagaił znowu. „Ta... – burknął kolega. – Jak już leży w tej trumnie, to niech ją porządnie zabiją gwoździami!"

I wtedy drugi kolega parsknął, aż mu ser wyszedł nosem. Trzeci też mało się nie udusił, ale nie wydał z siebie żadnego dźwięku, bo za śmiech w dniu śmierci Envera to ani chybi co najmniej sześć lat!

Zabraliśmy ser i wyszliśmy, szybko, żeby nie zwracać na siebie uwagi. Pomyśleliśmy, że pójdziemy do fabryki, zobaczyć, co się dzieje w pracy, ale tam nikt nie stoi przy maszynach, tylko wszyscy siedzą w kółku i zalewają się łzami, zawodzą, dech tracą. Stanąłem, patrzę na nich, ser słony czuję na języku...

Umarł Czerwony Faraon – muszą płakać jego niewolnicy. A więc w kółku zbiorowe skowyty i łkania, rąk załamywanie, kwilenie, nosem siąkanie, zawodzenie jednostajne, zawodzenie modulowane, szlochy przewlekłe i nagłe. Kto głośniej i dłużej, kto z trzewi na zewnątrz, kto w osłupieniu na sucho. Kawałkami cebuli przechowywanymi w kieszeniach pocierano cichaczem powieki. Zapałki wkładane do kącików oczu powodowały korzystne i efektowne pękanie naczyń krwionośnych.

Wygląda jak siedem nieszczęść, znaczy – cierpi jak należy. Za cierpienie stonowane, umiarkowane, nieprzekonujące można było trafić do więzienia. Cierpieć w stopniu znikomym to jakby nie cierpieć wcale, to właściwie poniekąd cieszyć się ze śmierci – zaleca się zatem kilka lat przymusowego odosobnienia, by osobnik reakcyjny mógł w spokoju przemyśleć swoją postawę.

Żeby pokazać, że po śmierci kapitana żaden pasażer nie opuści tonącego okrętu, reżim zabiera się do tropienia nowych wrogów. Ludzie trafiają za kratki z absurdalnymi zarzutami: „Uśmiechał się w dniu śmierci Hoxhy", „Sprawiał wrażenie szczęśliwego, gdy cały naród płakał". Wszystkie szczury, które rozglądały się za szalupą ratunkową, zostały uwięzione na dolnym pokładzie.

– Sześciu nas było chłopaków z Wlory, razem oglądaliśmy w telewizji pogrzeb Envera – wspomina Astrit Beqiri, tłumacz. – Nie czuliśmy ani żalu, ani ulgi. W gruncie rzeczy Hoxha nic nas nie obchodził. Byliśmy młodzi, trzymaliśmy się razem, ufaliśmy sobie. To nie było wtedy takie oczywiste, że możesz powiedzieć koledze, co myślisz, i nie zastanawiać się: „Ile lat więzienia za te słowa, co się wyślizgnęły z ust?".

I jeden z nas... Mój Boże, to się wydaje teraz nierealne... Nasz kolega gapił się w telewizor i chichotał. Tak, chichotał!

„Patrzcie na torbę Lenki – mówił, a Lenka Cuko to była wysoko postawiona partyjniaczka. – Patrzcie, jaka brzydka! Lepiej się mogła Lenka ubrać na pogrzeb Envera!"

Skoro w domowym zaciszu można było nie płakać, skoro wśród swoich można było się śmiać, to znaczy, że naprawdę umarł Enver!

„Nie powinno być daty śmierci na tym marmurze – mówił Ramiz Alia nad grobem Envera. – Jedynie napis »Urodzony 16 października 1908«. Tylko ta data określa Envera Hoxhę, data jego narodzin, i tak będzie na zawsze, bo ten człowiek nie zna śmierci. Enver Hoxha jest nieśmiertelny!"

W całym kraju na ścianach i murach natychmiast pojawiły się nowe slogany: „Enver żyje". Oraz: „Dzieło Envera Hoxhy wiecznie w naszej pamięci".

– Marzyliśmy o śmierci Hoxhy, my, wszyscy więźniowie – uśmiecha się lekko Fatos Lubonja. – Jego śmierć zbliżyłaby nas do wolności. Po śmierci Stalina w całym Związku Radzieckim coś się zmieniło i liczyliśmy, że to samo zdarzy się w Albanii.

Pierwsza nadzieja pojawiła się w grudniu 1973 roku, kiedy Hoxha miał atak serca, ale szybko się przekonaliśmy, że wyszedł z niego tak samo mocny jak wcześniej.

Po 1981 roku w więzieniu pojawił się telewizor. Oczywiście oglądaliśmy tylko wiadomości z Tirany i raz na jakiś czas Envera. Ale nawet na oko było widać, że czuje się coraz gorzej. W 1984 roku rozeszła się plotka, że Hoxha jest tak słaby, że nie pojawi się na uroczystościach 29 listopada, w czterdziestą rocznicę wkroczenia komunistów do Tirany. Tego dnia usadowiono nas przymusem przed telewizorem. Patrzymy: jest. Jednak jest... Byliśmy ogromnie rozczarowani. Ale po raz pierwszy nie stał wyprostowany, tylko opierał się o coś w rodzaju krzesła. W Albanii mówi się: „Ma odciski od siedzenia na dupie". I mój kolega nas pocieszał: „No cóż, może chociaż ma odciski!".

Jest podobno takie chińskie przysłowie: „Jeśli chcesz zobaczyć trumnę swojego wroga, stań nad brzegiem rzeki, a trumna pewnego dnia przypłynie". I w końcu przypłynęła do nas trumna z dyktatorem. Od celi do celi niosła się wieść: „Nie żyje!".

Miałem w sobie wielką radość i wielki strach przed okazaniem tej radości. Od rana dwóch czy trzech z nas wsadzono do karceru, bo władza musiała nam pokazać, że ciągle jest silna. Chcieli nas zastraszyć. Ale potem stało się coś nieprawdopodobnego. Oglądaliśmy ceremonię pogrzebu, oglądaliśmy w spokoju, z kamiennymi twarzami i radością w sercu. A był wśród nas więzień, który najpierw próbował popełnić samobójstwo, a potem wpadł w chorobę psychiczną i odtąd na każdym kroku chciał pokazać, jak bardzo kocha partię. I kiedy włożono trumnę do grobu, usłyszeliśmy: „Wstańcie, bo największy człowiek Albanii spoczął właśnie w grobie!". Odwróciliśmy się. Na szczęście to był tylko nasz głupi, obłąkany Alen. Nawet strażnicy nie mieli innego wyjścia, jak tylko go zignorować.

Ale potem jacyś więźniowie wpadli na pomysł, żebyśmy wszyscy okazali nasz żal i wysłali do Nexhmije Hoxhy telegram z kondolencjami. Siedzieliśmy w stołówce z poczuciem, że nadszedł czas, kiedy ktoś z nas zostanie poświęcony. Że to prowokacja i że władza szuka buntowników. A ja miałem na koncie dwa wyroki, byłem pierwszy do odstrzału. Przyszli więźniowie, którzy kolaborowali ze strażnikami, i odczytali telegram na głos. Nikt nic nie powiedział. Następnego dnia mój przyjaciel z pierwszego baraku odciągnął mnie na bok i wyszeptał: „Fatos, przyszli do nas z telegramem i zażądali, żebyśmy go podpisali". „O mój Boże..." „I podpisaliśmy. Tylko Ilir Malili nie podpisał. A teraz chodzą dalej".

A więc to tak. Podpiszesz – przeżyjesz. Nie podpiszesz – zginiesz. Podpiszesz – musisz zmierzyć się z własnym wstydem. Nie podpiszesz – musisz zmierzyć się z własną śmiercią. Przeraziłem się, bo wiedziałem, że nie podpiszę, ale wiedziałem też, że nie chcę zginąć. A podpisywali wszyscy, nawet najodważniejsi.

Tyle że czasem zdarza się, że prawdziwie najodważniejsi są ci, po których najmniej się tego spodziewasz.

Strażnicy weszli do drugiego baraku. Ja byłem w trzecim. Telegram trzeba było podpisać przy wszystkich. Jakiś więzień dał znak – zaczynamy, ale kiedy strażnicy podeszli do pierwszego w kolejce, a to też był taki lekko szurnięty chłopak, on spojrzał na nich i oznajmił: „Przepraszam, ale teraz to ja się idę wysikać". I wyszedł.

To dodało odwagi innym. Odmówili. Do trzeciego baraku, mojego, strażnicy nawet nie przyszli.

Przy okazji zobaczyłem, jak szybko w więzieniu rodzą się mity. Raptem miesiąc po tym zdarzeniu mój kolega mówi mi: „Wiesz, byłem gotowy podpisać, ale kiedy usłyszałem, jak mówisz: »Niech mnie zabiją! Niech zabiją całą moją rodzinę, ale nie podpiszę!« – to natychmiast zmieniłem zdanie".

Oczywiście nic takiego nie powiedziałem! Wiedziałem, że telegramu nie podpiszę, ale żadnej płomiennej odezwy nie wygłosiłem. To tylko mój kolega szczerze uwierzył, że tak właśnie było, bo sam toczył ze sobą w myślach bój o godność.

Tak. Strażnicy zrobili, co mogli, by nasza wielka radość została zatruta wielkim strachem.

A potem minęło sześć lat i zmumifikowana postać dyktatora z hukiem zwaliła się na ziemię. Rozwścieczony tłum obalił pomnik stojący w centrum Tirany i symbolicznie zamordował tego, co miał być nieśmiertelny. Tym razem zabijano ducha Hoxhy, który unosił się nad Albanią przez lata agonii komunizmu.

– Byłem w domu, kiedy usłyszałem od sąsiadów, że pomnik Hoxhy upada – wspomina Alban Hajdinaj. – Telewizja transmitowała to na żywo. Dziś mówi się, że wszystko było wyreżyserowane przez służby specjalne, że studenci chcieli obalić stary system, ale byli zmanipulowani przez Ramiza Alię, który wiedział, że upadek komunizmu jest nieunikniony, i chciał mieć kontrolę nad opozycją i swoich ludzi w Partii Demokratycznej. Może dlatego ciągle tkwimy jedną nogą w komunizmie.

Z perspektywy czasu nawet ten przełomowy moment wydaje się zafałszowany. Nie wiem, czy wyjście ludzi na ulicę było w pełni spontaniczne. Nie wiem, kto był wtedy czysty. Sali Berisha poszedł negocjować ze studentami jako wysłannik władzy, a potem przeszedł na ich stronę i poprowadził ich na ulice, ale dziś mówi się, że był tylko wtyczką Alii. Nawet w chwili obalenia systemu zabrakło bohaterów, którym dziś moglibyśmy wierzyć.

Na obrazie Enkelejda Zonji, jednego z najwybitniejszych współczesnych malarzy albańskich, Enver Hoxha niczym zmartwychwstały Jezus Chrystus pozwala niewiernemu Tomaszowi włożyć palec w swoje serce.

– Widzisz? – zdaje się mówić z łagodnym uśmiechem. – Ja wcale nie umarłem.

Zdecydowanie, z jakim Hoxha obnaża klatkę piersiową, przypomina gest Clarka Kenta, kiedy ten przeobrażał się w Supermana. Ciało promieniuje siłą, twarz pozbawiona jest wieku, nie widać na niej śladów ziemskiego cierpienia. Hoxha przypomina postać z propagandowych rysunków – jest większy niż pozostali mężczyźni na obrazie, jaśniejszy, zaróżowiony jak pączek piwonii.

– Na tyle, na ile człowiek może stać się Bogiem, na tyle Enver stał się Bogiem dla nas – mówi Zonja. – Ale zwróć uwagę na czerwony krawat, który ciągnie się przez cały obraz jak wstęga albo wisielczy sznur. Enver zmartwychwstał, ale jego pomnik został powieszony. Wszyscy zapamiętaliśmy, jak w 1991 roku, tuż przez roztrzaskaniem, pochylony pomnik Hoxhy zawisł w powietrzu niczym ciało Benita Mussoliniego po śmierci. To było symboliczne powieszenie dyktatora, któremu nic już nie mogliśmy zrobić.

– A człowiek, który wkłada palec w jego serce?

– Ma twarz mojego ojca, emerytowanego profesora historii. On ciągle wierzy, że system walczył o równość i zapewniał nam bezpieczeństwo. Gdyby władza nas prześladowała, ojciec byłby pewnie bardziej krytyczny, ale żyliśmy ostrożnie i los obszedł się z nami łagodnie.

Potrzebowałem modela do postaci starca, który również wpatruje się w dyktatora. Znalazłem na ulicy wysuszonego mężczyznę, zbierał śmieci. Kiedy wszedł do pracowni, rzucił na podłogę czarny worek, a ze środka wytoczyła się puszka po coca-coli. Dlatego młody człowiek na obrazie trzyma w ręku puszkę i patrzy w zupełnie inną stronę. Zmartwychwstały Hoxha w ogóle go nie interesuje. Najmłodsza generacja odcina się od przeszłości i myśli tylko o tym, co będzie, bo teraźniejszość całkowicie rozminęła się z ich oczekiwaniami.

Obraz Zonji przedstawia symboliczny triumf Hoxhy zza grobu – Envera nie można ani zapomnieć, ani wymazać z kart historii. Mit Skanderbega, wielkiego bohatera narodowego, który w średniowieczu dzielnie stawiał czoła Turkom, i mit Hoxhy to dwa najbardziej wyraziste punkty odniesienia. Widmo wodza ciągle wisi nad Albanią i ciągle oddziałuje na społeczeństwo.

Albański upiór, o którym kiedyś mówiono, że żywi się krwią, dziś karmi się wspomnieniami ludzi.

Alban Hajdinaj kładzie paczkę papierosów na kawiarnianym rachunku, a potem ją podnosi.

– Kiedy w 2016 roku wyjmowałem z ramki rodzinne zdjęcie, zobaczyłem, że pod spodem jest zdjęcie Envera Hoxhy. Moja babcia włożyła naszą rodzinę w ramkę, w której kiedyś trzymała oficjalny portret dyktatora. Hoxha tkwił tam przez lata, ukryty jak trup w szafie. A przecież reżim to nie tylko on, to także tysiące zwykłych ludzi, którzy posłusznie wypełniali jego polecenia i krzywdzili z własnej woli. Ludzie trzymali w domu jego portrety z oportunizmu lub z przekonania. My, nowa generacja, nie możemy winić się za przeszłość, ale nie możemy też wiecznie przemilczać naszej historii, nawet jeśli wydaje się nam odrażająca. Musimy skonfrontować się z tym, co było, i zaakceptować przeszłość.

W każdym domu jest ramka, która skrywa ból i wstyd. Dlatego zrobiłem film, w którym odtwarzam moment odkrycia fotografii Hoxhy. W tle każdej rodzinnej historii jest dyktator, każda rodzina, świadomie lub nie, potwierdzała mechanizmy władzy i poddawała się im. To ja, to moja rodzina, a to zdjęcie Hoxhy w ramce na stoliku, w zupełnie nowym kontekście – Albanii wolnej i zniewolonej.

Oto on: obiekt nadający słowa i obrazy, który zmieniał życie wszystkich wokół. Pośród nudy jednakowych dni emitował światło, do którego jak ćmy ciągnęli ludzie z całej okolicy. Cóż to za wynalazek niezwykły! Nauka wytwarza czary!

Szczęśliwi, którzy mogli ustawić w dużym pokoju urządzenie do przekraczania granic. Ale wspaniałe pudło trafiało tylko do wybranych. Nie dla wrogów ludu rodzime obrazy i zachodnie cuda! Co innego najzacniejsi przedstawiciele nomenklatury – oni, owszem, patrzeć w ekran mogli i powinni, nawet oglądanie kapitalistycznej propagandy uchodziło im płazem, bo przecież ktoś musiał się orientować w poczynaniach wroga.

Żeby mieć telewizor, trzeba było jednak zacisnąć pasa, przełknąć ślinę i wydobyć skądś osiem miesięcznych pensji. Ludzie żegnali się z maszynami do szycia, ubraniami, lustrami i książkami, byleby tylko wstawić w domu nowe okno na świat.

A potem oglądali *La dolce vita* i z niecierpliwością czekali na reklamy.

*

Kiedy na początku lat siedemdziesiątych zaczął się telewizyjny szał, władza nie wyczuła jeszcze, że widok zagranicznych luksusów może pomieszać obywatelom w głowach. Miasto Durrës miało oko na Włochy, Pogradec na Jugosławię, a Szkodra na jedno i drugie. Mieszkańcy Gjirokastry łapali czasem błyski greckich stacji. Szybko pojawiły się samodzielnie sklecone puszki tranzystorów, które wzmacniały sygnał z innych światów. Mężczyźni za dnia chowali anteny w szafach, a nocą wdrapywali się na dachy i ustawiali aparaturę w niesłusznym kierunku.

– Podobno to wszystko dekoracje – szeptano. – Jeden świat jest do telewizji, a drugi do życia. U nas też przecież kantują.

W książce *Każdy popada w szaleństwo na swój sposób* Stefan Çapaliku opisuje pojawienie się w swoim domu radzieckiego rubina, przywiezionego z zagranicznej misji przez ojca, zasłużonego agronoma. To był pamiętny rok 1968.

„Od tej pory – pisze Çapaliku – pokój telewizyjny wyglądał jak sklep meblowy, a każdy sąsiad, dla którego nie starczało miejsca, musiał przyjść z własnym stołkiem lub krzesłem". Z dnia na dzień dwadzieścia osób w okolicy zaczęło się uczyć włoskiego tylko po to, by nadążyć za pięknym światem z telewizora. „Słuchaliśmy nauczyciela włoskiego, jakby nam czytał Stary Testament. On był księdzem, my – uczniami na katechezie".

Zaczęło się bojaźliwe przedwiośnie, przez zapieczętowane granice wsączał się zachodni świat. Władza mówiła o potrzebie modernizacji i wygrażała pięścią konserwatywnym siłom tłamszącym wolność młodych, tyle że poza ideologią, stabilną zgrzebnością i strachem nie miała nikomu nic do zaoferowania. Z wnętrza partii znowu zaczęły więc dochodzić głosy: „Zachód przynosi zgubę, rozbudza próżne tęsknoty, nękają ludzi od niego zdrożne pożądania!”. Skończyła się trzyletnia odwilż, wróciła długa zima. W 1974 roku władza zainstalowała w największych miastach zakłócacze, żeby ukrócić podglądanie obcych.

Koniec z zachodnią degeneracją!

Żadnych uroczych piosenek, fikuśnych teledysków i śpiewania pod nosem.

Żadnych samochodów, torebek i basenów.

Żadnych marzeń, tęsknot i rojeń.

Zamiast tego zestaw obowiązkowy – cztery godziny albańskiej telewizji dziennie: dwadzieścia minut programu dla dzieci *Szkoła i życie*, trzydzieści minut programu *Porady i wiedza praktyczna*, film artystyczny – tylko godzina, bo trzeba było wyciąć kapitalistyczne paskudztwa, następnie *Głos młodzieży*, dokument *Wokół naszego kraju*. Dla miłośników kultury – program *Kultura i życie*, dla miłośników pracy w polu – *Program dla pracowników agrokultury*, dla dwóch milionów patriotów, czyli wszystkich – *Chwalebne chwile z historii naszego narodu*. Taki horyzont wyznaczała albańska telewizja w roku 1976.

„Informacja o pojawieniu się zakłócaczy była tak przeszywająca i dramatyczna, jakbyśmy się dowiedzieli, że właśnie umarł na serce młodzik, z którym pięć minut temu graliśmy w piłkę” – pisze Stefan Çapaliku.

Na szczęście pod koniec lat osiemdziesiątych cała Albania przestawała już działać i nie działały też zakłócacze. Za sprawą jugosłowiańskiej telewizji niektórzy Albańczycy mogli się więc zapoznać ze złotem, kryształami i szlafrokami *Dynastii*, a w rodzimej telewizji pojawił się nie kto inny, jak tylko sama niewolnica Isaura.

Zagraniczne postacie w telewizorze miały oczy, ręce i całą resztę, a jednak wydawały się zrobione z innego materiału. Czy to są ludzie tacy jak my? Chociażby pogodni Włosi, bezczelni w swojej beztrosce, idą przez życie smukli jak struny, nie mają powodu się bać. Wsiadają do samochodów i mkną przed siebie, przez otwarte szyby wdziera się wiatr i rozwiewa im włosy. W greckich serialach przestępcy wskakują na statki i płyną przez morze, za nimi pruje motorówką nieustraszony policjant.

Wiadomo, kto jest dobry, a kto zły.

Wiadomo, jak przebiega granica.

Wiadomo, że ten, kto próbuje uciec, zostanie schwytany.

Właśnie tam, po drugiej stronie ekranu, znajduje się inny świat. Wystarczy tylko stłuc szybę.

W 1960 roku po drogach Albanii jeździło 1900 samochodów osobowych, w latach 80. ta liczba wzrosła do około 6–7 tysięcy

Część piąta

Kruszy się twierdza

Piękne papierki

Na kolorowe albumy z propagandą dzieci odpowiadały zeszytami, do których wklejały zagraniczne śmieci – tęczowe kawałki dalekiego świata, nazywane *letra të bukura*, piękne papierki. Alternatywna rzeczywistość objawiała się w postaci odpadków i strzępków, potwierdzając bolesne przeczucie, że gdzieś tam są inne krainy, napełnione obfitością wielką i obłędną, do której Albańczycy nie mają dostępu.

A jednak czasem ktoś, do kogo przyszła paczka, w przypływie szczodrości obdarowywał śmieciem. Mieszkaniec Durrës czy Wlory wyławiał z morza włoskie opakowanie po słodyczach i wręczał je komuś drogiemu. Czasem dzieciaki bawiły się, próbując zgadnąć, co skrywała folia. Może lizak? Może batonik? A może… czekoladowe wafelki! Po śmierci ukochanego przywódcy Albania się skurczyła, brakowało szkła, stali, nawozów, do sklepu chodziło się z własnym słoikiem albo papierową tutką.

Tymczasem skrawki świata dryfowały po wodzie, bladej wodzie, modrej wodzie, zaczepiały o sitowie albo płynęły wartkim nurtem, tak szybko, że nie można ich było złapać. Drzewa spoglądały na małe postacie pochylone nad wodą. Wzgórza patrzyły na wyciągnięte palce próbujące pochwycić oddalający się przedmiot. Ach, gdyby tak znaleźć parę butów. Zagraniczny but był szczęściem, bo miał zagraniczną podeszwę. Z zagranicznej podeszwy można było zrobić dobry but albański. W takim bucie człowiek zajdzie daleko, do granicy kraju i z powrotem.

Niosły się historie o ludziach, którzy w komunistycznych mieszkaniach czcili kapitalizm, skrywając w barkach meblościanek puszki po coca-coli, napoju groźnym i lubieżnym. Niektórzy dyskutowali o jej smaku, ale w tej materii trudno było wypracować wspólne stanowisko. Raz pewien kochający ojciec załatwił przez znajomych to cudo, zasłonił okna i zwołał dziatki. Potrząsał puszką długo, jak należy, wstrząsnąć dobrze trzeba przecież każdy napój, od kefiru po kompot, wymachiwał ręką wśród westchnień i okrzyków, należycie stopniując napięcie, a gdy otworzył, huknęło straszliwie i wszyscy padli na podłogę. Brązowe strugi wsiąkały w dywan.

Komuś udało się też zdobyć banany, ale skórka była twarda i zupełnie niesmaczna. Do diabła z bananami, tyle hałasu o nic!

A raz jeden chłopiec z Gjirokastry napisał na ostatniej stronie zeszytu „Pepsi" i rodzice przez wiele godzin tłumaczyli się dyrektorowi, jakim cudem ich dziecko zna takie paskudne, grząskie słowo.

Paczki z innych światów dostarczały rzeczy przedziwnych, na przykład pachnącej substancji w sztyfcie, którą w pewnej rodzinie uznano za antyperspirant. I cóż, jakoś dało się nią smarować, bo zapach niby był, nawet całkiem przyjemny, jeśli nie wybrzydzać, tyle tylko, że strasznie się od niej kleiły pachy. Grunt to nie oczekiwać za dużo! Dopiero nowe czasy przyniosły olśnienie: w zielonej tubce był klej w sztyfcie.

Niektóre przedmioty z paczek kontrola uznawała za umiarkowanie groźne – jak chociażby koronkowe majtki, ale inne okazywały się nie do przyjęcia, na przykład czapeczka bejsbolówka z naszywką w kształcie koniczyny. Sami pomyślcie, towarzysze, wszak mówi się, że czterolistna koniczyna przynosi szczęście, a tu, na czapce, proszę – tylko liście trzy! Ktoś tu się cichaczem śmieje systemowi w twarz, ktoś tu sugeruje, że brak w Albanii wszelkiej szczęśliwości! O, niedoczekanie. Proszę żyletkę, my się zaraz rozprawimy z tą koniczyną zieloną, perfidnie trzylistną.

A potem obdarowani zaglądali do paczki, wyjmowali bejsbolówkę z dziurą z przodu, wkładali w nią palec, wzdychali... Cóż robić? Załata się jakimś zgrabnym płachciem i wyjdzie zachodnio, chociaż po albańsku. Tylko wuja trzeba w liście spytać, co takiego było na czapeczce, że aż kontrola wycięła...

Nikt nie czuje się winny

Ojciec odchodzi

Ojciec był jednym z tych zwykłych obywateli, którzy wyszli po papierosy i już nie wrócili. Tamtego wieczora czekaliśmy na niego w pulsującym lęku, rzucając spojrzenia na jego książki, ulubiony fotel, etui na okulary i lampkę, przy której czytał. Dopiero następnego dnia do drzwi załomotali mężczyźni w identycznych beżowych płaszczach. Mieli ściągnięte twarze i powściągliwe ruchy. Powiedzieli, że ojca aresztowano pod zarzutem terroryzmu.

Matka pochyliła głowę i długie czarne włosy opadły jej na twarz, oddzielając ją od nas jak zasłona.

Trzy dni później wrócili i przeszli przez mieszkanie, jakby kroczyli po swoim. Kazali nam zapakować życie do walizek i natychmiast przenieść się na wieś, do Bubq koło Fushë-Krui. To był 1984 rok.

Wkładałem do pudeł książki ojca: Balzaka, Stendhala, Hugo, Tołstoja, nie mogąc przestać myśleć o tym, że gdy byłem smarkaczem, ojciec zapędzał mnie do czytania, bo sam znajdował schronienie w literaturze. „Szkoda czasu na albańską indoktrynację", powtarzał i podsuwał mi zagranicznych klasyków. Gdzie się teraz schroni?

Powiedzieli, że ojciec próbował zabić Hoxhę i obalić władzę ludu i że czeka go śmierć... Niepozorny nauczyciel, cichy autor kilku książek. Bohater mojego dzieciństwa, który nauczył mnie czytać. Tacy jak on, wykształceni i wrażliwi, byli dla władzy największym zagrożeniem. Władza potworniała na naszych oczach i pogrążała się w szaleństwie, traciła resztki rozumu i pożerała nas wszystkich, jednego po drugim, winnych i niewinnych.

Potem, wiele lat później, myślałem o tym, co ojciec przeżywał. Kiedy człowiek dowiaduje się, że został skazany na śmierć, musi pogodzić się z losem i zerwać wszystkie więzi, które łączyły go ze światem.

Wyobraź to sobie: życie jest skomplikowaną maszyną, do której przytroczono wiele lin. Człowiek musi je odciąć, żeby machina stanęła. Przecina pierwszą linę: miłość do dzieci. Ale maszyneria nadal pracuje. Przecina drugą: miłość do żony. Ale mechanizm wciąż działa. Wreszcie przecina ostatnią: miłość do życia. Teraz może już przejść na drugą stronę, na stronę śmierci. I wtedy otwierają się drzwi i wchodzi posłaniec.

– Wrogu ludu, ty nędzny śmieciu, niegodny niczego, darujemy ci życie

I pochyla się nad skazańcem, nie wiedząc, że ma przed sobą skorupę, strzępek ślepy i głuchy, nierozróżniający słów. W tym człowieku właśnie wytraca się życie. Ale ten człowiek w końcu zaczyna rozumieć i staje przed zadaniem, które wydaje się niemożliwe: musi znowu puścić maszynerię w ruch. Przytroczyć do niej liny. Wiem, jak długo zajął ojcu powrót. Spałem z nim w pokoju, bo zrywał się w środku nocy, krzycząc, a ja go uspokajałem. Jak mogłem, pomagałem mu przyzwyczaić się do odzyskanego życia.

Nazywam się Shpëtim Kelmendi, jestem pisarzem i poetą, o tym wszystkim, co spotkało naszą rodzinę, opowiadam po raz pierwszy. Nigdy nie chciałem, żeby moja prywatna historia wpływała na postrzeganie tego, co piszę.

Matka odchodzi

Matka włosy miała czarne, twarz białą, brwi ciemne jak skrzydła kruka. Mam po niej tylko oczy; przez całe dzieciństwo wydawała mi się nierealnie, oszałamiająco piękna. Kiedy zabrali ojca i internowali nas w Bubq, musiała wziąć na siebie ciężar opieki nad nami, całą ósemką. W czasach największej nędzy sprzedawała własne ubrania, żeby nas wyżywić. W końcu obcięła też swoje długie, lśniące włosy, które spływały czarną falą po plecach; starczyło na ziemniaki i chleb.

Zdarzało się, że przez dwa dni nie mieliśmy nic w ustach. Najdłużej nie jadłem przez dziewięć dni. Nigdy nie zapomnę, jak pewnego razu matka wzięła kilka ugotowanych ziemniaków z miski na stole i powiedziała:

– Dość zjedliście, dajmy trochę sąsiadom, niech się najedzą choć ten jeden raz.

Byłem wstrząśnięty: najpierw, że zabiera nam jedzenie, potem – że daje je innym. Trudno było sobie wtedy pozwolić na taki gest. Przeszło mi przez myśl, że matka jest prawdziwie dobra, za dobra na te czasy.

Codziennie musiała mierzyć się z naszym głodem, z prośbami wypisanymi na naszych twarzach, z naszą kruchością i słabością, i ta bezradność ją zabiła. Zmarła na raka, ale jestem pewny, że jej choroba zrodziła się z cierpienia, z bólu, że nie może niczego zmienić, że nie może naprawdę nam pomóc. Gdy ją chowaliśmy, miała zaledwie czterdzieści dziewięć lat.

Tuż przed jej śmiercią pojechaliśmy odwiedzić ojca. Patrzyłem na nią i widziałem już ślady, jakie zostawia choroba. Ale matka postanowiła:

– Ani słowa. Nie będziemy dokładać ojcu zmartwień.

Obserwowałem ją, jak z nim rozmawia, pogodna i czuła, z łagodnym uśmiechem na twarzy. Drżałem cały w środku, widząc, jaka jest silna, kamienna. To było ich ostatnie spotkanie.

Nie dostała żadnej pomocy lekarskiej, nie potrafiliśmy w żaden sposób ulżyć jej w bólu. Umarła w moich ramionach. Myślałem: „Jak śmierć mogła mi zabrać kogoś tak pięknego?".

Nigdy nie widziałem, żeby albańscy mężczyźni byli choć w połowie tak silni jak albańskie kobiety. Bo kobiety cierpiały podwójnie: jako robotnice przy fabrycznej taśmie i jako służące w domu, jako matki, żony, córki, siostry i jako przodowniczki pracy, harujące w kooperatywach, niedoceniane, nierozumiane, zasklepione w poświęceniu. Jak one dawały radę w tym nieludzkim systemie, pracując codziennie ponad siły? Wiem jedno: albańskie matki nigdy nie myślą o sobie, zawsze myślą o swoich dzieciach. Kiedy mama była już bardzo chora, spałem z nią w pokoju, żeby doglądać jej w nocy, a ponieważ było bardzo zimno, przykrywałem ją cieplejszym kocem i sam zasypiałem pod cienkim. Ale kiedy budziłem się rano, okazywało się, że pod pledem śpię ja, bo w nocy moja umierająca matka miała jeszcze tyle sił, by zamienić nasze koce. Taka była, do samego końca.

Ja, sam

Żeby system trwał, wszyscy musieliśmy się bać, bo ci, którzy się boją, milczą. Gdyby strach zelżał, zaczęlibyśmy mówić, że życie jest nie do zniesienia, i próbowalibyśmy obalić system, a tego właśnie Hoxha chciał uniknąć za wszelką cenę.

Propaganda przylepiała się do nas jak gówno do podeszwy. Miałem w klasie kolegę, wielce szczwanego, ale cała jego inteligencja szła na obmyślanie, jak by się tu poopierniczać. Gdy profesor pytał go o cokolwiek, na przykład o cykl wzrostu ziemniaka, kolega klepał:

– Partia kładzie szczególny nacisk na rozpowszechnianie uprawy ziemniaka, ażeby lud albański nigdy nie zaznał głodu, gdyż ziemniak jest chlebem i posiłkiem.

I co nauczyciel mógł takiemu zrobić?

– Dobrze – mamrotał – siadaj.

Po jakimś czasie kolega tak się wycwanił, że zaczął sam wyrywać się do odpowiedzi, żeby uraczyć nas kwadratowym bełkotem. A gdy trzeba było napisać rozprawkę, lepił ją z komunistycznych sloganów: „Władza w rękach ludu", „Komunizm zwycięży na całym świecie", „Niech żyje partia!". W końcu nauczyciel nie wytrzymał, napisał pod jednym takim wypracowaniem: „Hurra! Niech żyje!" – i walnął mu niedostateczny.

Ale w porównaniu z późniejszymi latami zesłania czasy liceum były niemal beztroskie. Jako internowany stałem się trędowaty, każdego mogłem zarazić cierpieniem. Miałem dwadzieścia lat, a gdy zagadałem do jakiejś dziewczyny, zaraz wołała:

– Odejdź, jesteś wrogiem ludu, nie chcę mieć z tobą nic wspólnego!

Moja historia była odrażającą, śliską powłoką, która odpychała ode mnie ludzi, nie pozwalając im dostrzec, jaki naprawdę jestem. Nie istniałem dla kobiet, bo moja ręka wciągnęłaby je w przepaść. Matki już nie było, a ja chciałem kochać, tak jak wszyscy. Samotność była kokonem, z którego nie mogłem się wydostać.

My, ci źli, byliśmy ciągle wdeptywani w ziemię. Jechałem pewnego razu do ojca do Spaça, autobus zatrzymał się przy głównej drodze, a potem musiałem iść jeszcze wiele kilometrów krętą, mało uczęszczaną drogą. W końcu udało mi się złapać ciężarówkę przewożącą drewno. Głupi nie byłem i na wszelki wypadek nie mówiłem za dużo, ale kierowca węszył i pytał. W końcu wydusił ze mnie, że jadę do więzienia do ojca.

– Wynocha! – ryknął. – W tej chwili wynocha, wrogu ludu!

Szedłem pieszo trzy godziny, a gdy wreszcie dotarłem na miejsce, czas widzeń minął. Zapadł wieczór, lodowate powietrze wgryzało się w policzki. Usnąłem na ziemi, zwinięty w kłębek, pod bramą obozu.

Tak, naprawdę tak było. Teraz wydaje mi się to nieprawdopodobne.

Pamiętam... Idąc wtedy w stronę więzienia, ujrzałem ich wszystkich w oddali, niewielkie postacie w brązowych drelichach, krążące po dziedzińcu, identyczne w swoim cierpieniu. Nie potrafiłem rozróżnić wśród nich ojca i nagle pomyślałem, że każdy z tych mężczyzn jest moim ojcem, że czuję miłość do każdego z nich. Ta miłość zalała mnie całego. Patrzyłem na drobne sylwetki moich ojców – wszystkie pełne cierpienia, które nie mieściło się w człowieku.

Bracia

Pewnego razu, już po śmierci matki, podszedł do mnie dzielnicowy i bez ceregieli wypalił:

– Słyszałem, że twoi bracia chcą uciec z Albanii.

Byłem kompletnie zaskoczony, więc wyjąkałem tylko:

– Nie, to nieprawda.

– Weź nie udawaj – syknął. – Obaj wiemy, że tak jest. Ale możesz jeszcze coś z tym zrobić. Jak ich złapią, to szczeniaki pójdą do więzienia na kilkanaście lat i na co im to?

– Dlaczego mi to mówisz? – zapytałem.

– Ty se nie myśl, że jestem taki dobry. Za cztery miesiące idę na emeryturę i nie chcę po drodze żadnego gówna.

Nigdy więcej go nie spotkałem.

A bracia po prostu wzięli dętkę od opony ciężarówki i na tej dętce próbowali w środku nocy przepłynąć do Czarnogóry. Zobaczył ich jakiś rybak i w te pędy poleciał do straży. Dostali po siedemnaście lat. W sam raz na nową drogę życia.

A więc teraz odwiedzałem w więzieniu i ojca, i braci. W długiej wędrówce do Qafë Bar towarzyszyli mi koledzy, którzy też szli do swoich. Droga nie miała końca, żadnych autobusów, żadnych podwózek, kilometry przez góry. Kiedyś już pod bramą zorientowaliśmy się, że strażnicy celowo kombinują, żeby nas nie wpuścić. Jak długo mogli, sprawdzali jedzenie, aż w końcu popatrzyli na mojego kolegę i stwierdzili:

– Nie, ten ma za długie bokobrody. Musi iść do miasta je obciąć.

Popatrzyliśmy na siebie. Gdyby miał pójść do miasta i wrócić, nie zostałoby mu czasu na widzenie. I wtedy kolega postanowił rozwiązać sprawę „albańskim sposobem". Podniósł z ziemi kawałek szkła i zaczął ciąć sobie twarz, tak że cała zalała się krwią i bokobrodów nie było już widać. Kiedy strażnik to zobaczył, wykrzyknął:

– Dobrze, kurwa wasza mać, właźcie! Widzę, że ten jest niespełna rozumu.

Tyle się w życiu naspotykałem z ludźmi władzy, że gdy tylko widziałem jakiegoś w oddali, zaraz przechodziłem na drugą stronę. I wgapiałem się w ziemię, w żółty, pylisty piach, w twarze dzieci, byleby tylko nie skrzyżować z nim wzroku. Gdy raz usłyszałem, że policjant woła do mnie po imieniu, zmartwiałem. Popatrzyłem na tego sukinsyna w mundurze i dopiero po chwili uświadomiłem sobie, że to mój przyjaciel. Nogi się pode mną ugięły, bo ten człowiek wiedział o mnie więcej niż ktokolwiek inny.

– Daj spokój... – westchnął, gdy zobaczył mój wzrok. – Przecież ja też muszę jeść. Noszę mundur, ale poza tym nic się nie zmieniło.

I co, miałem mu uwierzyć? Odsunąłem się od niego, bo w tamtym świecie nie było rzeczy, której mogłeś być pewny. Ale potem, gdy aresztowano mi braci, mój przyjaciel także jeździł do nich do więzienia, z jedzeniem i papierosami, które były wtedy na wagę złota. Nosił ten cholerny, obrzydliwy mundur, na widok którego robiło mi się słabo, ale pod nim ciągle był tym samym człowiekiem.

Zdrajcy i koledzy

Ludzie gadali: jak jesteś jeden, to jesteś bezpieczny. Jak jest was dwóch – miej się na baczności. Jak pojawia się trzeci – bierz nogi za pas. Bo panowało przekonanie, że co czwarta osoba zanosi podarki agentom Sigurimi.

Kilka osób to był już tłum, obok którego przechodziłem na palcach.

Ekstremalność systemu wydobywała z ludzi to, co najgorsze, ale też zmuszała ich do niezwykłych poświęceń. Dyktatura robiła z nas potworów i świętych. Jedni zdradzali człowieka, z którym dzielili łóżko, inni ryzykowali życie, by pomóc obcej osobie. Niezależnie od ideologii, ludzie mają w sobie i miłosierdzie, i okrucieństwo. Nigdy nie można przewidzieć, która strona człowieka odsłoni się przed tobą.

Miałem dwóch najlepszych przyjaciół, a trzech mężczyzn to już bywało o dwóch za dużo. Jednemu dałem do przeczytania wiersze, moje pierwsze zapiski o cierpieniu i samotności. Ufałem mu, bo miałem poczucie, że nienawidzi reżimu całym sercem: był synem państwowego urzędnika, jego rodzina tak jak moja została internowana, ratowaliśmy się nawzajem w rozpaczy, w kółko rozmawiając o książkach.

– Jesteś moim pierwszym czytelnikiem – powiedziałem mu nieśmiało.

– A wcale że nie – odparł z błyskiem w oku. – Dałem twoje wiersze szefowi naszego oddziału Sigurimi, bo słyszałem, że jest wielkim miłośnikiem poezji.

Odebrało mi dech z przerażenia, czułem, jak ziemia usuwa mi się spod nóg.

– No dobra – ucieszył się kolega. – Żartowałem.

I wyciągnął z kieszeni mój notatnik.

Można powiedzieć – okrucieństwo, ale łączyła nas wtedy więź, której dziś nikt nie zrozumie. Zaprzyjaźnić się z kimś oznaczało często zaryzykować życie. Jeśli ktoś zebrał się na odwagę i zaczął narzekać na reżim, na zamordyzm, na beznadzieję, jego rozmówca szedł to zaraportować często dlatego, że był przekonany, że taka szczerość musi być prowokacją Sigurimi. „Szczwany lis! – myślał nieszczęśnik, idąc wydać nieszczęśnika. – Urządza mi test lojalności... Nie ze mną te numery!" Szczerość była jak granat, który w każdej chwili może wybuchnąć między dwojgiem ludzi.

Wyobraź sobie społeczeństwo, w którym największym ryzykiem jest bycie sobą, nigdy nie możesz się przed nikim odsłonić. System miał wiele okrutnych stron, ale teraz, gdy o tym myślę, wydaje mi się, że najgorszy był ten codzienny terror. O niczym nie mogliśmy decydować – ani o tym, gdzie mieszkamy, ani o tym, gdzie będziemy pracować, często nawet o tym, kogo będziemy kochać. W żadnej sferze życia nie byliśmy wolni. Nie mogliśmy nawet powiedzieć najbliższym, jak bardzo jest nam źle.

A skoro nie mogliśmy nikomu zaufać, nie mogliśmy też stworzyć żadnych głębszych więzi. System wiedział, że prawdziwa przyjaźń mogłaby wzniecić bunt. Wszystkie rewolty zaczynają się od tego, że ludzie myślą tak samo i że tworzy się między nimi poczucie solidarności. Nic tak nie zagrażało reżimowi Hoxhy jak solidarność i przyjaźń.

Przebaczenie

Tak, powiedzmy to wyraźnie, albański komunizm to było zbiorowe szaleństwo. Żeby żyć dalej po takiej traumie, musieliśmy o niej jak najszybciej zapomnieć. Tylko że przeszłość jest wszędzie, dźwigamy ją w sobie. Można o niej zapomnieć, ale nie da się jej wymazać.

Najszczęśliwszym dniem mojego życia był ten, kiedy upadł system: 20 lutego 1991 roku w centrum Tirany obalono złotego Hoxhę. Wokół mnie ludzie płakali z radości i z rozpaczy; drżeli zwłaszcza ci, którzy byli powiązani z władzą, bo najbardziej ze wszystkiego bali się kary. A ja odzyskałem wolność podwójnie: raz – bo dotąd byłem odizolowany w maleńkim kraju zwanym Albanią, dwa – bo byłem wyrzutkiem społeczeństwa, kanalią, wszą.

I tak jak do tej pory czułem się wrogiem wszystkich, tak nagle stałem się bohaterem, cała wieś pukała do moich drzwi, żeby mnie uściskać, nawet ci, którzy wcześniej nie odpowiadali mi „dzień dobry". Nie było w nas nienawiści do siebie nawzajem, wszyscy czuliśmy, że wróg jest tylko jeden – reżim. Tłumy na ulicach krzyczały: „Demokracja! Braterstwo!

Solidarność!". Byliśmy pijani wolnością, ogłupieni euforią. Myślałem, że teraz wszystko stanie się możliwe, że stworzymy taką Albanię, o jakiej nawet nie ośmielaliśmy się marzyć. Ale w pierwszych demokratycznych wyborach, w marcu 1991 roku, wygrali komuniści. Tyle jeszcze było w nas niepewności i strachu, zwłaszcza na wsi... Dopiero rok później, po fali strajków, kolejne wybory przyniosły zwycięstwo Partii Demokratycznej Salego Berishy. Myśleliśmy, że jesteśmy już gotowi być wolnymi ludźmi, ale czas pokazał, że się myliliśmy. Entuzjazm wyparował całkowicie w 1997 roku, gdy po krachu piramid finansowych wybuchła rewolucja obywateli przeciwko władzy, mała wojna domowa i wielka narodowa klęska. Spadły maski, zapanowała czysta przemoc, od przypadkowych strzałów i porachunków bandyterki zginęły dwa tysiące osób.

Lata mijały, a ofiary i kaci stali się tym samym: nowym albańskim społeczeństwem.

W latach dziewięćdziesiątych odwiedzałem klub szachowy w Blloku i grywałem tam ze starszym mężczyzną, który wyglądał nadzwyczaj przyzwoicie: elegancki, stonowany, z sygnetem na palcu, prawdziwy dżentelmen starej daty, gładki i pogodny jak dobrze odżywiony mors. Pewnego razu schował figury i zagaił:

– Porozmawiajmy. Chętnie bym się o panu czegoś dowiedział

Powiedziałem mu, że przez całe życie byłem prześladowany, że pracowałem w kooperatywie, że mój ojciec spędził siedem lat w więzieniu.

– A pan, czym pan się zajmował? – spytałem.

– Pracowałem w Sigurimi.

Mało nie zerwałem się z miejsca.

– Grałem w szachy z funkcjonariuszem Sigurimi?

– A cóż w tym złego? – zapytał mężczyzna, składając palce w piramidkę.

Ręce zaciskały mi się w pięści.

– Gdybym cię spotkał w 1991 roku, mógłbym cię zabić! Tyle miałem w sobie gniewu za zrujnowane życie!

– Mógłbyś – zgodził się mężczyzna – ale mnie nie zabiłeś. Może zasłużyliśmy na to, by zginąć, ale nikt nie podniósł na nas ręki i już się was nie boimy. Koniec końców demokracja przyniosła jedną dobrą rzecz: znowu uczyniła nas braćmi i teraz – omiótł ręką salę – możemy tu sobie razem grać w szachy.

Nie poszedłem tam nigdy więcej.

Gdy na początku lat dziewięćdziesiątych trwała dyskusja o tym, czy ofiary powinny wybaczyć swoim prześladowcom, pisarz Arshi Pipa stwierdził: „Tak. Powinniśmy im wybaczyć. Ale jak mamy wybaczyć komuś, kto nie czuje się winny?".

Ponieważ w nowej demokratycznej Albanii nie ma winnych, nikt nie został ukarany i nikt nie prosi o wybaczenie.

Kruszy się twierdza

Albański komunizm był jak twierdza, z której murów codziennie odpadało kilka kamieni. Albo jak podupadła drewniana chałupa z przegniłym dachem, pleśnią na ścianach i zalanymi fundamentami, która, o dziwo, ciągle jeszcze stoi, choć wiatr historii dmucha w jej ściany.

Najpierw zawalił się komin. Potem zawierucha zerwała okiennice i wybiła szyby; w końcu zardzewiałe zawiasy nie utrzymały ciężaru drzwi. Kiedy z hukiem runął dach, ludzie, którzy mieszkali w chałupie, sami nie wiedzieli, czy budynek jeszcze stoi, czy już się zawalił. Czy można wyjść? Czy jesteśmy wolni?

Każdy Albańczyk ma własną datę końca komunizmu. I każdy widział inne zwiastuny zmian.

– Idzie ku lepszemu – mówili ludzie, odkąd w 1987 roku Ramiz Alia pozwolił trzymać po dwie owce na chałupę, ale tylko tej samej płci, żeby się nie rozmnażały.

– Idzie! – zgadzali się ci, którzy wreszcie mogli słuchać w radiu takich ekscesów jak The Beatles.

– Coś się zmienia – wzdychali mieszkańcy Tirany na widok ekstrawaganckiej młodzieży, która chodziła po ulicach rozchełstana, w jakichś skórach, w jakichś dżinsach, po prostu Zachód i rozpusta.

– Jakby ktoś otworzył wieko studni i do środka po raz pierwszy wpadło światło – mówili ci, którzy cieszyli się, gdy w 1986 roku rząd uruchomił pierwsze międzynarodowe połączenie kolejowe łączące Tiranę z Titogradem, czyli dzisiejszą Podgoricą.

Ale żeby społeczeństwo nie nabrało zanadto animuszu, Ramiz Alia, jak mógł, starał się ograniczać entuzjazm, a gospodarka w stanie kompletnej zapaści bardzo mu w tym sprzyjała. Jeśli już komuś udało się upolować ser lub masło, były tak ohydne, że tracił chęć do życia.

Jedni mówią, że jaskółki zmian zaczęły ćwierkać wniebogłosy, gdy 17 sierpnia 1989 roku do Albanii przyjechała z prywatną wizytą Anjezë Gonxhe Bojaxhiu, czyli Matka Teresa. Taki gość w ateistycznej Albanii!

– Dla mnie komunizm skończył się 4 listopada 1990 roku, kiedy ksiądz Simon Jubani odprawił pierwszą mszę na cmentarzu katolickim w Szkodrze – mówi Denis Gila, syn Kitty Harapi, tej, która śpiewała włoskie piosenki.

– Jak 8 lipca 1990 roku zobaczyłam na ulicach w Kavai robotników krzyczących: „Wolność!", to pomyślałam: „Koniec! Koniec! Wreszcie koniec!" – wspomina Bibika Kokalari.

Tego samego roku, ciemną grudniową nocą z Tirany zniknęły dwa pomniki Stalina – to władza cichaczem szykowała przestrzeń do zmian, których nie mogła zatrzymać. Dostojna dziesięciometrowa statua Envera Hoxhy wciąż stała na placu Skanderbega, ale ręka złożona na plecach drżała nieco, a wiatr historii dął w poły spiżowego płaszcza.

Wściekłość mieszkańców Szkodry, którzy 14 stycznia 1990 roku próbowali przewrócić swój pomnik Stalina, była tak naprawdę wściekłością całego kraju. Ośmieleni ich przykładem studenci z Tirany dwa tygodnie później wyszli na ulicę, żądając usunięcia imienia Hoxhy z nazwy uniwersytetu i poprawy warunków w akademikach.

Wreszcie 20 lutego 1991 roku pośród ludu skandującego na placu Skanderbega: „Wolność! Wolność!" ktoś zarzucił pomnikowi wodza sznur na pierś. Zwarty tłum jak kipiąca magma otoczył postument i ruszył, napierając, waląc, szarpiąc i szturmując, aż po długich minutach furii i wrzawy posąg wreszcie zachwiał się i zakołysał, zachybotał, coraz mocniej pochylił ku ziemi i naraz – łup! I naraz – bum! I już! A ludzie rzucili się na zewłok i tratowali, kopali, pluli, i oczom nie wierzyli, że oto u stóp ludu leży właśnie on! A potem triumfujące ręce pochwyciły truchło z brązu i poniosły je przez plac, przez bijące euforią serce Albanii, i załadowały je na ciężarówkę, by zawieźć do miasteczka studenckiego, do głodującej młodzieży, która od dwóch dni żądała wolności dla całego kraju. Patrzcie, studenci, oto przed wami rozłupana skorupa dyktatora!...

Ale jeszcze inni twierdzą, że system trafił szlag wcześniej, gdy pewien szalony gość walnął ciężarówką w mur ambasady Niemiec i w jednej chwili ponad trzy tysiące ludzi rzuciło wszystko, wbiegło na teren ambasady i zażądało natychmiastowego wypuszczenia z Albanii.

Ten facet nazywał się Ylli Bodinaku i dobrze wiedział, co robi.

Jak rozwaliłem berliński mur Albanii

Oglądaliśmy czasem we włoskiej telewizji domy z basenami i łamaliśmy sobie łby: jak te zachodnie cwaniaki robią atrapy basenów? Bo propaganda wyła, że wszystko, co pokazują obcy, to manipulacja urządzana po to, żeby nasz kraj niezłomny osłabiać, i szczekała i skamlała tak donośnie, że nawet najmądrzejsi dawali jej wiarę.

Więc kiedy po raz pierwszy wyjechałem na Zachód, w lipcu 1990 roku, to miałem ochotę zawołać: „Zaraz, zaraz, jak to?! To wszystko naprawdę? Nie żartowaliście z tymi basenami?". Jechałem do Niemiec przez Szwajcarię, z wysokości górskiej autostrady wgapiałem się w domy i wioski i głowy mi nie starczało, żeby policzyć te błękitne plamy w dole.

I dlatego teraz siedzimy tutaj, przy moim własnym, niczego sobie basenie. Kosztował mnie trzydzieści tysięcy euro, na kredyt, ale ja się pytam: co z tego?! Mam sobie żałować? Trumien z basenem nie robią. Martwym się jest przez wieczność, cierpienie dłuży się niemiłosiernie, a dobre życie przemyka jak strzała w locie.

Osiem miesięcy torturowali mnie w celi numer dwanaście; katowali mnie śledczy do zadań specjalnych, co znaczy, że i techniki mieli specjalne. I kiedy siedziałem w tej betonowej klatce, skopany jak pies, kawałkiem blaszki litera po literze wyryłem na drewnianym siedzisku: „Spełnię swoje marzenia". Tak postanowiłem. Cokolwiek będziecie mi robić, skurwysyny, wiedźcie, że mnie nie złamiecie. Macie cały misterny system zaprojektowany, by zgniatać ludzi, a ja mam swoją wolę. Ciało skręcało się z bólu, ale umysł jaśniał.

Bo wśród tych ludzi-cieni ja byłem tym, który ciągle kombinował i myślał. Zrobić coś, cokolwiek! Uciec! Wysadzić w powietrze twierdzę komuchów! Zburzyć mur! Zaprotestować! Choćby za cenę życia. „Jeśli życie ma być takie nędzne – myślałem – dajcie mi chociaż umrzeć godnie!"

I dlatego zdecydowałem, że przebiję ciężarówką mur niemieckiej ambasady. Wiedziałem, że najpewniej nie przeżyję tego szaleństwa, ale coś trzeba było zrobić. Są ludzie, którzy żyją cisi i bierni, umierają i pamięć o nich ginie. A są tacy, którzy swoimi czynami przyspieszają bieg historii, zmieniają życie innych i zostawiają ślad.

Ślad po mnie to dziura w murze i wyrwa w systemie.

Kto nie ryzykuje, ten nie pije szampana. Co pijemy, szampana czy czerwone wino? Mam tutaj całkiem niegłupi rocznik 2010.

W połowie lat dziewięćdziesiątych zastukał do moich drzwi kelner z pobliskiej restauracji i przestępując z nogi na nogę, powiedział:

– Ramiz Alia pana prosi. Dowiedział się, że pan tu mieszka, i chciałby zamienić słowo…

O cholera, Ramiz Alia! Strażak, który gasił pożar. Kiedy objął władzę po śmierci Envera, liczyliśmy, że coś się wreszcie zmieni. I rzeczywiście – system złagodniał, to znaczy zabijał rzadziej i z większym namysłem. Alia nie mógł zatrzymać transformacji, ale też nie próbował. Przeszliśmy od jednego systemu do drugiego bez rzeki krwi właśnie dlatego, że Alia luzował cugle powoli i bez wstrząsów. Jak na mój gust – za wolno.

No więc kiwnąłem głową i poszedłem za kelnerem. I jeszcze wziąłem swoją raki, bo była lepsza niż ta w restauracji.

– W takim razie pij pierwszy. – Podsunął mi kieliszek ten stary komuch.

Wypiłem duszkiem, żeby sobie nie myślał.

– Nie zadałbym ci ciosu w plecy – powiedziałem – skoro miałem dość odwagi, żeby własną głową przebić mur.

Ramiz Alia wychylił kieliszek i splótł dłonie na piersi.

– No właśnie... Dlaczego to zrobiłeś?

Jak żem nie ryknął:

– Bo was nienawidziłem! Bo całe życie cierpiałem! Bo największe pasożyty zajmowały najlepsze stanowiska, a cała reszta nie miała co jeść! Bo mnie wsadziliście do więzienia bez powodu! Bo mi wujka zastrzeliliście w 1946 roku!

– Aaa... – westchnął Alia. – To rzeczywiście zasłużyłeś na więzienie.

– A ty zasłużyłeś, żebym cię zrzucił z krzesła!

Ramiz Alia bez słowa wziął się do jedzenia. Zeżarł całego kurczaka, za którego zapłaciłem, i wypił trzy podwójne kieliszki raki. A miał już swoje lata. Najwidoczniej uważał, że złego diabli nie biorą.

Urodziłem się w 1953 roku, siedem lat po śmierci mojego wujka, który był policjantem w czasie włoskiej okupacji i za donoszenie na partyzantów został w 1946 roku rozstrzelany. Mój ojciec z kolei walczył z faszystami, więc w naszym domu gromadziła się cała partyzancka ferajna, ale to już komuchów nie obchodziło. Kiedy trafiłem do więzienia po raz drugi, tym razem do Spaça, napisali mi w papierach, że niechęć do systemu przejąłem po wujku. Tym, którego żem nigdy na oczy nie widział...

Historia złego wujka rzuciła cień na całą rodzinę: ojciec, świeżo upieczony profesor uniwersytecki, musiał zostać stolarzem i cała nasza siódemka – sześcioro dzieci i mama – żyła z jego marnej pensji.

Mamę kochałem ponad wszystko. Z ojcem nie było mi po drodze, bo ta degradacja całkiem go zrujnowała i bił nas niemożebnie, a przy moim charakterze zawsze znalazł się powód. Pewnego razu wyskoczyłem przez okno, z pierwszego piętra, żeby tylko uniknąć batów. Dałem w długą – i wyhamowałem przy warsztacie samochodowym, właściwie przy nędznym garażu, w którym mechanik reperował państwowe auta. Ten facet zmienił moje życie.

W gimnazjum uczyłem się nieźle, ale jako bratanek wroga ludu mogłem zapomnieć o uniwersytecie, a poza tym ciągle mnie gdzieś nosiło. Gdyby nie tamten mechanik, mądry, złoty człowiek, trafiłbym do więzienia znacznie wcześniej, za pobicie albo za próbę ucieczki. Ale on dostrzegł, że duch się we mnie szarpie, i całą moją energię skierował na samochody. Odtąd od rana do wieczora przesiadywałem u niego i dłubałem w silnikach.

– Będziesz zdawał na prawo jazdy – powiedział mi raz.

– Zaczynasz pracę jako kierowca karetki – oznajmił mi później.

Przez całe moje komunistyczne życie byłem kierowcą, chyba że akurat siedziałem w więzieniu. Pierwszy raz z przyczyny, że wyklepałem policjanta, który wyraził się na temat mojej matki. Każdy ma swój kompas moralny i próg, którego nikomu nie wolno przekroczyć – od matki psom wara! Poza tym albańskiemu policjantowi wydaje się, że trzyma twoją duszę na smyczy. Musiałem mu przylutować, żeby sobie przypomniał, że nie jest Bogiem.

Za obicie funkcjonariusza na służbie dostałem trzy lata i nie mogłem przeboleć, że trafiłem za kratki właśnie przez taki ludzki, wręcz naturalny gest. Bo wcześniej, powiem szczerze, wiele razy kiwałem system i wcale mnie nie namierzyli. Jechałem, dajmy na to, w środku zimy ciężarówką pełną cementu przez górskie drogi zasypane śniegiem, a że albańskie łańcuchy na koła gówno były warte, to po prostu wylewałem część ładunku. Albo przewożąc ziemniaki, sprzedawałem je po drodze, aż ludziska skakali z radości. Albo w nocy zwoziłem sąsiadowi kamienie znad rzeki i pomagałem mu stawiać dom.

Wszystko to było nielegalne, a więc bardzo ryzykowne, i ciągle czułem się jak owca, na którą poluje wilk. Ilekroć chciałem skubnąć trochę trawki poza zagrodą, musiałem się rozglądać, czy wilk nie szczerzy kłów. Ale w końcu z tych skubnięć uzbierało się na telewizor, pralkę i lodówkę – czyli, można powiedzieć, opłacało się.

Dwie rzeczy zmieniły moje życie – samochody i parasol. Pod koniec lat siedemdziesiątych pracowałem jako kierowca w Ministerstwie Kultury i pewnego razu zostawiła tam parasol córka Petra Marki, słynnego albańskiego pisarza, o którym wiedziałem, że jest na celowniku tytułem rycia literaturą pod fundamentami władzy. Złapałem ją na ulicy, oddałem parasol, a ona zapytała, czy nie pójdę z nią na kawę.

Przy stoliku wyjęła papierosy. „No... – pomyślałem – nowoczesna dziewczyna!" Piękna, kruczowłosa, charakteru miała za sto kobiet. Zakochałem się od razu, gdy patrzyłem, jak kopci te faje. Jedyna paląca dziewczyna, jaką znałem!

Później powiedziała mi, że zarówno jej brat, jak i ojciec kiszą się w więzieniu. Zaufałem jej, tak jak mężczyzna ufa kobiecie, którą kocha.

W tym czasie zacząłem pracę w kopalni w Krrabë, gdzie poznałem dwóch kolegów, z którymi się zaprzyjaźniłem – jednym był Aleksandër Meksi, później, po upadku komunizmu, pierwszy demokratyczny premier. Wszyscy trzej mieliśmy dobre powody, żeby nienawidzić systemu. Ja za to, że od małego dostawałem w dupę za wuja. Aleksandër dlatego, że poślubił kobietę ze złą biografią i chociaż miłości mu nie brakowało, władza skutecznie obrzydzała mu życie. Bashkim dlatego, że od najmłodszych lat tyrał w Krrabë, żeby mu rodzina nie wyschła z głodu. Nienawiść w nas kipiała i często po cichu nakręcaliśmy się nawzajem, że coś trzeba zrobić.

I uradziliśmy: wysadzimy budynek Komitetu Centralnego. Po prostu! Napełnimy ciężarówkę dynamitem i wbijemy się nią w mur. Bashkim odpowiadał w kopalni za dystrybucję i zabezpieczanie materiałów wybuchowych, więc dobrze, on skombinuje ładunek. Aleksandër Meksi miał odrutować laski. Ja miałem być kierowcą, który rozpędzi ciężarówkę i w ostatniej chwili, tuż przed zderzeniem, wyskoczy z kabiny. A potem nastąpi wielki wybuch, który zabierze do piekła wszystkich tych diabłów. Wolałem umrzeć, niż żyć dalej w ich zaplutym systemie.

Powiedziałem o tym Arianicie, bo ją kochałem i chciałem, żeby przestała się martwić o ojca i brata – kiedy rozwalimy Komitet, w Albanii upadnie komunizm. Tak jej mówiłem, a ona zalewała się łzami i kiwała głową.

Następnego dnia poszła od razu do Sigurimi donieść, że znany jej Ylli Bodinaku planuje zamach terrorystyczny. Myślała, głupia, że dzięki temu uda jej się wyciągnąć rodzinę z więzienia.

Jeszcze wtedy nie wiedziałem, że jest lesbijką. W komunistycznej Albanii nie zostawiało się parasolów ot tak. Jestem pewny, że to wszystko zostało wyreżyserowane, że podsunęli mi tę cwaną sztukę, bo czuli, że po wyjściu z więzienia mogę być niebezpieczny.

Piękna córka słynnego pisarza… Pieprzona lesba! Niech ją piekło pochłonie.

*

Wysypywali ziemniaki na dno skrzyni, układali mnie na nich i przykrywali moje ciało deską, a potem urządzali sobie spacery: tam i z powrotem. Ból był obezwładniający, nieludzki. Wiązali mi łańcuchami ręce i nogi i trzymali mnie tak przez dziesięć dni. Kiedy raz na dzień strażnik przychodził mnie rozkuć, żebym mógł coś zjeść, błagałem go, by tego nie robił, bo gdy wracało krążenie, ból rozsadzał ciało. Ale on nie słuchał, a potem na te spuchnięte przeguby znów zakładał kajdanki. Cierpienie nie miało końca.

Nie wydobyli ze mnie nic. Sigurimi namierzyło Bashkima, ale cały czas mówiłem, że ledwie go znam, a tak w ogóle to go nie znoszę. Wcześniej bywało, że boksowaliśmy się czasem dla zabawy, ale śledczym mówiłem, że ten śmieć zbierał ode mnie łomot na serio, bo sobie zasłużył. O dziwo, Sigurimi nie dotarło do Meksiego. Może to była kwestia szczęścia, a może nie...

Gdyby któryś z nas się przyznał, rozstrzelaliby następnego dnia całą trójkę. Bashkim miał swój rozum, więc powtarzał tylko, że jeśli kiedyś źle myślał o systemie, to przez Freuda, którego czytał ukradkiem. To ten obrzydliwy Freud namieszał mu w głowie! A ja w kółko mówiłem, że wszystko to wymyśliła z zemsty Arianita, bo miała obsesję, że ją zdradzałem.

Zobaczyłem ją na sali rozpraw, gdy przyszła zeznawać jako świadek oskarżenia. Trzęsła się tak bardzo, że sędzia zapytał ją, czy się denerwuje, czy wstydzi sądu.

– Skoro nie wstydzi się kłamać w mojej obecności, jak miałaby się wstydzić sądu? Trzęsie się, bo wie, że kłamie! – krzyknąłem.

Poza zeznaniem córki Petra Marki nie mieli nic. Dostałem więc tylko osiem lat z paragrafu 55, za agitację i propagandę, to był paragraf dobry na wszystko.

Więzienie w Spaçu było jak z opowiadań Dostojewskiego o katordze i zimnie. To był nasz własny, albański model archipelagu Gułag, zaprojektowany po to, żeby nas wyssać i zniszczyć. Nie liczyło się życie ludzkie, liczyło się wydobycie.

Na szczęście gniłem tam tylko dwa lata, bo objęła mnie wielka amnestia z 1982 roku, kiedy na wolność wyszli wszyscy z wyrokami poniżej dziesięciu lat.

Od razu poszedłem do domu Arianity. Otworzył mi Petro Marko, łysy i wychudzony jak ja, bo jego także wtedy wypuścili. Zawołał córkę i zniknął. A gdy Arianita stanęła w drzwiach, najpierw spojrzałem jej w oczy, a potem wymierzyłem jej porządny policzek.

– W więzieniu myślałem wyłącznie o tym, że cię zabiję, ale Hoxha nas wypuścił, więc za to, co mi zrobiłaś, dostaniesz tylko w twarz.

Nie widziałem jej nigdy więcej.

Zanim walnąłem w mur, powiedziałem żonie:

– Kochanie, najpewniej umrę.

Co mi odpowiedziała? Teraz to już bez znaczenia. Skoro nie bałem się państwa, to nie mogłem cykać się własnej żony!

A przyjaciołom oznajmiłem:

– Cokolwiek się zdarzy, pierwsze, co robicie, to wnosicie mojego syna na teren ambasady!

Bo mój młodszy miał wtedy tylko trzy miesiące.

Dostałem cynk od kolegi, który dostał cynk od pracownika niemieckiej ambasady, że jest jedno miejsce, gdzie można łatwo przeskoczyć mur i dostać się do środka. Pracownicy puszczali zajączki, żeby nam to miejsce pokazać, no ale właśnie tam kołkiem stali strażnicy. Więc razem z kolegą, który też był kierowcą, uradziliśmy, że zamiast przeskakiwać mur, spróbujemy go rozbić ciężarówką. Wybraliśmy datę: 2 lipca 1990 roku.

Było nas czterdzieści osób: trzydzieści osiem na pace, ja z kolegą w kabinie, plus skołowany, beczący ze strachu baranek, którego wziąłem w nadziei, że jednak będzie co świętować. Większym wyzwaniem niż przebicie muru było zgromadzenie tylu osób, które by nas nie wsypały. Wszyscy wiedzieli o planie wcześniej, a nikt nie puścił pary z ust. Czterdzieści osób i ani jednego szpiega! Byliśmy gotowi zginąć, byleby tylko uciec z kraju. Pod koniec lat osiemdziesiątych cofnęliśmy się do średniowiecza – fabryki stały tygodniami, brakowało benzyny, ludzie jeździli wiejskimi furmankami. Marzyliśmy o tym, żeby się porządnie najeść.

Obmyśliłem wszystko dokładnie, wcześniej dwukrotnie przeszedłem wzdłuż muru, macałem, stukałem, próbowałem oszacować jego grubość i kombinowałem: „Jak to zrobić, do licha ciężkiego?". Ściana była wysoka na trzy metry i solidnie gruba. Policzyłem kroki od zakrętu, żeby wykalkulować, jaka powinna być prędkość samochodu w momencie zderzenia.

Tak, bałem się śmierci, ale o tym nie ma co gadać.

Przy obwodnicy, mniej więcej na wysokości skrzyżowania z 21 Grudnia, moja ekipa wysypała się z ciężarówki i dalejże pognała ku ambasadzie, a ja z kolegą wjechałem w ulicę Kavai, a potem w Naima Frashëriego. W zakręt wszedłem na pełnym rozpędzie, ciężarówka aż się położyła, po czym przygazowałem do siedemdziesiątki. Mój kolega kierowca, który do tej pory mnie nawigował, nagle stracił dech.

Strażnik patrolujący teren przy ambasadzie ryknął: „Stój!", i oddał ostrzegawczy strzał w powietrze, ale ja zawołałem tylko:

– Spieprzaj! Jadę do Niemiec!

W takich chwilach instynkt samozachowawczy mówi ci: „Co robisz, idioto?! Ratuj się!", ale ja walnąłem ciężarówką w ten gruby mur właśnie dlatego, że tak bardzo chciałem żyć. I dlatego, że całym sercem nienawidziłem reżimu. To był mój odwet za lata upokorzeń i cierpień. „Za wolność – myślałem – warto nawet umrzeć".

Wielki kawał betonu walnął w przód ciężarówki, a potem rozorał mi ramię i bark. Spójrz na tę bliznę, to moja linia życia. Posypało się szkło z przedniej szyby, krew się lała, ale nic nie czułem, bo adrenalina rozsadzała mi głowę. Pomyślałem tylko, że gdyby ten kawał betonu uderzył mnie w skroń, już bym nie żył. Przebiliśmy mur i w chmurze pyłu wyszedłem z ciężarówki na miękkich nogach. Po chwili przez dziurę wbiegła cała moja ekipa. Wieść rozniosła się natychmiast, ludzie z okolicy rzucili wszystko i biegli do ambasady. Nie wiadomo kiedy na dziedzińcu znalazło się ponad trzy tysiące osób, przez kilka dni się schodzili, bo niemieccy dyplomaci powiedzieli komendantowi policji, żeby spadał na drzewo. Igły nie można było wetknąć... Tak byliśmy zdesperowani. Tak bardzo chcieliśmy, żeby system runął.

*

„Zburzyliście berliński mur Albanii! – winszował nam faksem ówczesny minister spraw zagranicznych Niemiec Hans-Dietrich Genscher. – Jesteście jaskółkami zwiastującymi wiosnę dla narodu albańskiego, bohaterami demokracji".

Do rzeczy napisał! Ulokowali mnie w pokoju ambasadora i pierwszy raz w życiu zobaczyłem, jak wygląda kominek. W wielkim telewizorze przełączałem kanały zagranicznych stacji i nie mogłem uwierzyć, że świat naprawdę tak wygląda. Czułem, jak zalewa mnie wściekłość za te wszystkie stracone lata, za te dekady upokorzeń i nędzy! Zrozumiałem, czym była albańska propaganda. „Jak wspaniale jest w Albanii zdychać z głodu!" – to nam mówili przez lata.

Po prawdzie podobny numer zrobili już inni: 20 czerwca jeden gość przeskoczył przez płot ambasady Grecji, potem kilka osób ciężarówką rozwaliło bramę u Włochów, później dwunastu gości znalazło schronienie u Turków. Jacyś kretyni dostali się nawet na teren ambasady Kuby, tyle że zaraz ich stamtąd pogonili. Ale dopiero jak walnąłem ciężarówką w mur u Niemców, to w ludziach coś pękło i szturmem ruszyli na wszystkie możliwe ambasady, do Greków, do Włochów, do Czechów, do Polaków! A zagraniczniaki sami im pomagali przełazić przez płot i zaraz wystawiali paszporty. Oni rozumieli, że po tylu latach w bunkrze wolność nam się po prostu należy.

Ponad trzy tysiące ludzi z naszej ambasady zaraz dało nogę do Niemiec, a ja wraz z nimi. Wkrótce po przyjeździe zobaczyłem przy drodze faceta, który musiał zmienić koło i czekał jak ten stóg siana, aż ktoś mu przywiezie narzędzia. Zatrzymałem się i własnymi rękami zrobiłem wszystko szast-prast. Facet oniemiał i polecił mnie znajomemu, który robił w fabryce Mazdy. No i dobrze, pracuję sobie tam, pracuję, wszystko elegancko, zasady, rygor niby tak jak trzeba, ale serce rwie się do Albanii. Więc kiedy zachorowała mi matka, postanowiłem wrócić. Bo tak jak nienawidziłem reżimu, tak kochałem swój kraj i kocham go nadal, bardziej niż te łajdaki w parlamencie.

Miałem kapitalistyczny łeb w komunistycznej Albanii, więc w nowym systemie ciągnął do mnie pieniądz. Najpierw sprzedawałem samochody z Niemiec, później otworzyłem pierwszy zakład mechaniczny, potem kupiłem fabrykę oliwy, potem drugi zakład, później opchnąłem ziemię, i tak się to kręciło. Teraz nie narzekam, zresztą zaraz ci wszystko pokażę, mam całkiem niezłe kino domowe i wspaniały kurnik na dachu, wielki taki, z perliczkami, zaglądam do nich kilka razy dziennie.

Ale jak wróciłem do kraju w 1994 roku, to zrozumiałem, że lekko nie będzie, bo na powitanie kazali mi zapłacić za zniszczoną państwową ciężarówkę. Tę, którą przebiłem mur.

– Dobrze – powiedziałem – zapłacę, ale dajcie mi zaświadczenie za co dokładnie, z opisem zdarzenia.

Zrobiłem to, żeby mieć na papierze, że system się zmienił, ale Albańczycy pozostali głupi.

Tonący okręt

W listopadzie 1989 roku Europa patrzyła, jak Niemcy rozwalają w drobny mak berliński mur, a w grudniu Ramiz Alia oznajmił Albańczykom: „Tym, którzy pytają, czy podobne zmiany czekają nasz kraj, odpowiadamy jasno i kategorycznie: Nie, zmian nie będzie".

Tymczasem Albania sama z siebie rozsypywała się w proch. Fabryki stanęły, pługi orały ziemię, ludzie ręcznie obsiewali pola. Jedni uciekali przez góry do Grecji, drudzy próbowali przekroczyć granicę z Jugosławią, trzeci szturmowali ambasady. W marcu 1991 roku pierwszy statek z dwudziestoma tysiącami uciekinierów zawinął do Brindisi. Ludzie płynęli ku ziemi obiecanej na czymkolwiek, co mogło poruszać się po wodzie, uruchamiali silniki zdezelowanych motorówek, konstruowali prowizoryczne tratwy, wiosłowali w przerdzewiałych łódkach, wszystko po to, by zawitawszy do wyśnionych włoskich portów, zderzyć się z realiami: „Nikt was tutaj nie chce, wracajcie do domów".

A potem przyszedł pamiętny 7 sierpnia 1991 roku, kiedy tłum zgromadzony w porcie w Durrës wdarł się na pokład statku Wlora, który właśnie zakotwiczył z załadunkiem bratniego cukru z Kuby. Ludzie tysiącami wdrapywali się na pokład; w końcu najbardziej zdesperowani sterroryzowali kapitana i zmusili go, by uruchomił silnik.

– Płyńmy do Szwajcarii, do Niemiec! – krzyczeli niektórzy, bo nie wiedzieli, gdzie te kraje leżą.

– Płyńmy do Włoch! – krzyczeli inni, bo nie przypuszczali, co ich tam czeka.

– Myślałem wtedy: „Uciec, uciec, choćby nie wiem co, wydostać się z kraju, z tonącego okrętu. Popłynąć do tej włoskiej szczęśliwości, którą przez tyle lat oglądaliśmy na lewo, pod strachem".

Nazywam się Ritmir Maloku i po tym, co mnie spotkało, nigdy więcej nie wyjechałem z kraju.

Pochodzę z Durrës, ktoś mi powiedział, że zabierają statkiem ludzi do Włoch, więc zaraz pobiegłem do portu i wdrapałem się na Wlorę. Byłem smarkacz, miałem ledwie osiemnaście lat, statek wydawał mi się długi i wielki. W domu cokolwiek rodzice powiedzieli, zawsze się słuchałem, a tutaj nagle znalazłem się wśród obcych, z których każdy marzył o innym kawałku świata i każdy był gotowy na wszystko, żeby dotrzeć do celu. O dwunastej w południe przysiadłem na pokładzie i patrzyłem, jak tłum pode mną puchnie, było nas coraz więcej i więcej, tak jak ja ludzie czepiali się masztów i lin, żeby tylko dostać się na górę. Miałem wrażenie, że cała Albania chce wsiąść na pokład i uciec. Wszyscy się pchali, napierali, wrzeszczeli, statek rozszerzał się do niebotycznych rozmiarów, nikt by nie powiedział, że pomieści dziesięć tysięcy ludzi, a może nas było dwadzieścia tysięcy… „Niechże ta

Wlora wypłynie – myślałem – niechże wypłynie, bo się tu zaraz zadusimy, stratujemy, potopimy..." Ale nie, godziny mijały, a statek stał i stał. Ludzie tracili siły, wypuszczali z rąk liny i spadali do wody, a kolejni śmiałkowie wdrapywali się na ich miejsce i wydawało mi się niemożliwe, że ten statek kiedykolwiek ruszy, wydawało mi się niemożliwe, że to przeżyjemy. W końcu o osiemnastej syreny zawyły. Nikt nas nie zatrzymywał.

Teraz wiem, że ludzie sterroryzowali kapitana śrubokrętem, że po prostu porwali Wlorę, ale wtedy nie miałem o tym pojęcia. Nie myślałem za dużo. Chciałem tylko, żebyśmy odpłynęli i nigdy nie wrócili, i ucieszyłem się, kiedy poczułem na twarzy wiatr.

Ciemność i fale kołysały mnie miarowo i w pewnym momencie nie wiedziałem już, czy mi się śni, że stoimy, czy rzeczywiście statek stanął. Był środek nocy, gdy ludzie wokół zaczęli krzyczeć: „Co jest, cholera?!". Tysiące ludzi na pokładzie, ale nikt nic nie wie. Ktoś zaczął wymachiwać bronią, ktoś wołał: „Czy jest na pokładzie mechanik?". Stara, zardzewiała Wlora nie potrafiła tak po prostu przeprawić się przez Adriatyk albańskiej rozpaczy.

Nie wiem, kto naprawił silnik, ale po kilku godzinach znowu ruszyliśmy. Statek płynął powoli, jakby się ociągał. Ludzie bawili się bronią, ktoś strzelał w powietrze. Z ust do ust niosły się słowa: „lepsze życie". Do tej pory zwykła podróż z Durrës do Tirany była wielkim przedsięwzięciem i udręką, a tu nagle znaleźliśmy się na statku płynącym do innego świata...

Przez całą drogę latał nad nami helikopter. W końcu ktoś nie wytrzymał i rzucił w górę klapkiem. Potem drugim. Kiedy helikopter zniknął, wiwatowaliśmy, jakbyśmy odnieśli pierwsze zwycięstwo.

Podróż trwała wiele godzin, bo Wlora ledwie zipała – tak samo jak Albania. Przez cały ten czas ludzie nie mieli dostępu do toalet ani do prysznica, jedli i pili tylko to, co wzięli ze sobą. Wyobraź nas sobie po tylu godzinach, niespokojnych, głodnych, zmęczonych, brudnych… A przecież wszystko, co złe, było dopiero przed nami.

Kiedy się okazało, że Włosi nie chcą nas wpuścić do portu w Brindisi, popłynęliśmy do Bari. Wszyscy krzyczeli: „Italia!". A potem, czekając w porcie na decyzję Włochów, ludzie zaczęli po prostu zeskakiwać z pokładu, jeden po drugim, jak kamienie w wodę. Skakali z wysokości dwudziestu pięciu metrów, bo wydawało im się, że już tylko tyle dzieli ich od włoskiej ziemi, ziemi obiecanej, upragnionej… Wyławiała ich z wody policja nabrzeżna.

W końcu pozwolono Wlorze zakotwiczyć. Wszyscy tłoczyli się niemożebnie, pchali, krzyczeli, byle szybciej, szybko, prędzej! Niektórzy schodzili po linach cumowniczych, inni spadali do wody, bo ktoś obok ich zepchnął. Przed nami stał szpaler żołnierzy, nieruchomych, uzbrojonych, gotowych do strzału. A za nimi stały autobusy. Po raz pierwszy odetchnęliśmy.

Tyle że autobusy zawiozły nas od razu na stadion w Bari.

Co, u licha? Płynęliśmy całą noc, obracając w ustach słowo „wolność", a Włosi wysyłają nas na stadion, do zamkniętej klatki? Ej! My chcemy być wolni! Ludzie! Przecież przypłynęliśmy tutaj po lepsze życie!…

Zamknęły się za nami bramy stadionu. Znowu byliśmy w potrzasku.

Włosi zrzucali jedzenie z helikopterów – albo plastikowe torebki z małymi hamburgerami, albo większe torby z porządniejszą wałówką. Tyle że ludzie byli tak ciasno stłoczeni, że ledwie się mogli schylić, kiedy coś upadło. Ja byłem nieduży, drobny, więc przemykałem im między nogami i zgarniałem, co wylądowało u ich stóp. Jedzenie zrzucano raz na jakiś czas, więc ktokolwiek miał szczęście coś zjeść, ten zjadał, a reszta czekała na kolejny zrzut.

Dlatego tak walczyli o te paczki. Ktoś pochwycił wielką torbę, a ktoś nie zjadł wcale. Jedzenia ciągle brakowało, więc upolowanie czegoś stało się naszą obsesją.

I tak minął pierwszy dzień i drugi. Potem trzeci, czwarty…

Ludzie spali na gołej ziemi, na trawie. Za dnia nudzili się okrutnie, więc kombinowali, co by tu porobić. W końcu znaleźli magazyn z ubraniami, włamali się do niego, zabrali buty, koszulki, dresy… Każdy chciał wyrwać cokolwiek dla siebie, wyszarpywano sobie szmaty z rąk, szwy się pruły, a my walczyliśmy zażarcie, dopóki nie ogołociliśmy calutkiego magazynu.

Zdobywcy byli bardzo zadowoleni, że chociaż jedną koszulkę przywiozą z tych cholernych Włoch, a reszta musiała obejść się smakiem.

Ale co dalej? Dzień znowu dłużył się niemiłosiernie, słońce paliło nam głowy.

Z nudów ruszyliśmy na zwiedzanie stadionu. Ktoś znalazł motorowery, ktoś pistolety startowe, więc dalej, hajda, huk i fru! Ruszyły albańskie zawody motorowerowe na stadionie w Bari... Ludzie jeździli jak oszalali, tylko pył się niósł, tam i z powrotem, tam i z powrotem, póki nie skończyła się benzyna. A kiedy się skończyła, podpalili motorowery. Żeby cokolwiek się stało. Żeby ktokolwiek się nami zainteresował.

Rósł w nas gniew, rosła desperacja... Dzień po dniu cofaliśmy się w jakieś przedziwne zezwierzęcenie, w pierwotną przemoc. Ktoś wyrwał mi kanapkę z dłoni, z mojej dłoni! Patrzyłem oszołomiony na twarz człowieka, który pochwycił mój chleb. „Do tego już doszło, że ludzie zaczęli wyrywać sobie jedzenie?! – myślałem. – Jak to łatwo przyszło..."

Kiedy spałem, ktoś ukradł mi buty. Ludzie kradli sobie nawzajem buty, bo nie chcieli wracać do Albanii z niczym. Żeby tylko coś przywieźć, żeby to wszystko nie było zupełnie na darmo...

Dlatego po jakimś czasie podzieliliśmy się na grupy: ci z Tirany, ci z Durrës, z Lushnji, z Elbasanu. „Swoi" trzymali się ze „swoimi", „swoi" chronili „swoich". Bo nastroje robiły się coraz gorsze, ludzie zaczęli się nawzajem okradać, w ruch poszły pięści.

Czy to nie dziwne? W sytuacji kryzysowej instynktownie odtworzyliśmy strukturę plemienia. Tylko w obrębie naszych grup czuliśmy się bezpiecznie. A przecież wszyscy byliśmy Albańczykami, braćmi...

Ludzie stracili nadzieję, że wydostaną się poza stadion. Wiedzieli, że wkrótce Włosi odeślą nas do kraju. Zaczęliśmy więc demolować wszystko, ławki, barierki... W tej szarży na stadion były rozpacz i wściekłość, to był ostatni akt odwetu, zanim wrócimy do naszej albańskiej beznadziei. Trofeum dla zrozpaczonych ofiar po przegranej bitwie.

Kilkanaście tysięcy nas było na stadionie, siedzieliśmy tam bez możliwości umycia się, przebrania, odcięci od świata, jak w jakimś rezerwacie dla dzikich zwierząt, jak w Albanii...

Kilku osobom udało się wspiąć na stadionowy maszt i zobaczyć miasto. Opowiadali, co widzieli: przepiękne kolorowe kamienice, wspaniałe czarne latarnie, witryny sklepów, dziewczyny w eleganckich sukienkach... Ludzie dostawali szału z rozpaczy, że nie mogą nawet spojrzeć na to piękno. Krzyczeli: „Na cholerę ta męka! Na co nam było ryzykować... Traktują nas gorzej niż w Albanii!".

Ale byli też tacy, którzy w jednej szatni znaleźli prześcieradła, zrobili z nich liny, spuścili się z ogrodzenia stadionu i uciekli!

Siódmego dnia ludzie byli już tak wściekli i głodni, że zaczęli napierać na bramę, ale policjanci tłukli pałkami w ręce wyciągające się przez kraty. Krzyczeliśmy: „Wypuśćcie nas albo odeślijcie do kraju! Nie zniesiemy tego dłużej!".

Nie mogliśmy uwierzyć, że gdzieś może być gorzej niż w Albanii. W tym kraju, który miał być rajem... Nie wiem, kto to powiedział, ale miał rację: że piekło to stać u bram raju i nie móc do niego wejść...

W końcu wybrali kilkadziesiąt osób i zapakowali je do autobusów. Rozeszła się wieść, że odsyłają nas do Albanii. Coś w nas pękło. Już nie mieliśmy nic do stracenia. Wielką masą naparliśmy na bramę stadionu i brama wreszcie puściła. Ludzie zaczęli walczyć z żołnierzami, ale nie mieli żadnych szans. Ktokolwiek zbliżył się do Włochów, zaraz dostawał pałką. Wreszcie wpakowali nas do autobusów. Jeden był tak naładowany, że zaraz się zepsuł. Do drugiego weszło tyle osób, że poleciały szyby.

Obraz nędzy i rozpaczy. Jak na tej nieszczęsnej Wlorze.

Byłem tak strasznie, strasznie głodny... Po dziesięciu dniach walki o przetrwanie nie miałem już sił. Włoskie władze próbowały nas skusić pieniędzmi, żebyśmy tylko dobrowolnie wrócili do Albanii, ale za jakie pieniądze ktoś zgodziłby się opuścić ziemię obiecaną?

Nie wiedzieliśmy, dokąd nas zabierają. Ale jeszcze mieliśmy nadzieję...

A oni po prostu przetransportowali nas na lotnisko. Wiedziałem, że wokół stadionu rozpościera się coś pięknego, i co? Mogłem na to popatrzyć tylko przez chwilę, z okien autobusu.

Włosi trzymali nas na stadionie przez dziesięć dni, bez żadnego planu, bez żadnego celu... Mogli potraktować nas jak ludzi, ale zrobili z nas zwierzęta. Na koniec sami dla siebie staliśmy się wrogami. Wracałem do Albanii bosy, sponiewierany i bosy...

Nigdy więcej nie wyjechałem za granicę. Moje marzenie o wolności i o lepszym życiu zostało zniszczone. Próbowałem raz i postanowiłem: nigdy więcej takiego upokorzenia. Wolę cierpieć w Albanii, niż dawać się poniewierać obcym. Dopiero za granicą zrozumiałem, czym jest nienawiść. Co znaczy patrzeć w oczy ludziom, którzy cię nienawidzą. Oni nie widzieli we mnie człowieka i ja sam przez chwilę przestałem czuć się człowiekiem...

Kolejnym statkom z Albanii nie pozwolono nawet wejść do portu. Stały po kilka dni na redzie, Włosi nie wysłali im jedzenia, więc zdesperowani ludzie rozpruwali worki zarobaczonej mąki, które znaleźli pod pokładem, i z tej mąki piekli placki. Cierpieli jeszcze bardziej niż my. Najbardziej zdesperowani skakali do wody, wiele osób utonęło.

Po powrocie sąsiedzi pytali mnie: „Co widziałeś?". „Nic", odpowiadałem zgodnie z prawdą. „A co robiłeś?" „Przez dziesięć dni walczyłem z innymi ludźmi". „To z czym wróciłeś?" „Z niczym. Ale ukradli mi buty". Tak się skończył mój włoski sen.

Tak, myślałem, że Albania była piekłem... Ale piekło to stać u bram raju i nie móc do niego wejść.

Sześć lat później, gdy Albanię ogarnęły masowe zamieszki, nazywane także wojną domową, kto mógł, znów próbował za wszelką cenę wydostać się z kraju. 28 marca 1997 roku z portu we Wlorze wypłynął niewielki statek Katër i Radës, na którego pokładzie znajdowało się ponad sto osób, w tym czterdzieścioro dzieci. Gdy statek zbliżał się do włoskich wód terytorialnych, został namierzony przez łódź patrolową Zefirro i dostał polecenie nawrotu. Ale Katër i Radës płynął dalej. Wtedy włoskie dowództwo wezwało ważący dwadzieścia razy więcej od niego okręt wojskowy Sibilla, stworzony do manewrów zastraszających. Kapitan Sibilli najpierw uderzył dziobem w prawą burtę Katër i Radës, a potem odpłynął, zgasił światła i z całą mocą silników staranował w ciemnościach niewielką łódź.

Katër i Radës momentalnie zatonął.

Zginęły osiemdziesiąt dwie osoby, niemal wyłącznie kobiety i dzieci, stłoczone pod pokładem. Ocaleli tylko ci, którzy w chwili pierwszego uderzenia znajdowali się na pokładzie i wpadli do wody – dwie kobiety i trzydziestu dwóch mężczyzn. Ojcowie i mężowie patrzyli, jak statek, który miał przynieść ocalenie, zamienia się w trumnę dla ich żon i dzieci.

Po wielu latach procesu dowódcę Sibilli, kapitana Fabrizia Laudadię, skazano na trzy lata więzienia.

Dowódcę Katër i Radës, Albańczyka Namika Xhaferiego, włoski sąd uznał za bardziej winnego. Dostał cztery lata.

Czerwona puszka

Teraz już tak nie ma, ale kiedyś każdy Albańczyk miał swój kraj wyryty na twarzy, na zapadniętych policzkach, na zniszczonych rękach. Ubrani byliśmy byle jak, drobni, chudzi przez lata niedożywienia. Jak w 1992 roku zatrudnili mnie do roboty na przejściu granicznym w Kakavii, to zawsze wiedziałem, kto jest Albańczyk, a kto Grek, bo te lata komunizmu myśmy mieli odciśnięte w ciałach, każdy z nas był jak palec.

Kiedyś marzyłem, żeby stąd uciec, a teraz stałem i strzegłem granicy. I tłumy szły, tłumy się chciały wydostać. Ci, którzy mogli, szli oficjalnie, ale nie było to łatwe, bo kto by chciał u siebie Albańczyków? A ci, którzy nie mogli, szli na skróty, to znaczy dłuższą drogą, przez góry, straszliwą, mozolną. Każdy, kto miał choć odrobinę odwagi, szedł, żeby odmienić swój los, bo myśmy byli złaknieni świata i życia i ten nasz głód zamieniał się w dzielność, która pchała do przodu.

Wszystko nas dziwiło… Po drugiej stronie tyle światła, tyle kolorów, dziewczyny tak pięknie ubrane, że miałeś ochotę je dotknąć tylko po to, żeby się upewnić, że istnieją naprawdę. Kursowaliśmy między dwoma światami przedzielonymi granicą, która kiedyś była drutem kolczastym, a teraz zamieniła się w mur z papierów i pieczątek.

I ja strzegłem przejścia po jednej stronie, a po drugiej stronie na plastikowych krzesełkach siedzieli syci Grecy, radośni jak szczypiorki na wiosnę. Ja greckiego nie znałem wtedy ni w ząb, więc tylko patrzyłem, jak kilka kroków dalej rechoczą i piją kawę moi koledzy z pracy, co nie pogadasz z nimi, choćbyś chciał.

I raz jeden z nich, to moje greckie lustrzane odbicie, zawołał na mnie, skinął i zaczął iść w moim kierunku. Zobaczyłem, że trzyma w ręku czerwoną puszkę.

Grek trzymał w ręku czerwoną puszkę!

„Ożeż!", pomyślałem i ze strachu aż zastygłem, bo w dzieciństwie dziadek mi opowiadał, że Włosi zrzucali na Albanię bomby w czerwonych puszkach.

„Chce mnie zabić! – przyszło mi do głowy. – Za co?!"

Chociaż nie, wtedy chyba w ogóle nic nie pomyślałem, tylko patrzyłem na tę czerwoną puszkę w jego dłoni. Grek się do mnie zbliżał, ja się odsuwałem. Grek jeden krok w moją stronę, ja dwa kroki za siebie. Drżałem. Po prostu dygotałem cały. W końcu Grek zrozumiał, że się boję. Pokazał, że puszka ma srebrzystą zawleczkę, trzeba ją pociągnąć i wtedy się otwiera.

Zawleczka! W te pędy uciekłem.

Syknęła bomba w rękach Greka, ale on spokojnie przyłożył jej krawędź do ust i zaczął pić. A potem postawił puszkę na chodniku, pokazał mi ją palcem i odszedł kilka kroków.

Zbliżałem się do niej powoli, obserwując Greka, a ten patrzył na mnie uważnie. Uniósł przechyloną dłoń do ust, jakby pił.

Wziąłem puszkę do ręki. Zimnym brzegiem metalu dotknąłem ust. Napiłem się. Westchnąłem.

Kiedy Grek zobaczył, że się uśmiecham, zaczął płakać. Wszystko zrozumiał. A ja pokazałem brzuch. Że dobre. Boże, jakie to mi się wtedy wydawało pyszne! Jakbym pił coś nie z tego świata.

A potem Grek został moim przyjacielem, ja nauczyłem się greckiego i kiedy kilka lat później opowiadaliśmy tę historię w jego rodzinnej wsi pod Joaniną, o tym, jak się bałem puszki coca-coli, jak strasznie odizolowani byliśmy, ludzie, którzy nas słuchali, mieli łzy w oczach. Tak jak ty teraz.

No, nie ma co płakać. Życie jest tylko jedno! Dziwisz się, że się bałem? Wyobraź sobie, że przez trzydzieści lat siedzisz ciągle w jednym pokoju. Co ty wiesz o życiu? Wszystkiego się boisz, wszystko cię zaskakuje. Boisz się podejść do puszki coli, bo skąd masz wiedzieć, co to takiego? Wiesz tylko tyle, ile ci ktoś powiedział. Trochę bzdur i litanię kłamstw.

Przez lata byłem tak strasznie biedny. Przez całe dzieciństwo siłowałem się z głodem. Nie wiedziałem, co to wino, cytryna, mięso. Płakałem z głodu. Matka patrzyła na mnie i sama płakała. Dawała mi pół kromki chleba, bo więcej nie mogła. Nie mieliśmy butów... Nie mieliśmy butów ani latem, ani zimą. Nie mieliśmy kurtek. Byłem głodny i było mi zimno, tak pamiętam dzieciństwo. Nie żyłem.

Dopiero teraz żyję, teraz, gdy mogę siedzieć z tobą przy stole i pić wino. Dzieciom coca-coli nie daję, bo to świństwo. Czasem, gdy mi wiercą dziurę w brzuchu albo gdy narzekają, to im opowiadam, jak to kiedyś było. Żeby wiedziały, jakie mają szczęście. Mówię im tyle, ile trzeba, póki nie zaczną płakać. Przez te historie stały się bardzo wrażliwe na krzywdę innych. Wszystko rozumieją w lot. Jak widzą kogoś biednego, to zaraz lecą do mnie, czy nie mamy czegoś do jedzenia.

Pamiętaj, nie ma co płakać. Trzeba się cieszyć, że możemy jeść, śmiać się i rozmawiać. Teraz wreszcie żyjemy, tym jednym krótkim życiem.

Podziękowania

Pisanie tej książki nabrało dla mnie nowego znaczenia, gdy zdałam sobie sprawę, jak ważne dla ofiar reżimu jest to, by ktoś ich wysłuchał. Niektórzy z moich rozmówców wydali już własne wspomnienia, inni mówili o swoich doświadczeniach po raz pierwszy. Łatwiej było słuchać ludzi, którzy opowiadali o przeszłości z suchymi oczami. Ale to do spotkań, na których płynęły łzy, najczęściej wracam myślami. Po 1991 roku wielu moich rozmówców ułożyło sobie życie, założyło rodziny i warstwę bólu przykryła nowa warstwa spokoju i osobistego spełnienia. Dla innych cierpienia sprzed lat są tak wyraziste, jakby skończyły się wczoraj. Boli ich brak rozliczeń, brak rekompensat i poczucie, że w dzisiejszej Albanii zbrodniczość dawnego systemu nikogo nie obchodzi.

„Mam już po dziurki w nosie opowieści o komunizmie" – mówili czasem młodzi ludzie, usłyszawszy, czym się zajmuję. Ale gdy pytałam ich o podstawowe fakty – komunistyczne więzienia, rolę Hoxhy czy prześladowania – nie potrafili wiele powiedzieć. W Albanii od lat trwa wielka dyskusja o dawnym reżimie, publikowane są kolejne książki i pamiętniki, na jaw wychodzą nowe fakty, wielu chciałoby dyskutować o przeszłości, ale mało kto chce o niej słuchać. Panuje przekonanie, że wszystko zostało już powiedziane. „Przeszliśmy naszą golgotę, a teraz skupmy się na tym, jak przeżyć w nowej, demokratycznej Albanii, która okazała się inna, niż sobie wymarzyliśmy".

Napisałam tę książkę z myślą o ofiarach i o tych, którzy twierdzą, że prześladowani kłamią, koloryzują i próbują wymusić pieniądze, naciągając fakty. W Albanii nikt, kto odpowiadał za wydawanie wyroków i katowanie więźniów, nie został skazany. Wyjątkiem była tylko Nexhmije Hoxha, żona dyktatora, która trafiła do więzienia na cztery lata jako naczelna winowajczyni i kozioł ofiarny systemu. Dziś ofiary często mijają swoich katów na ulicach. A kaci pytani o dawne winy odpowiadają, że robili tylko to, co nakazywała im władza. Byli narzędziami w cudzych rękach. Świadomymi, tak, ale tylko narzędziami.

Obawiam się, że nie potrafię wymienić wszystkich, którzy pomogli mi w pisaniu. Ta książka nie powstałaby bez długich rozmów i życzliwości osób, które w pewnym momencie postanowiły, że zrobią tyle, ile się da, by mi pomóc.

W pierwszej kolejności chciałabym podziękować Rediemu Muçi, mojemu partnerowi przez prawie cztery lata albańskiego życia. W pierwszym okresie pracy nad książką Redi sprawdził się jako tłumacz, a później, gdy mogłam już sama przeprowadzać wywiady, sczytywał je ze mną, żebym nie przeoczyła żadnego szczegółu. Jestem mu ogromnie wdzięczna za jego oddanie i cierpliwość.

Dziękuję też pozostałym „sczytywaczom”: Liri Kuçi, Steli Muçi i Edlirze Danaj. Ela była także dobrym duchem tej książki i często towarzyszyła mi przy wywiadach jako pogotowie językowe.

Ogromne zaangażowanie i wielkie serce okazała mi rodzina Kokalari-Ceków z Gjirokastry, Arjeta Kokalari i Yzeir Ceka – kuzyni zmarłej pisarki Musine Kokalari. Bez nich ta książka byłaby inna.

Dziękuję też Frosie, Frediemu i Steli Muçi za mnóstwo rozmów i anegdot, za rodzinne ciepło oraz wsparcie.

Dziękuję tym, którzy wiele razy rozmawiali ze mną o Albanii: Fatosowi Lubonji, Denisowi Gili, Vincentowi van Gerven Oei, Enkelejdowi Zonji, Nickowi St. Oeggerowi, Makisowi Hoxhy, Kreshnikowi Merxhaniemu, Wouterowi de Rooij, Severinowi Quickowi, Ervinowi Qafmolli i Benetowi Nelku. Za pomoc w stawianiu pierwszych kroków w Tiranie dziękuję byłemu konsulowi RP w Albanii Wojciechowi Baranowskiemu, jego żonie Annie, tłumaczowi ambasady polskiej w Tiranie Astritowi Beqiriemu i Agacie Rogoś. Ambasadorowi Polski w Skopje Jackowi Multanowskiemu i jego żonie Kindze Nettmann-Multanowskiej jestem wdzięczna za ich niewyczerpany entuzjazm i cenne rozmowy.

Serdeczne podziękowania dla Pjerina Mirdity za cierpliwe wsparcie przy zbieraniu materiałów w Szkodrze i dla księdza Andrzeja Michonia za pomoc w odkrywaniu Albanii, jakiej nie znałam.

Dziękuję też moim polskim przyjaciołom w Tiranie – Oli Kukule, którą miałam szczęście poznać w drugim roku albańskiego życia, Kasi Lasoń i Mai Wawrzyk. Dziękuję także starej gwardii: Oli Pavoni,

Magdzie Malejczyk i Magdzie Dorobińskiej. Szczególną wdzięczność chciałabym wyrazić Sylwii Jędrzejczyk i Magdzie Kicińskiej, które dały mi wiele wskazówek podczas pracy nad książką. Za cenne rady – i nie tylko – jestem także zobowiązana Łukaszowi Knapowi. Na ostatnim etapie prac mój redaktor merytoryczny Rigels Halili tchnął w książkę nowego ducha i skłonił do ponownego przemyślenia pewnych kwestii, a przy okazji dał się poznać jako człowiek wielkiej życzliwości.

Chciałabym także podziękować dwóm wspaniałym kobietom – mojej mądrej wydawczyni Monice Sznajderman, która okazała nadzwyczajną cierpliwość w toku powstawania książki, i niezrównanej redaktorce Magdzie Budzińskiej, która zawsze była na odległość maila, czujna, wrażliwa i bezlitosna.

Dziękuję też Ani Nicolau, Ani i Piotrkowi Siemionom, Maćkowi Grzybowskiemu, Michałowi Szturomskiemu i Stefanowi Chitikowi za to, że zawsze są na horyzoncie.

I dziękuję mojej polskiej rodzinie, mamie Dorocie, tacie Robertowi, Piotrusiowi i Agacie, za troskę, zrozumienie i cierpliwość.

Chciałabym też podkreślić, że książka nie powstałaby bez stypendium „Młoda Polska", przyznanemu mi w 2014 roku. Jestem szczególnie wdzięczna pani Annie Rakowskiej i osobom, które napisały dla mnie wówczas rekomendację: Andrzejowi Stasiukowi, Dorocie Horodyskiej, Mariuszowi Szczygłowi, Kazimierzowi Jurczakowi, Andrzejowi Mencwelowi, Krzysztofowi Vardze, a także Lidii Ostałowskiej, której nie będę już mogła podarować tej książki.

Bibliografia

Opracowania ogólne

Albanian Identities. Myth and History, ed. by Stephanie Schwander-Sievers, Bernd Jünger Fischer, Indiana 2002

Albanistyka polska, red. Irena Sawicka, Toruń 2007

Aliçka Ylljet, *Kompromis. 13 opowiadań albańskich*, przeł. Dorota Horodyska, Sejny 2002

Czekalski Tadeusz, *Albania*, Warszawa 2003

Elsie Robert, *Albanian Literature. A Short History*, London–New York 2005

—, *Classical Albanian Literature. A Reader*, London 2015

Fevziu Blendi, *Enver Hoxha. The Iron Fist of Albania*, transl. by Majlinda Nishku, London–New York 2016

Fischer Bernd Jürgen, *Enver Hoxha dhe diktatura staliniste në Shqipëri*, përkth. Virgjil Muçi, Tiranë 2010

—, *King Zog and the Struggle for Stability in Albania*, Tirana 2012

Halili Rigels, *Naród i jego pieśni. Rzecz o oralności, piśmienności i epice ludowej wśród Albańczyków i Serbów*, Warszawa 2012

Lelaj Olsi, *Nën shenjën e modernitetit. Antropologji e proceseve proletarizuese gjatë socializmit shtetëror*, Tiranë 2015

Lleshanaku Luljeta, *Dzieci natury*, przeł. Dorota Horodyska, Gdańsk 2011

Lubonja Fatos, *Albania – wolność zagrożona. Wybór publicystyki z lat 1991–2002*, przeł. Dorota Horodyska, Sejny 2005

Mëhilli Elidor, *From Stalin to Mao. Albania and the Socialist World*, Ithaca–London 2017

Nie jest za późno na miłość. Antologia poezji albańskiej XX wieku, wyb., przekł. i posł. Mazllum Saneja, oprac. i współpr. Ewa Śmietańska, Sejny 2005
Pipa Arshi, *Stalinizmi shqiptar*, Tiranë 2010
Studime aktuale dhe perspektiva të reja për historinë e Shqipërisë në shekullin XX, „Perpjekja" 2014, nr 32–33
Vickers Miranda, *The Albanians. A Modern History*, London–New York 2014
Woodcock Shannon, *Life is War. Surviving Dictatorship in Communist Albania*, Bristol 2016

I Dzieci dyktatora

40 vjet Shqipëri socialiste. Të dhëna statistikore për zhvillimin e ekonomisë dhe të kulturës, Tiranë 1984
Albania. Political Imprisonment and the Law, London 1984
Blumi Isa, *Hoxha's Class War. The Cultural Revolution and State Reformation 1961–1971*, „East European Quarterly" 1999, No. 33
Elsie Robert, *A Dictionary of Albanian Religion, Mythology and Folk Culture*, London 2001
Manga Nexhip, *Frymëzime të viteve të arta. Vjersha dhe poema*, Gjirokastër 2012
Njohuritë dhe perceptimet e publikut për të shkuarën komuniste në Shqipëri dhe pritshmëritë e tyre për të ardhmen, Tiranë 2016
Shehu Bashkim, *Vjeshta e ankthit. Roman autobiografik*, Tiranë 1994

II Błoto słodsze niż miód

Dibra Ridvan, *Gjumi mbi borë*, Tiranë 2016
Hajredin Meçaj, *Toka është bujare*, „Ylli" 1968, nr 3
Saraçi-Mulleti Fatbardha, *Kalvari i grave në burgjet e komunizmit*, Tiranë 2017

III Kręgi

Bloshmi Bedri, *Revolta e Spaçit*, Tiranë 2015
Czekalski Tadeusz, *Zarys dziejów chrześcijaństwa albańskiego w latach 1912–1993*, Kraków 1996

Dervishi Kastriot, *Internimi dhe burgimi komunist në Shqipëri. Të gjitha vendet në të cilat diktatura komuniste persekutoi dhe shfrytëzoi punën e të burgosurve dhe të internuarve*, Tiranë 2016
Lubonja Fatos, *Second Sentence. Inside the Albanian Gulag*, transl. by John Hodgson, London–New York 2009
Pasha Neim, *Bukë, mall dhe lot*, Gjirokastër 2005
—, *Trëndafilat e përgjakur*, Gjirokastër 2016
Peters Markus W. E., *Përballjet e histories së Kishës Katolike në Shqipëri 1919–1996*, Tiranë 2010
Pllumi Zef, *Live to Tell. A True Story of Religious Persecution in Communist Albania 1944–1951*, t. 1, New York–Bloomington–Shanghai, 2008
Vocaj Gjet, *Takim fatal me diktatorin*, Lezhë 2010

IV Kamień na granicy

Barnes Julian, *Zgiełk czasu*, przeł. Dominika Lewandowska-Rodak, Warszawa 2017
Çapaliku Stefan, *Secili çmendet simbas mënyrës së vet*, Tiranë 2017
Idrizi Idrit, *'Magic Apparatus' and 'Window to the Foreign World'? The Impact of Television and Foreign Broadcasts on Society and State-Society Relations in Socialist Albania* [w:] *Television Beyond and Across the Iron Curtain*, ed. by Kirsten Bönker, Julia Obertreis, Sven Grampp, Newcastle upon Tyne 2016
Mai Nicola, *'Looking for a More Modern Life...'. The Role of Italian Television in the Albanian Migration to Italy*, „Westminster Papers in Communication and Culture" 2004, No. 1
Vullnetari Julie, Russell King, *'Women Here Are Like at the Time of Enver [Hoxha]...'. Socialist and Post-Socialist Gendered Mobility in Albanian Society* [w:] *Mobilities in Socialist and Post-Socialist States. Societies on the Move*, ed. by Kathy Burrell, Kathrin Hörschelmann, Houndmills–Basingstoke–Hampshire 2014

V Kruszy się twierdza

Abrahams Fred C., *Modern Albania. From Dictatorship to Democracy in Europe*, New York 2015
Carver Robert, *The Accursed Mountains*, London 1999

De Waal Clarissa, *Albania Today. A Portrait of Post-Communist Turbulence*, London–New York 2005
Kongoli Fatos, *I humburi*, Tiranë 2008
Mërgimi shqiptar pas vitit 1990, „Perpjekja" 2010, nr 26–27
Pettifer James, Miranda Vickers, *Albania. From Anarchy to a Balkan Identity*, London 1999
—, *The Albanian Question. Reshaping the Balkans*, London–New York 2009

Albańskie dzienniki i portale internetowe

arkivalajmeve.com
exit.algazetadita.al
iskk.gov.al
mapo.al
observatorikujteses.al
panorama.com.al
reporter.al
shekulli.com.al
tribunashqiptare.com
i inne

Spis rzeczy

Wydawnictwo Czarne sp. z o.o.
czarne.com.pl

Sekretariat: ul. Węgierska 25A, 38-300 Gorlice
tel. +48 18 353 58 93, fax +48 18 352 04 75
mateusz@czarne.com.pl, tomasz@czarne.com.pl
dominik@czarne.com.pl, ewa@czarne.com.pl
edyta@czarne.com.pl

Redakcja: Wołowiec 11, 38-307 Sękowa
redakcja@czarne.com.pl

Sekretarz redakcji: malgorzata@czarne.com.pl

Dział promocji: ul. Marszałkowska 43/1, 00-648 Warszawa
tel./fax +48 22 621 10 48
agnieszka@czarne.com.pl, dorota@czarne.com.pl
zofia@czarne.com.pl, marcjanna@czarne.com.pl
magda.jobko@czarne.com.pl

Dział marketingu: lukasz.sobolewski@czarne.com.pl

Dział sprzedaży: piotr.baginski@czarne.com.pl
agnieszka.wilczak@czarne.com.pl, honorata@czarne.com.pl

Audiobooki i e-booki: anna@czarne.com.pl

Skład: d2d.pl
ul. Sienkiewicza 9/14, 30-033 Kraków
tel. +48 12 432 08 52, e-mail: info@d2d.pl

Druk i oprawa: Drukarnia POZKAL
ul. Cegielna 10/12, 88-100 Inowrocław
tel. +48 52 354 27 00

Wołowiec 2018
Wydanie I
Ark. wyd. 10,8; ark. druk. 21,5